《國學論文索引》全編（全四册）

第一册

劉修業等　編

國家圖書館出版社

圖書在版編目(CIP)數據

《國學論文索引》全編 / 劉修業等編. —影印本. —北京:國家圖書館出版社, 2011.4
(民國文獻資料叢編)
ISBN 978 - 7 - 5013 - 3883 - 2

Ⅰ.①國… Ⅱ.①劉… Ⅲ.①國學—論文—索引 Ⅳ.①Z89:Z126

中國版本圖書館 CIP 數據核字(2011)第 002906 號

責任編輯: 殷夢霞 鄧詠秋

書名 《國學論文索引》全編(全四冊)
著者 劉修業等 編

出版 國家圖書館出版社(原北京圖書館出版社)
(100034 北京市西城區文津街 7 號)
發行 010 - 66139745 66175620 66126153
66174391(傳真) 66126156(門市部)
E - mail btsfxb@ nlc. gov. cn (郵購)
Website www. nlcpress. com→投稿中心
經銷 新華書店
印刷 河北三河弘翰印務有限公司

開本 787 × 1092 毫米 1/16
印張 124
版次 2011 年 4 月第 1 版 2011 年 4 月第 1 次印刷

書號 ISBN 978 - 7 - 5013 - 3883 - 2
定價 2000.00 圓

『民國文獻資料叢編』編纂出版委員會

總目錄

第一册

第二册

第三册

第四册

總序

詹福瑞

民國時期，中國處在從近代社會向現代社會轉型蜕變的一個重要階段。這個時期，政治風雲變幻，思想文化激蕩，内憂外患叠起。國家政治、經濟、文化等均發生了翻天覆地的巨大變化。新與舊、中與西、自由與專制、激進與保守、發展與停滯、侵略與反侵略，各種社會潮流在此期間匯聚碰撞，形成了變化萬千的特殊歷史景觀。僅從文化角度考察，一方面傳統文化得到進一步整理繼承和批判揚棄，另一方面西方文化又强烈地衝擊和影響着當時人們的思想與行為。特别是馬克思主義、列寧主義的翻譯介紹與傳播，不僅深刻地影響着人們的思想意識，而且直接導致了新民主主義革命的爆發以及由此帶來的社會巨變。

當此之時，社會政治雖然動蕩不已、經濟脆弱不堪，思想文化卻大放異彩。知識界思維活躍，視野開闊，著述興盛，流派紛呈。加之出版業和新聞業的飛速發展，使民國的出版發行達到空前的規模。短短的數十年間，積累了包括圖書、期刊、報紙以及檔案、日記、手稿、票據、傳單、海報、圖片及聲像資料等等大量文獻。這些文獻作為此一時期思想文化的特殊載體和社會巨變的原始記録，不僅數量巨大，可稱海量，藴涵其間的思想文化價值更不在歷來為人們所珍視的善本古籍之下。

作為一個剛剛過去的歷史時期，民國距今時間最近，與當前的現實關聯也最為密切。因此，對民國歷史的研究向來為各界所重視。經過近六十年的努力，特别是經過一九七八年以後的思想解放運動，中華民國史的研究取得了長足的發展：有關民國史的研究著述和史料大量出版，學術研究隊伍迅速擴大，學術交流活動日漸頻繁。目前，民國史研究已經成為中國歷史研究諸學科中建立較晚，卻發展較為迅速、取得成就較為顯著的學科，並有逐漸成為國際『顯學』的趨勢。

與學術研究相適應，在既往的半個多世紀特别是改革開放以來，民國文獻資料的搜集、整理與出版工作，也有很大的推進，取得了一定的成績。如利用南京第二歷史檔案館藏民國各級政府檔案整理出版的《中華民國史檔案資料彙編》和《中華民國史檔案資料叢刊》，根據廈門大學圖書館藏『末次研究所情報資料』整理出版的《中華民國史史料外編：前日本末次研究所情報資料》，根據遼寧省檔案館所藏檔案整理出版的《滿鐵密檔》，利用上海圖書館、復旦大學圖書館、華東師範大學圖書館館藏圖書整理出版的《民國叢書》，以及湖北所編辛亥革命史料，天津所編北洋軍閥史料，西南各省所編西南軍閥史料，廣東所編孫中山及南方政府史料，東北所編『九一八』和偽滿史料，上海所編汪偽史料及民族資本企業經濟史料，重慶所編國共關係史料，包括以《國民政府公報》為代表的民國政府出版物，以《申報》、《大公報》、《益世報》為代表的民國報紙，以《東方雜誌》、《良友雜誌》為代表的民國雜誌等等的整理出版，都是這方面工作的重要成果。從上世紀五、六十年代開始，臺灣地區也影印出版了以《革命文獻》、《中華民國重要史料初編》為代表的大批民國文獻，為人們瞭解民國社會與歷史，從事學術研究，提供了十分重要的資料。

然而，這些整理和出版工作，與民國史研究日新月異的發展以及社會各界對民國文獻資料巨大的使用需求相比，還存在着很大的反差。甚至可以説，目前民國文獻的傳藏與利用正面臨非常嚴峻的危機。相關調查顯示，由於近代造紙、印刷、裝訂等工藝自身缺陷所造成的先天不足以及各收藏機構長期以來普遍存在的觀念滯後、認識不足、經費短缺、保管不善等原因所帶來的後天損害，使得國家圖書館、歷史較為悠久的公共圖書館以及為數衆多的高校圖書館、科研機構圖書館、檔案館、海外公私藏書機構收藏的民國文獻，幾乎無一例外地出現了嚴重的老化或損毁現象。以國家圖書館為例，館藏約六十七萬册民國時期文獻中，達到中度以上破損的占百分之九十以上，民國初年的文獻更是百分之百地破損。研究表明，民國文獻的保存壽命一般為五十至一百年。也就是説，時光流轉到今天，相當一部分的民國文獻已處於行將消失的危急狀態！文獻本身面臨湮滅消亡，亟待搶救和保護，當然也就談不上服務社會，服務學術，滿足各界查閲使用的需求。

針對此等危機，自上個世紀八十年代以來，衆多專家學者多次發出呼籲，號召全社會都來關注民國文獻的『生存現狀』，重視民國文獻的搶救保護與開發利用。以國家圖書館為首的衆多公共圖書館、高校及科研機構圖書館、檔案館，更積極從原生性保護和再生性保護兩個方面，採取了改善保存環境、強化修復手段和加速縮微複製等一系列切實有效的保護搶救措施，並取得了階段性的成果。但與更大範圍的老化和損毁現象相比，與保護經費和專業修復人才嚴重短缺、修復手段相對滯後的尷尬、危急狀况相比，這些保護和搶救措施，還不能從根本上解決民國文獻保護傳藏與開發利用所面臨的諸多困難。

從總體的形勢看，及時搶救保護數量宏富的民國文獻，避免我國悠久的文獻傳承歷史出現令人痛心的斷層，切實保障中華民族文化血脈的延續與光大，已到了刻不容緩的地步，遺決非危言聳聽。

作為國家總書庫，處於文獻保存保護龍頭地位的中國國家圖書館備感形勢的嚴峻與責任的重大，經過反復考察論證，在吸收國内外圖書文獻保存保護先進經驗，並對館藏民國文獻進行全面調查摸底的基礎上，決定在繼續推進既有各項搶救保護措施的同時，率先成立『中國國家圖書館民國文獻資料編纂出版委員會』，依據館藏特色、資料類型、瀕危狀況、珍稀程度和社會需求等，進行分類整理，並以『民國文獻資料叢編』的形式，有計劃、有步驟、成規模地陸續編纂出版。決心持續投入大力，通過這種已為成功實踐所證明的、切實有效的再生性保護手段，在及時搶救保護文獻的同時，也使之化身千百，為社會和學界提供更為便利的文化學術服務。相信這項工作的科學有序開展及這套叢書的陸續編纂出版，必將對文獻的保護、文化的傳承、國家的統一、民族的復興有較大的貢獻。

是爲序。

二〇〇八年一月

論我國索引源流與近現代報刊資料的利用途徑（代序）

徐有富

索引是將特定文獻範圍內的特定事項一一注明其所在文獻中的位置，並按一定次序編排起來的文獻檢索工具。

索引有許多不同的稱謂，如清汪輝祖編的《史姓韻編》稱『韻編』；清蔡啟盛編的《皇清經解檢目》稱『檢目』；顧頡剛編的《尚書通檢》稱『通檢』；哈佛燕京學社引得編纂處編的《藝文志二十種綜合引得》稱『引得』，這是英文索引一詞 index 的音譯。這些文獻檢索工具不論名稱如何，只要同時具備上述定義所規定的幾項要求，均可視為索引。目前所通行的索引一詞，是我國的固有詞彙，北宋曾鞏《東嶽廟碑》就說過：『航浮索引，萬國來廷。』古書中經常出現的『航浮索引之國』即指島國。南宋末年刊行的《佛祖統紀》曾提到文勝編的《大藏經隨函索引》，該書早佚，難以確知其體例，不過說它是揭示大藏經內容的檢索工具還是比較符合實際情況的。然而索引作為文獻檢索的專有名詞，在我國古代並未使用開來。我國現代廣泛使用的索引一詞則是從日語中引進的，這也反映了中日文化相互交流的情況。

索引同書目一樣，都是解決不斷增多的文獻同人們對它的特定需要之間矛盾的一種文獻檢索工具。兩者的區別在於目錄是以文獻整體作為著錄和檢索單位，而索引則是以文獻內部的特定事項作為著錄和檢索單位。

一、我國古代索引溯源

我國索引出現甚早，如宋晁公武《郡齋讀書志》書目類著錄《十三代史目》三卷，提要稱：『唐殷仲茂撰。輯《史記》、兩《漢》、《三國》、《晉》、《宋》、《齊》、《梁》、《陳》、《後魏》、《北齊》、《周》、《隋》史籍篇次名氏。』如果以上述索引定義來衡量，該書以十三代正史為特定的文獻範圍，以篇目與名氏為特定的檢索事項，『篇次』標明了篇目與名氏在文獻中的位置，基本上以時間先後為序編排。應當說《十三代史目》就是一部索引。此外，據《郡齋讀書志》與《直齋書錄解題》的記載可知，南唐徐鍇撰《說文解字韻譜》十卷是將《說文解字》中的字以聲韻為序編成的索引。據此看來，唐五代已經出現索引當不成問題。

《直齋書錄解題》譜牒類著錄《群史姓纂韻譜》六卷，解題稱：『永福黄邦先、宋顯撰。凡史傳所有姓氏皆有韻，類聚而注其所出。建炎元年，其兄邦俊、宋英為之序。』應當說這是一部典型的史傳人名索引。建炎為宋高宗年號，可見這部索引編成于南宋初年。

此外，《郡齋讀書志》書目類著錄《群書備檢》十卷，提要稱：『未詳撰人。輯《易》、《書》、《詩》、《左氏》、《公羊》、《穀梁》、二《禮》、《論語》、《孟子》、《荀子》、《揚子》、《文中子》、《史記》、兩《漢》、《三國志》、《晉》、《宋》、《齊》、《梁》、《後周》、《北齊》、《隋》、新舊《唐》、《五代史》書，以備檢閱。』《直齋書錄解題》目錄類著錄《群書備檢》三卷，解題稱：『不知名氏。皆經、史、子、集目錄。』從提要和卷數來看，這兩部《群書備檢》並不是同一種書。宋鄭樵《通志·藝文略》目錄類著錄《群書備檢錄》七卷，《宋史·藝文志》目錄類著錄『石延慶、馮至遊校勘《群書備檢》三卷』。《宋詩紀事補遺》卷四三稱石延慶為宋紹興間進士，《續資治通鑒》卷一二九稱馮至游宋紹興時任大宗正丞，則他們都是宋代人。來新夏《古典目錄學》說：『《群書備檢》可能是一部經史子集的篇目彙編，是最早出現的一部具有目錄性質、能發揮目錄作用的索引書。』如前所述，稱該書是『最早出現的』一部索引書並不準確，不過可以看出宋人利用《群書備檢》之類的工具書來提高檢索文獻的效率已是較為普遍的現象。

現存明代索引有《洪武正韻玉鍵》一冊，該書為清黃虞稷《千頃堂書目》小學類著錄，稱『張士珮《洪武正韻玉鍵》一卷』，附注：『萬曆甲戌（1574）敘，不知撰人。』據王重民《中國善本書提要》考證，知該書為張士珮所纂，萬曆甲戌敘，不知是誰寫的。《中國善本書提要》所著錄之北京大學藏本，書後有燕朴萬曆十年（1582）跋，略云：『今年備微秩來留都，因攜兒子就學郡舍，間從吉文學朱晦甫氏得《正韻玉鍵》一編，竊不揆付梓人，刻寘齋中。』可見該書除明萬曆三年司禮監刻本外，還有萬曆十年南京刻本。該索引將《洪武正韻》中所收各字，先按『水、草、木』等原二百八十部分部編排，同部者再以筆劃為序。

現存明代索引還有傅山編的《兩漢書姓名韻》，此書末題『壬午（1642）八月傅山記』，則該書至遲在崇禎十五年（1642）編成。全書分為《西漢書姓名韻》與《東漢書姓名韻》兩個部分，太原山西書局曾於1936年8月鉛印出版過《東漢書姓名韻》二十冊，復于同年10月鉛印出版過《西漢書姓名韻》十冊。該書以兩《漢書》紀傳志表中的人名為標目，列出姓名、篇名、事略、參見、附注，依《洪武正韻》為序排列，韻同以字次，字同以在書中出現先後為序。

清代在索引領域最值得注意的是章學誠在《校讎通義》卷一《校讎條理第七》中對索引的作用與編索引的方法進行了深入探討，今錄之如下：『竊以典籍浩繁，聞見有限，在博雅者且不能悉究無遺，況其下乎？以謂校讎之先，宜盡取四庫之藏，中外之籍，擇其中之人名、地號、官階、書目，凡一切有名可治，有數可稽者，略仿《佩文韻府》之例，悉編為韻；乃於本韻之下，注明原書出處及先後篇章，自一見再見以至數千百，皆詳注之，藏之館中，以為群書之總類，至校讎之時，遇有疑似之處，即名而求其編韻，因韻而檢其本書，參互錯綜，即可得其至是。此則淵博之儒窮畢生年力而不可究殫者，今即中才校勘可坐收於幾席之間，非校讎之良法歟？』

章學誠的這一論述表明清人編制索引更加自覺，在數量與品質兩個方面都超過了前人。首先值得注意的是汪輝祖的《史姓韻編》六十四卷，有乾隆四十九年（1784）家刻本。該書自序末題：『乾隆四十八年仲冬上澣蕭山汪輝祖煥曾氏書於吳興齋寓。』基本上是以二十四部正史中的列傳及附傳的傳主人名為標目，列出其姓名、所在書名、卷數、篇名，以及字型大小、籍貫等。依據人名的姓所屬韻部，按《韻府群玉》一百零六韻編排。至於公主、列女、佚姓、釋道各以類編。遼、金、元三史中的傳記標名而不著姓，並與《明史》中姓名類似三史者，另立一卷。

其次，值得注意的是為《皇清經解》編的索引。《皇清經解》是阮元任兩廣總督期間，在廣州設立學海堂羅致專家學者輯刻而成的，始刻于道光五年（1825）八月，刻成于道光九年九月，共收清初至乾隆、嘉慶間解經著作七十四家，一百八十餘種，一千四百餘卷，除學海堂本外，尚有清光緒年間上海鴻寶齋石印本。陶治元有感於該書卷帙浩繁，難以檢索所需經解資料，遂編成《皇清經解敬修堂編目》十六卷，有清光緒十二年（1886）上海書局石印本。該書《例言》稱該索引『依經為序，於各經逐句標名卷頁數。或有一句之義散見於數處者，一一摘出，統注於此句下。』所標卷頁數，前為學海堂刻本，後為鴻寶齋石印本。

此外，蔡啟盛還編有《皇清經解檢目》八卷，有清光緒十七年（1891）庶和堂刻本。該書以篇題為標目，列出篇題與卷頁數。依分類與分經兩種方法編排。其分類部分共分天文、時令、地理等三十二大類及百餘小類。其分經部分共分群經總部、周易、尚書等十六類。末附《皇清經解》的原刻本與石印本的頁碼對照表。

王先謙任江蘇學政期間，在江陰南菁書院設局輯刻了《皇清經解續編》，始於光緒十二年（1886），刻成於光緒十四年，共收《皇清經解》未收的清人解經著作一百一十家，二百餘種，一千四百餘卷。另有光緒十五年（1889）上海蜚英館石印本。尤瑩仿陶治元《皇清經解敬修堂編目》例，編成《式古堂目錄》十九卷，為《皇清經解續編》之索引。該書自序末題『光緒十有八年歲在壬辰尤瑩識於滬上』，有光緒十九年（1893）石印本。

值得注意的還有紀昀輯《欽定四庫全書目錄韻編》五卷，四庫館輯《四庫全書簡明目錄韻編》一卷，私家如范志熙也編有《四庫全書總目韻編》，這些韻編顯然均為書名索引。如《四庫全書總目韻編》以《四庫全書總目》及《四庫未收書目》的書名為標目，列出書名、著者、類次，以陰時夫《韻府群玉》一百零六韻為序編排，同韻則以類為次。

末附《四庫全書總目韻編》索引，字之先後以筆劃數排，同筆劃者以永字之筆劃順序排。每字下傍注卷數與頁數。

我國古代編纂索引的歷史雖然悠久，但是數量很少，而且偏重于正經正史以及《四庫全書總目》。我國古代索引的編纂多屬個人行為，缺乏有力的組織工作，也缺乏計劃性，因此沒有形成體系。古代索引的編纂方法總體上來說還處於探索階段，由於受到時代的局限與學術研究水準的限制，所採用的排檢方法不夠科學，也不便使用。清代的章學誠雖然對索引理論作過探討，但是反響不大，當然也沒有形成索引的理論體系，知識分子普遍不重視索引的編纂與運用。這些問題直到民國時期才得到了解決。

二、民國時期的索引運動

民國時期，索引事業蓬勃發展，產生了巨大影響，造成了規模效應，甚至還出現了一個索引運動。這主要表現在以下方面：

（一）對索引作了廣泛而深入的理論探討

民國初期，一批留學生引進歐美的索引理念，積極宣傳編制索引的重要性。林語堂1917年在《科學》雜誌三卷十期上發表了《創設漢字索引制議》一文，該文首次將日文『索引』一詞引入中國。他於1918年又在《新青年》四卷二期上發表了《漢字索引制說明》一文，接著又在《新青年》四卷四期上發表了《論漢字索引制與西洋文學》一文。當然最值得注意的還是胡適於1923年1月在《國學季刊》創刊號上發表的《〈國學季刊〉發刊宣言》，他在宣言中大力提倡索引式的整理，指出：『國學的系統整理的第一步要提倡這種「索引」式的整理，把一切大部的書或不容易檢查的書，一概編成索引，使人人能用古書。人人能用古書，是提倡國學的第一步。』何炳松於1925年10月在《史地學報》三卷八期上發表了《擬編中國舊籍索引例議》，作者認為整理國故，當以編制索引為先，因索引之功用，不僅可俾讀者省卻許多時間從事記憶，且於展開之餘，即知某名某語某詞某稱見於書中之次數及其地位。指出：『索引果成，則昔日秘而難傳之腹笥，至是寶藏畢露，任人取求。榛蕪既開，坦途乃築。發揚國粹，餉遺後人。其事甚勞，其功甚偉。』

學者們還對索引的理論與編制方法進行了深入的探討。萬國鼎於1928年9月在《圖書館學季刊》2卷3期發表了《索引與序列》一文，該文乃作者在金陵大學圖書館學系講授索引與序列一課的導言。最為人稱道的是他在文中預言索引運動正在到來，指出：『蓋中國索引運動，已在萌芽矣。他日成績，惟視吾人如何努力耳。』實踐證明，他的預言是正確的。接著他於1928年12月在《圖書館學季刊》二卷四期上發表了《各家檢字新法述評》，共羅列各種檢字法達四十種；據中國索引社1933年出版的蔣一前《中國檢字法沿革史略》統計，至1933年共有檢字法達七十七種，可見人們對於研究與編制索引是多麼熱心。

錢亞新的《索引與索引法》於1930年4月由商務印書館出版，堪稱這一領域的第一部專著。該書共十二章，系統論述了索引的理論、功用、種類，以及編制索引的具體方法。洪業的《引得說》1931年12月由哈佛燕京學社引得編纂處出版，堪稱這一領域的第二部專著，該書分三篇，第一篇論述引得的定義、功用、類別；第二篇論述中國字庋擷法的產生過程，基本內容，以及優點；第三篇介紹引得編纂處編制引得的方法與程序，如選書、選本、標點、抄片、校片、編號、定稿、印刷、校對、加序等。

專家們還對各類文獻的索引及其編制方法也進行了探討，現摘要介紹如下：關於期刊索引，如劉純於1929年2月28日在《中華圖書館協會會報》四卷四期發表了《雜誌索引之需要及編制大綱》。錢亞新于同年6月在《文華圖書館季刊》一卷二期發表了《雜誌和索引》。該文先述雜誌之定義、分類、功用，與報紙、書籍之差異；次述索引對於雜誌之需要及編制之方法；再述歐美最著名之雜誌索引；最後述中國缺乏雜誌索引之理由。

關於報紙索引，吳藻洲於1923年12月21日在《國聞週報》十卷四十九期發表了《日報與索引》，該文先述日報之定義、種類、功用、性質；次述日報與索引之關係；再述世界著名日報索引及其趨勢，並論及我國無日報索引之緣由；最後則以希望速編此類檢索工具為結論。皎我於1934年10月10日在《報學季刊》一卷一期發表了《日報索引》，該文先介紹中山文化教育館刊行之《日報索引》，以分類、索引類別、登錄、取材及排版五點分述之。而後提出材料的範圍、取材所用的日報、分類表之排印、分類表之索引、報題及錯誤等六點加以評論。

關於叢書索引，汪辟疆於1932年6月在《讀書雜誌》二卷六期發表了《叢書之源流類別及其編索引法》，該文先述叢書之源流，次述叢書編印之要略及其彙刻目錄之大概，再述叢書分類之方法，共列六條條例並附以樣張。謝國楨於1934年11月在金陵大學《金陵學報》四卷二期發表了《編纂叢書子目類編義例》，該文先述叢書之起源，次述前人整理叢書之成績，最後述編纂叢書子目之義例共十三條。

民國時期對索引所作的廣泛而深入的理論探討普及了索引知識，引起了學術界的重視與關注，使人們充分地認識到了編纂索引的意義與方法，為大量編纂索引作了輿論準備。

(二)出現了一批研究與編制索引的機構

與我國古代索引工作相比，民國時期的一個顯著變化是，出現了一批研究與編制索引的機構。首先值得注意的是學術團體，中華圖書館協會的作用尤為明顯，該協會於1925年4月成立之初，便專門設立了索引組。1929年在金陵大學圖書館召開的第一次年會上，該協會將索引組改名為索引檢字組，沈祖榮為主席，萬國鼎為書記。在這次年會上，會員們提出了不少有關索引的提案，如萬國鼎、李小緣的《通知書業於新出版圖書統一標頁數法及附加索引案》，金陵大學圖書館的《編纂古書索引案》，李小緣、白錫瑞的《編制中文雜誌索引案》，李小緣的《中華圖書館協會應設法編制雜誌總索引案》等。顯然，這些提案對民國時期蓬勃興起的索引運動，具有很大的促進作用。中華圖書館協會設在北平圖書館，北平圖書館編制的一批重要索引，就是由中華圖書館協會出版的。當然其他學術團體有的也比較重視索引工作，如南京中國地理教育研究會就編有《論文索引》，隨《地理教育》月刊自1936年4月創刊號起，逐期刊載。再如(南京)中國合作學社1936年6月30日創刊《合作論文索引》月刊，內有分類索引、篇目索引、著者索引三種。

當時一些著名圖書館也設有編纂索引的專門機構，成了編制索引的骨幹力量，公共圖書館如國立北平圖書館、省立浙江圖書館，高校圖書館如（南京）金陵大學圖書館、（上海）交通大學圖書館等都編了不少索引，其中北平圖書館編纂索引的成就最為突出，其編纂委員會下設索引組，自王重民 1928 年擔任該館索引組組長後，該館先後編纂出版了《國學論文索引》（一至四編）、《文學論文索引》（一至三編）、《清代文集篇目分類索引》、《清代文史筆記子目分類索引》、《清代文史筆記地理類索引》、《耆獻類征索引》、《先正事略索引》等等。

在索引編纂方面成績最為突出的當推哈佛燕京學社引得編纂處，它成立於 1930 年，在 1930 年至 1941 年，1947 年至 1950 年階段，以《漢學研究叢刊》的名義共出版六十四種引得，此外尚有《三字典引得》與《尚書通檢》，未列入該叢刊。中法漢學研究所通檢組成立於 1942 年，在 1942 年至 1952 年期間，以《中法漢學研究所通檢叢刊》及《巴黎大學漢學研究所通檢叢刊》的名義編纂出版了十五種中國古籍索引。

當時一些民眾教育機構也編纂了不少索引，如（上海）中山文化教育館於 1933 年 11 月 30 日創刊了《期刊索引》月刊，1934 年 5 月 31 日又創刊了《日報索引》月刊。南京民眾教育館辦有《民眾教育月刊》，曾發表過《民眾教育參考書籍及論文索引》。江蘇省立鎮江民眾教育館辦有《民眾教育通訊》月刊，曾發表過《民眾教育人才訓練論文索引》、《民眾教育論文摘要索引》、《中國電影教育論文索引》等。浙江省立杭州民眾教育館辦有《浙江民眾教育》月刊，曾發表過《關於民校訓育問題論著引得》、《對於社會調查專著及雜文引得》等。

還有一些雜誌與報紙也注意編纂與發表索引，雜誌如上海《人文》月刊社索引部編的《最近雜誌要目索引》，從 1930 年 2 月《人文》月刊創刊號起附刊發行，每期收雜誌、報紙百數十種中的論文數百篇、千餘篇不等。再如上海中國科學社於 1932 年 7 月編纂出版的《科學首十五卷總索引》將該社所編《科學》月刊雜誌首十五卷的論文分為三十三大類，每類再以卷期頁先後為序編成索引。此外，還有不少雜誌發表了各種索引，我們就不細說了。民國時期的報紙也經常發表索引，如劉修業編的《婦女問題論文索引》就分期發表於1935年1月26日至7月29日的《北平晨報》上。做得比較好的是天津的《大公報》，該報《明日之教育》、《經濟週刊》、《科學週刊》、《史地週刊》等專欄全都編纂並發表了回溯性論文索引。

還有一些政府部門與科研機構，也結合自己的業務編了一些索引，前者如（南京）全國經濟委員會水利處1935年12月編纂出版了《水利論文索引（第一輯）》，1936年4月編纂出版了《中國水道地形圖索引》。後者如（南京）中央政治學校地政學院研究室1924年12月創刊了《地政新聞索引》月刊，復於1935年1月創刊了《地政論文》月刊。

正因為有了一批研究與編制索引的機構作為骨幹力量，再加上一些專家、學者的努力，共同造就了民國時期編纂索引的繁榮景象。

（三）編制了大量索引

民國時期的索引運動，還表現在編了大量索引，據錢亞新發表於《文華圖書館學專科學校季刊》九卷二期至四期的《中國索引論著彙編初稿》不完全統計，我國1936年前編的索引約280種，可以說基本上都是民國年間編的。這些索引涉及方方面面，而出現品種繁多的各類索引，也是民國年間索引運動蓬勃發展的一個重要標誌。分類的標準不同，索引的類別也就不同，就特定的文獻範圍而言，可以將這些索引分為圖書索引、期刊索引、報紙索引等。

圖書索引 以圖書為文獻檢索範圍的稱圖書索引，可分為專書索引與群書索引兩種。專書索引如錢亞新編的《太平御覽索引》，上海：商務印書館1934年版。該索引以清嘉慶十七年（1812）鮑崇城刻本為依據，以該書類目為標目，每條款目著錄部名或類名，卷頁數，以四角號碼檢字法編排。群書索引如楊樹達編的《群書檢目》，北平：好望書店1934年版。該索引選唐以前重要典籍七十餘種，其中經部二十種、史部十三種、子部三十九種、集部三種。以篇名為標目，每條款目著錄篇名、卷次、篇次等。各書自為單位，以部首與第一式注音符號（我國1958年推廣中文拼音方案以前所使用的注音字母）排列。

期刊索引 以期刊為文獻檢索範圍的稱期刊索引，可分專刊索引與群刊索引兩種。專刊索引如中國科學社編輯部編《科學首十五卷總索引》，（上海）中國科學社1932

年版。該索引以篇名為標目，每條款目著錄篇名、刊卷、刊期、刊頁，按分類編排，共分三十三大類及若干小類。同類者再以卷期頁為序。群刊索引如嶺南大學圖書館編的《中文雜誌索引第一集》（廣州）嶺南大學圖書館1935年版。該索引以嶺南大學圖書館所藏一〇五種雜誌為收錄範圍，每條款目著錄類名、篇名、著者、刊名、刊期、刊時，依德芸檢字法（陳德芸發明的將漢字分為橫直點撇曲等筆型再依漢字筆順檢字的方法）為次排列。

報紙索引　以報紙為文獻檢索範圍的稱報紙索引，也可分專報索引與群報索引兩種。專報索引如杜定友編的《民國十四年時報索引》，上海國民大學圖書館學系1926年版，該索引將1925年的《時報》中的重大事件羅列出來，每題之下，繫以月日，再分類按時間先後編排。群報索引如中山文化教育館編的《日報索引》，1934年5月31日創刊，至1936年年底止，出至六卷一期。該索引以上海之《申報》、《時事新報》、《新聞報》；南京之《中央日報》；漢口之《武漢日報》；西安之《西京日報》；天津之《大公報》；北平之《北平晨報》；廣州之《民國日報》；香港之《工商日報》、《循環日報》；南洋之《星洲日報》為範圍，分為分類索引、著者索引兩部分。分類索引的款目著錄篇名、著者、刊名、刊時、張次及版次。著者索引的款目著錄著者、篇名、刊名、刊時、張次及版次。分類索引依所制訂的分類表編排，著者索引則依筆劃編排。

也有同時以報紙和期刊為檢索範圍而編製的索引，僅舉一例，如王一中編的《最近各雜誌日報關於新生活運動文字索引介紹》，1934年4月20日至27日發表於《武漢日報》。其文獻範圍既包括期刊，又包括報紙。

索引還可依據需要檢索的特定事項加以分類，它體現了編纂索引的目的，也是最常用的索引分類方法，現依我國近代索引的實際情況，擇要舉例介紹如下：

字句索引　以字句為檢索對象的稱字句索引。有以字為檢索對象的，如顧頡剛編的《尚書通檢》，哈佛燕京學社引得編纂處1936年版。該索引以江南書局翻刻宋嶽珂相臺本《尚書孔傳》為底本，書前有《尚書》正文，每篇每字標明號碼，以便檢索。以單字為標目，按筆劃排列。字下注明出現次數，列出所在句子，句前標明篇次字次。書後有筆劃檢字，並附有中國字庋擷法、四角號碼、分韻、拼音四種檢字。有以句字為檢索對象的，如葉聖陶編的《十三經索引》，上海開明書店 1934 年版，附《十三經》白文一冊。該索引彙集《周易》、《尚書》、《毛詩》、《周禮》、《儀禮》、《禮記》、《春秋左傳》、《春秋公羊傳》、《春秋穀梁傳》、《論語》、《孟子》、《孝經》、《爾雅》等十三經的所有句子，按首字筆劃排列，每句下注明經名篇目簡稱和在正文中的段數。

人名索引　以人名為檢索對象者稱人名索引。有以專書人名為檢索對象的，如張嘉騫編的《藏書記事詩索引》，載 1934 年《浙江圖書館館刊》4 卷 6 期。該索引以清葉昌熾《藏書記事詩》所載人名為檢索對象，每條款目著錄姓名、字型大小、卷數、頁數及備註，以姓之筆劃多少為次排列，同姓者以其所在卷頁數先後為序。有以群書人名為檢索對象的，如二十五史刊行委員會編的《二十五史人名索引》，上海開明書店 1935 年版。此索引以上海開明書店 1935 年影印的《二十五史》為依據，彙集其中本紀、世家、載記和列傳裏的人名，按四角號碼檢字法編排，每個名字後，用符號注明書名，用數字注明卷數，以及 1935 年開明書店版《二十五史》的頁碼和欄數。還有室名別號索引，如陳乃乾編的《室名索引》，上海開明書店 1933 年版；《別號索引》，上海開明書店 1936 年版。作者將兩書加以增訂補充，合併為《室名別號索引》，有中華書局 1957 年版。該索引所收室名和別號，從先秦至現代。每個室名別號後，注明時代、籍貫和姓名，按筆劃多少排列，書前有字頭檢字。

地名索引　以地名為檢索對象者稱地名索引，如日本青山定雄編的《讀史方輿紀要索引》（一名《中國歷代地名要覽》），日本東京東方文化學院研究所 1933 年版，1939 年增訂再版。該索引以光緒五年（1879）四川銅華書屋活字本清顧祖禹《讀史方輿紀要》為依據，輯錄其中全部地名，兼及山川、關塞、市鎮、寺觀等相關詞語，每條款目著錄地名、時代、今譯、卷數、提要等，首字按日語五十音序排列，附以筆劃檢字。

年號索引　以年號為檢索對象者稱年號索引，如汪宏聲編的《中國歷代年號索引》，上海開明書店 1936 年版。

該索引分上下兩編，上編從年號查君主及年代，每條款目著錄年號、時代、君主、民國元年前和西元的起訖。下編從朝代君主查年號，款目著錄朝代、君主、年號、年數、民國元年前和西元的起訖。上編以四角號碼為序排列，下編以時間為序排列。

主題索引 以主題為檢索對象者稱主題索引，如上海商務印書館1937年編輯出版的《十通索引》，該索引分為兩部分，第一部分是『十通』篇目的主題索引，該索引以主題詞為標目，將『十通』中相關內容，於該主題初見之處，論述最詳之處，必須參考之處，詳注其所隸之書，所見之卷頁數。按主題詞首字四角號碼排列，後附首字筆劃檢字表。第二部分為『十通』的分類索引，將『十通』原有之目錄，分為『通典』、『通志』、『通考』三編，每編各按原書之類目，三通典分為八類、三通志分為二十四類，四通考分為二十八類，再將從書中所摘出來的細目分別編入，並注明卷次。分類詳細目錄前有分類總目索引，可以看出相關內容的概況。第二部分雖為分類索引，由於大類與細目揭示了『十通』的內容，所以多少也具有主題詞的性質，所以這部分兼有主題索引的性質。

篇目索引 以篇目為檢索對象者稱篇目索引。以一本書的篇目為檢索對象的，如洪業編纂的《容齋隨筆五集綜合引得》，北平：哈佛燕京學社引得編纂處1933年版。該索引以皖南洪氏重刊本《容齋隨筆》五集七十四卷為依據，每條款目著錄篇名、作者、集名、卷頁面數，按中國字庋擷法排列。以多本書的篇目為檢索對象的，如國立北平圖書館索引組編的《清代文集篇目分類索引》，國立北平圖書館1935年版。該索引收集清人別集四百二十八種、總集十二種，按文章的內容分為學術文、傳記文、雜文三部分。

叢書子目索引 以叢書子目為檢索對象者稱叢書子目索引，如金步瀛編的《叢書子目索引》，上海：開明書店1930年版。該索引以浙江省立圖書館所藏四百六十余種叢書為範圍，共錄子目二萬餘條。每條款目著錄書名、著者、叢書名、附注，先以筆劃、次以部首排列。曹祖彬編的《金陵大學圖書館叢書子目備檢：著者之部》，南京：金陵大學圖書館1935年版。該索引以金陵大學圖書館藏三百六十余種叢書為範圍，共錄子目二萬數千條。每條款目著錄著者、書名、叢書名、冊次、附注，先以筆劃，次以漢字母筆排列法排列。施廷鏞編《叢書子目書名索引》，北平：國立清華大學圖書館 1936 年版。該索引以清華大學圖書館藏一千二百七十五種叢書為範圍，共錄子目四萬餘條。每條款目著錄書名、卷數、著者、書碼、叢書簡稱、冊次、附注，先以筆劃，次以筆法編排。

報刊論文索引　以報刊論文為檢索對象者稱報刊論文索引，此類索引最多，也最能反映近代各時期的社會需求熱點與學術研究水準，我們將在下文作重點介紹，這裏就不再舉例了。

三、怎樣查找近代學術論文？

我們從事學術研究與文藝創作，往往需要查找晚清與民國時期報紙與期刊上發表的論文及其他文章。到哪裡去查？目前還沒有一站式的檢索工具。我們需要借助各種各樣的報刊論文索引（紙本和數據庫）。這些索引有可能是當代新編的，也有相當一部分是民國時編制的。現將主要的學科論文索引分類略述如下：

（一）綜合性論文索引

《中國近代期刊篇目匯錄：1857—1918》（共三卷），上海圖書館編，上海人民出版社 1965—1985 年版。該匯錄收錄中文期刊四百九十五種，每種期刊著錄其刊名，創刊、停刊時間，刊期，編輯者、發行者、出版地點，卷次、卷期及出版年、月、日，分欄標題，篇名，著、譯者。其中由編者所補加的內容，加［］號標明。所有篇目均照原刊著錄，各種期刊均據全國各圖書館及有關單位所藏者著錄，並在刊物的卷期號後，注明收藏單位的代號。該書附有『期刊收藏單位代號表』備查。所收期刊全按創刊年月的先後排列。其中第一卷收錄 1857 年至 1899 年出版的期刊，第二卷收錄 1900 年至 1911 年出版的期刊，第三卷收錄 1912 年至 1918 年出版的期刊。

《人文雜誌要目索引》，《人文》月刊雜誌社索引部編，上海：《人文》雜誌社 1930 年 2 月至 1936 年底出版。該索引係我國雜誌定期附刊綜合索引之首創，每期收錄一百數十種雜誌、報紙中的論文一千數百篇。每條款目著錄篇名、著者、刊名、刊期、刊時、附注，按美國杜威十進分類法編排。

《期刊索引》一卷一期至七卷二期，中山文化教育館編，上海：中國圖書服務社 1933 年 11 月 30 日至 1936 年底出版。該月刊每期收期刊平均約三百種，論文約三千數百篇。其中一卷三期至六期附有報紙索引，三卷三期為法學論文索引專號，三卷六期附有五年來教育論文索引，其餘均為綜合性論文索引。該索引分為三種類型，一為字典式索引，每條款目著錄篇名、著者、刊名、刊期、刊時，按漢字筆劃排列，見於三卷四至六期。二為分類索引，每條款目著錄類名、篇名、著者、刊名、刊期、刊時，按杜定友之杜氏圖書分類法編排，類目略有增刪，見於一卷一期至四期。三為著者索引，每條款目著錄著者、篇名、刊名、刊期、刊時，按漢字筆劃編排，見於四卷一期至七卷二期。

《日報索引》，中山文化教育館編，上海：中國圖書服務社 1934 年 5 月 31 日至 1936 年底出版。該索引月刊原與《期刊索引》合刊，共四期，嗣以材料過多而另行刊佈，出至六卷一期。以《申報》等海內外十二種大報為範圍，分為分類索引、著者索引兩部分。我們在討論『報紙索引』時已作介紹，可參看。

《申報索引：1919—1949》，《申報索引》編輯委員會編，上海書店出版社 2008 年版。該索引逐年編纂，包括三個部分：本年大事記、正文、人名索引和《自由談》索引。每條款目著錄標題、著者、影印本編號、號碼、版區等編號，同時附有人名。款目按《申報索引》編委會編制的『《申報索引》分類表』編排。該分類表共分政治、軍事、外交、經濟、文化、歷史地理、社會生活、國際等八大類，每大類下設若干二級類目甚至三級類目。該索引還以人名索引作為檢索的輔助手段。

《書評索引初編》，鄭慧英編，廣州大學圖書館 1934 年版。該索引係將十多年來報刊上發表的書評文章彙集而成，收錄款目約一千七百條，每條款目著錄書名、著者、評者、刊名、刊期、刊時。使用被評書名按筆劃編排與圖書內容按類編排兩種方法。按類編排，共分總類、哲理科學、教育、社會科學、藝術、自然科學、應用科學、語言學、文學、歷史、地理十一類。

《國學論文索引》，北平北海圖書館編目科編，北平：中華圖書館協會1929年7月版。該索引收錄清光緒三十一年（1905）至1928年7月八十二種報紙雜誌中的論文三千餘篇。每條款目著錄篇名、著者、報刊名、卷期或日期、提要等。分類排列，共分總論、群經、語言文字學、考古學、史學、地學、諸子學、文學、科學、政治法律學、經濟學、社會學、教育學、宗教學、音樂、藝術、圖書目錄學等十七大類及若干小類。

《國學論文索引續編》，北平圖書館編纂部索引組編，北平：中華圖書館協會1931年7月版，該索引接續正編，收錄八十餘種報刊中的論文三千餘篇，對正編漏收的論文有所增補。體例與正編同，惟十四、十五、十六大類的次序改為音樂、藝術、宗教，小類也有所增減。

《國學論文索引三編》，劉修業編，北平：中華圖書館協會1934年10月版。該索引收錄1928年至1933年底一百九十二種報紙雜誌中的論文四千餘篇。體例與正編同，惟十五音樂與十六藝術的類次對調，小類也有所增減。

《國學論文索引四編》，劉修業編，北平：中華圖書館協會1936年6月版。該索引收錄1934年1月至1935年底二百十餘種報紙雜誌中的論文四千餘篇。體例與三編同，惟小類有所增減。

《國學論文索引五編》，侯植忠編，北京：北京圖書館參考研究組1955年版。該索引收錄清末民初至1937年6月間期刊中以上幾編漏收的有關論文，體例與前幾編相同，也按類編排。

（二）心理學論文索引

《心理學論文索引》，張躍翔編，上海：南新書局1931年11月版。該索引從1931年10月前的六十七種雜誌中，選錄論文約八百篇。每條款目著錄篇名、著者、刊名、刊期、提要，按類編排，共分普通心理、兒童心理、青年心理、社會心理等十八大類及五十多個小類。

《心理學論文引得》，張德培編，北平：文化學社1935年6月版。該索引自1920年7月至1933年6月的一百一十五種雜誌中，選錄論文九百三十四篇。每條款目著錄篇名、著者、刊名、刊期、刊時、刊地、刊者、提要，按類編排，共分普通心理、感覺與知覺、情感與情緒、特殊心理狀態等十一大類五十餘小類。

(三)社會科學綜合索引

《每週重要書報目錄索引》(一卷一期至六卷三十六期)，中國銀行總管理處編，上海：中國銀行1931年7月1日至1936年出版。每期自五十餘種雜誌十餘種報紙中選錄論文約三百篇。每條款目著錄篇名、刊名、著者、刊期、刊頁等，按類編排，但各期類目不一致，重要類目有：特殊問題、各國經濟、各國政治、財政、產業、銀行、貨幣、合作運動、法律、社會問題等。

《中外社會科學論著索引》，馬文元編，載《中國出版月刊》一卷六期，杭州：流通圖書館1933年5月出版。該索引收錄1933年1月至5月十餘種中外雜誌中的論文二百四十篇，每條款目著錄篇名、著者、刊名、刊時、刊期、附注，按類編排，共分經濟、政治、法律、國際、社會五類。

《最近社會科學論著索引》，馬文元編，載《中國出版月刊》二卷一至六期，杭州：流通圖書館1933年7月至12月出版。該索引收錄1933年4月至12月中外雜誌七十餘種中的論文一千一百餘篇。每條款目著錄篇名、著者、刊名、刊時、刊期、附注，按類編排，共分經濟、政治、法律、國際、社會等五大類及三十餘小類。

《全國報刊索引數據庫(1857—1919)》，該數據庫也稱《中國近代期刊篇名數據庫》，上海圖書館《全國報刊索引》1993年起編輯製作，陸續推出。該數據庫收錄了1857年至1919年間的中國近代哲學社會科學方面的主要報刊五百三十五種一萬一千餘期，個別期刊上伸至1833年，下延至1928年。共有四十萬條款目，每條款目著錄序號、篇名、刊名、年卷期、歷史紀年、收藏單位等專案。其內容涉及中國近代的政治、軍事、經濟、文化、外交、國內外時事等。

《全國報刊索引數據庫(1920—1949)》，該數據庫也稱《民國時期期刊篇目數據庫》，上海圖書館《全國報刊索引》1993年起編輯製作，陸續推出。該數據庫收錄了1920年至1949年間哲學社會科學報刊一千八百多種，七千二百多期，共有一百三十二萬條款目，每條款目著錄序號、篇名、刊名、年卷期、歷史紀年、收藏單位等專案。其內容涉及民國時期的哲學、社會科學、政治、軍事、經濟、文化、科學、教育、語言文字、文學、藝術、歷史、地理等學科領域。

(四)社會學論文索引

《雜誌論文分類摘要：社會》，吴澤霖編，載《圖書評論》一卷二期至二卷十二期，南京：國立編譯館1931年10月28日至1933年8月出版。該索引收錄1932年至1934年8月間的論文三百八十一篇，每條款目著錄篇名、著者、刊名及刊者、刊期及刊時、面數、字數、提要，按類編排。

《外國社會學雜誌最近要目介紹》，劉渠撰，載《社會學刊》二卷一期，上海：世界書局1931年3月出版。該索引從美國社會學雜誌中選錄論文十三篇，各撰有詳細提要，按類編排，共分社會勢力、社會學及社會研究三類。

《美國社會學雜誌要目介紹》，劉渠撰，載《社會學刊》二卷二期，上海：世界書局1931年6月出版。該索引從美國社會學雜誌中選錄論文七篇，各撰有詳細提要，按類編排，共分社會學及社會研究兩類。

《美國各種社會學雜誌內容介紹》，劉渠、羅家棟、吴文暉、莊繼蹭等撰，載《社會學刊》二卷四期，上海：世界書局1931年6月出版。該索引從美國社會學雜誌中選錄論文十三篇，各撰有詳細提要，按類編排，共分社會勢力、社會學及社會研究三類。

《對於社會調查專著及雜文引得》，趙琳編，載《浙江民眾教育》二卷九期，杭州：省立民眾教育館1934年10月出版。該索引除收錄專著十九種外，共收錄論文六十一篇，每條款目著錄篇名、著者、刊名、刊期。

《最近四年食糧問題文獻索引》，佚名編，載《國際貿易導報》八卷六期，上海：國際貿易局1936年6月15日出版。該索引共選錄論文二百五十餘篇，除一篇出自1920年，一篇出自1924年外，其餘全出自1931年9月至1936年4月間的數十種雜誌。每條款目著錄篇名、著者、刊名、刊期、刊頁、刊時，按刊時先後編排。

《婦女問題論文索引》，劉修業編，載《北平晨報》，北平：《北平晨報》館1935年1月26日至7月29日出版。該索引收錄1935年1月至7月間的雜誌論文二百餘篇。每條款目著錄篇名、著者、刊名、刊期、提要，按類編排，共分通論、教育、職業、社交、戀愛、婚姻、兩性、家庭、節育、常識、婦女界、消息等十二類。自第八期後，又增加了育兒、娼妓、各國婦女生活、兒童教育、兒童健康等類。

（五）政治學論文索引

《政治書報指南》，清華學校政治學研究會編，北京：清華學校 1923 年版。該索引從清末至 1923 年的二十七種雜誌中選錄論文約千篇。每條款目著錄篇名、著者、刊名、刊期、刊時、提要，按類編排，共分我國政治經濟學說一斑、中國國體問題等三十四類。

《政治書報指南》，清華學校政治學研究會編，北平：清華學校 1929 年版。該索引收錄 1923 年 6 月至 1929 年 6 月中文雜誌三十二種，英文雜誌六種，共分西人論中國之書籍述要、英文雜誌索引、中文要籍介紹、中文雜誌索引四個部分。索引每條款目著錄篇名、著者、刊名、刊期、刊時、提要等。中文索引按類編排，共分政治學及其它、各國情形、國際、中國四大類及數十小類，英文索引按篇名的字順編排。

《日報期刊論文索引》，載《行政效率》一卷四期至三卷二期，南京：內政部行政效率研究部 1934 年 8 月至 1935 年 8 月出版。該索引自《行政效率》一卷四期至二卷十二期，每隔一期附刊一次，三卷一期至二期，每期附刊一次，共十三次。收錄 1934 年至 1935 年 7 月數十種雜誌報紙中的論文一千六百餘篇。每條款目著錄篇名、著者、刊名、刊期、刊時、刊地，按類編排，共分一般行政、組織運用、人事行政等十一類。

《內政問題論文索引》，內政部公報處編，載《內政公報》六卷二十期至八卷十八期，南京：內政部公報處 1933 年 5 月 26 日至 1936 年 12 月 26 日出版。該索引共刊載二十六次，每次自數十種雜誌中選錄論文一百數十篇。每條款目著錄篇名、著者、刊名、刊期、刊時，按類編排，共分內政、警政等六類。

《內政問題論文索引》，載《內政消息》二、三、四、六、八、十期，南京：內政部總務司 1934 年 11 月 26 日至 1935 年 3 月 26 日出版。該索引共收錄論文六百餘篇。每條款目著錄篇名、著者、刊名、刊期、刊時、刊地，按類編排，共分民政、警政等六類。

《外交論文索引》，張覺民等編，自《外交月刊》五卷五期起，該期由北平《外交月刊》社1934年11月15日出版。該刊五卷五期至六卷一期所刊索引收錄1924年1月至11月15日論文一千數百篇。自六卷一期起，除六卷三期、九卷六期未載該索引外，逐期將雜誌數十種中前一月或數月之論文百餘篇至三百數十篇不等附而刊行之。每條款目著錄篇名、刊名、刊期、著者，按類編排，共分中國、遠東、歐洲、美洲、國際、國聯、其他等類。

《研究日本與東北問題雜誌索引介紹》，俞家齊編，載《民眾教育月刊》三卷九期，南京：民眾教育館1931年10月出版。該索引收錄1931年九、十兩月十一種雜誌、五種報紙中的論文與其他文章一百八十餘篇。每條款目著錄篇名、著者、刊名、刊時、刊期、刊頁，基本按刊時為序排列。

《中日問題論文索引》，劉華錦編，載《學風》二卷四至六期，安慶：安徽圖書館1932年4月至6月出版。該索引收錄論文約三百篇。每條款目著錄篇名、刊名、刊期，按類編排，共分中日交涉概論、日對華政策等九類。

《東北事件之言論索引》，錢存訓編，載《中華圖書館協會彙報》七卷五期。北平：中華圖書館協會1932年4月30日出版。該索引除六種圖書小冊外，收錄1931年9月18日至11月30日三十四種期刊、五種報紙中的論文一百九十餘篇。每條款目著錄篇名、著者、刊名、刊期，按類編排，共分中日關係剖析、東北事件記述、國際形勢觀察、抗日救國方案等四大類及若干小類。

《九一八以後關於東北問題之西文書籍及論文目錄》，鄧衍林、丁濬編，載《外交月刊》一卷三、五、六期，北平：《外交月刊》社1932年9月18日至12月15日出版。該索引除若干圖書小冊外，收錄1931年9月至1932年9月數十種英美法德雜誌中的論文七百餘篇，每條款目著錄著者、篇名、刊名、刊時，先按刊時，再以字母為序編排。

（六）法學論文索引

《法學論文索引專號》，劉子松等編，載《期刊索引》三卷三期，上海：中國圖書館服務社1935年1月出版。該索引收錄1904年至1934年6月二百四十七種雜誌、九種論文集、七種報紙中的論文約六千篇。每條款目著錄篇名、著者、刊名、刊時，按類編排，共分法學縱論、法學分論上下篇，各編再分若干二級、三級類目。

《法學論文索引》，喻友信編，載《現代司法》一卷五、六、九、十一、十二期，二卷一期，南京：司法部 1935 年 5 月至 1936 年 2 月 1 日出版。該索引收錄 1903 年至 1935 年的九十六種雜誌中的論文五千餘篇，每條款目著錄篇名、著者、刊名、刊期、刊時，按類編排，共分立法等六十一類。

（七）經濟學論文索引

《書報資料索引》，實業部國際貿易局圖書館編，上海：實業部國際貿易局 1932 年 1 月 4 日創刊，每週發行一次。該索引以該館所藏中外雜誌四百餘種，報紙十九種為收錄範圍，分為中日文之部與西文之部，各部又分為雜誌資料索引與剪報資料索引兩類。每條款目著錄篇名、著者、報刊名、刊期、刊時或出版時間，按類編排，共分國際貿易、中外對外貿易、經濟、商業、金融等十五大類及百餘小類，同類者再以出版時間為序。該索引自一百九十一期起，改名為《經濟書報資料索引》。

《經濟書報資料索引》，實業部國際貿易局編，上海：實業部國際貿易局 1936 年出版。體例同上。

《實業論文索引》，《中國實業》雜誌社編，載《中國實業》一卷五期至二卷二期，南京：《中國實業》雜誌社 1935 年 5 月 15 日至 1936 年 2 月 15 日出版。該索引每期從數十種雜誌中選錄論文二百篇左右，每條款目著錄篇名、著者、刊名、刊期、刊時、刊者，按類編排，共分農業、工業、商業、礦業、林墾、漁牧、勞工及其他八類。同類者再以刊時為序。

《實業論文索引》，實業部統計處編，載《實業部月刊》（一卷二期起），南京：實業部 1936 年 5 月 31 日起出版。該索引每期從數十種雜誌中選錄論文一百二十篇至二百四十餘篇不等。每條款目著錄篇名、著者、刊名、刊期、刊時、刊者，按類編排，共分通論、農業、工業、商業、礦業、林墾、漁牧、勞工、合作及其他九類，同類者再以刊時為序。

《雜誌索引》，實業部《經濟年鑒》編纂委員會編，南京：實業部《經濟年鑒》編纂委員會 1937 年出版。該索引收錄1935年底出版的《時事月報》等雜誌篇目，每條款目著錄篇名、著者、刊名、刊期、刊時，按類編排，共分通論、農業、工業、商業、礦業、林墾、漁牧、合作等八類。

《重要經濟論文索引》，載《四川經濟月刊》四卷三期至六卷六期，重慶：四川地方銀行經濟調查部1935年至1936年12月出版。該索引共刊行十五期，每期選錄前二月所發表之論文約百篇。每條款目僅著錄篇名與刊名，按類編排，共分一般經濟、財政金融、貨幣等十類。

《中央銀行經濟研究處經濟資料索引》（1942—1945年），中央銀行經濟研究處編，重慶：中央銀行經濟研究處1942年至1945年出版。

《每週經濟要聞索引》（1942—1945），中國銀行總管理處經濟研究室編，重慶：中國銀行總管理處經濟研究室1942年至1945年出版。

《中國經濟社會史論文索引》，陳嘯江、姬信之編，載《食貨半月刊》一卷六、七、九期，二卷三期，上海：新生命書局1935年2月16日至7月1日出版。該索引收錄南方各大學期刊九種中的論文五十二篇，北平社會調查所期刊二種中的論文十二篇，北京大學期刊三種中的論文十九篇，普通期刊三十八種中的論文三百七十四篇，共計論文四百五十七篇。每條款目著錄篇名、著者、刊期，北京大學期刊論文尚有提要，按期刊編排，同一期刊按刊期先後為序。

《中國經濟社會史論文索引》，《食貨半月刊》社編，載《食貨半月刊》二卷四期至三卷十期，上海：新生書局1935年7月16日至1936年4月16日出版。該索引收錄論文約一千二百篇，每條款目著錄篇名、著者、刊名、刊期，按類編排，共分中國近代社會經濟、商業與貿易、交通、中國財政等四十六類。

《關於國民經濟建設之重要論文索引》，卿映暉編，載《實業部月刊》一卷五期，南京：實業部統計處1936年8月31日出版。該索引收錄1935年4月至1936年3月數十種雜誌中的論文一百三十餘篇。每條款目著錄篇名、著者、刊名、刊期、刊時。

（八）圖書館學論文索引

《中國圖書館學術文字索引》，孔敏中編，載《中華圖書館協會會報》四卷三期，北平：中華圖書館協會1928年12月31日出版。該索引除收錄三十六種圖書、六種定期刊物外，共收論文二百一十餘篇。每條款目著錄篇名、著者、刊名、刊期、刊時，按類編排，共分圖書館總論、圖書館學說總論等二十六類，末有附錄三種。

《圖書館學論文索引》，徐念軒編，載《民眾教育月刊》三卷四、五期，南京：江蘇省立民眾教育館1931年4月出版。該索引收錄1929年6月至1930年2月十七種雜誌中的論文六十九篇。每條款目著錄篇名、著者、刊名、刊時、刊期、頁數等，以出版時間先後排列。

《圖書館學論著的介紹》，佚名編，載《中國出版月刊》一卷一期至五期，杭州：《中國出版月刊》社1932年10月至1933年3月出版。該索引除收錄圖書百十餘種、圖書館專刊二十四種外，共收錄論文四百七十餘篇。每條款目著錄篇名、著者、刊名、刊期、刊時，按類編排，共分圖書館學、圖書館建築問題、特殊圖書館、圖書館教育、讀書指導五大類，其中圖書館學、特殊圖書館兩大類複分若干小類。

《有關兒童圖書館問題之雜誌論文目錄》，丁濬編，載《圖書館學季刊》十卷一期，北平：中華圖書館協會1936年3月出版。該索引收錄論文一百二十二篇，每條款目著錄篇名、著者、刊名、刊期或刊時，按類編排，共分總論、組織與管理、建築與設備、兒童讀物的研究、兒童讀物的選擇、兒童讀物的分類與編目、兒童圖書的流通、兒童讀書指導八類。

《圖書館學論文索引》第一輯，李鍾履編，北京：商務印書館1959年版。該索引收錄清末至1949年9月間的資料五千三百多條，每條款目著錄順序號、篇名、著譯者、出處，按內容主題分類編排。書前附有類目順序表，書後附著譯者筆劃索引。

（九）教育學論文索引

《教育論文索引》，潘大逵等編，北平：清華學校1924年6月版。該索引收錄1911年至1923年底四十餘種雜誌中的論文三千餘篇。每條款目著錄篇名、著者、刊名、刊期、刊時、提要，按類編排，共分教育總論、教育心理、各級教育等九大類百十餘小類。

《教育論文索引》，舒新城編，載《民國十四年中國教育指南》，上海：商務印書館 1926 年版。該索引收錄 1925 年雜誌二十七種報紙五種中的論文五百九十一篇，每條款目著錄篇名、著者、刊名、刊期、提要，按類編排，共分教育總論、教育史、學制、課程等三十五類。

《教育論文索引》，舒新城編，載《民國十五年中國教育指南》，上海：商務印書館 1928 年版。該索引收錄 1926 年雜誌二十一種報紙二種中的論文七百四十餘篇，每條款目著錄篇名、著者、刊名、刊期、提要，按類編排，共分教育總論、中國教育問題、教育行政、教育史等三十六類。

《教育論文索引》，邰爽秋等編，廣州：國立中山大學教育研究所 1929 年版。該索引收錄清季至 1929 年 4 月雜誌及報紙副刊中的論文九千二百餘篇。每條款目著錄篇名、著者、刊名、刊期、刊時、內容提要，按類編排，共分教育通論、教育法、比較教育等七大類，百餘小類。

《增訂教育論文索引》，邰爽秋等編，彭仁山增訂，上海：民智書局 1932 年 9 月版。該索引從 1911 年至 1929 年 12 月的二十三種雜誌中選錄論文六千五百八十七篇，每條款目著錄篇名、著者、刊名、刊期、刊時，按類編排，共分教育通論、教育法、比較教育、教育報告等八大類數百小類。

《五年來教育論文索引》，莊澤宣編，載《期刊索引》三卷六期，上海：中國圖書服務社 1935 年 4 月 30 日出版。該索引收錄 1929 年底至 1934 年三十一種雜誌中的論文約五千篇。每條款目著錄篇名、著者、刊名、刊期，按類編排，共分教育通論、教育法、比較教育等七大類，數十小類。

《教育雜誌索引》，陳東原等編，上海：商務印書館 1936 年 1 月版。該索引將《教育雜誌》一卷至二十三卷中的論文，分別編為分類索引、篇名索引、著者索引。分類索引按王雲五中外圖書統一分類法編排。篇名索引與著者索引按四角號碼檢字法編排。

《教育雜誌索引》，《教育雜誌》社編，上海：商務印書館 1936 年版。該索引為陳東原等所編《教育雜誌索引》續編，收錄《教育雜誌》二十四卷至二十五卷中的論文。款目著錄內容與編排方法與陳東原等所編全同。

《教育參考資料彙編》第2種《教育論文索引》，國立師範學院教育資料室編，湖南藍田：國立師範學院資料室1947—1948年出版。

（十）語言學論文索引

《中國語言學論文索引》（甲編），中國科學院語言研究所編，北京：科學出版社1965年版。該索引收錄1900年至1949年全國報刊、論文集中的論文五千餘篇，每條款目著錄篇名、著者、報刊簡稱、卷期或出版日期，按類編排，共分語言與語言學、漢語、少數民族語言三大類，每大類下面又分若干小類。書前附有《所收報刊一覽表》，書後附《論文集一覽》和《著者姓名索引》。

（十一）文學論文索引

《文學論文索引》，張陳卿、陳璧如、李維垿編，北平：中華圖書館協會1932年1月版。該索引收錄清光緒三十一年（1905）至1929年底六十二種報紙雜誌中的論文四千餘篇。每條款目著錄篇名、著者、報刊名、卷期或日期、提要等。按類編排，共分文學總論、文學分論、文學家評傳三編。三編分三十四類及百餘子目。末有附錄五種。

《文學論文索引續編》，劉修業編，北平：中華圖書館協會1933年11月版。該索引收錄1928年5月至1933年5月一百九十三種報紙雜誌中的論文四千餘篇。每條款目著錄篇名、著者、報刊名、卷期或日期、提要等。按類編排，共分二十五類及百餘子目。末有附錄六種。

《文學論文索引三編》，劉修業編，北平：中華圖書館協會1936年1月版。該索引收錄1933年6月至1935年底二百二十種報紙雜誌中的論文四千餘篇。體例與續編同，惟類目略有增減。末有附錄四種。

《1937—1949主要文學期刊目錄索引》，山東師範學院中文系編，濟南：山東師範學院中文系1962年11月版。該索引收錄《人世間》、《大眾文藝月刊》、《小說》等三十種文藝期刊的目錄、發刊詞、復刊詞等。

（十二）音樂論文索引

《中國音樂期刊篇目匯錄：1906—1949》，中國藝術研究院音樂研究所資料室編，北京：文化藝術出版社1990年版。該書匯錄了1906年至1949年出版的一百三十二種音樂期刊的篇目，每條款目著錄篇名、著者、刊名、卷期、刊時，按類編排。

《二十世紀中國音樂期刊篇目彙編》，李文如編，北京：文化藝術出版社 2005 年 11 月版。該書收錄 1906 年至 2000 年間音樂理論研究、音樂普及知識及音樂作品方面的刊物篇名。該書分上、下兩冊，上冊收錄 1906 年至 1949 年音樂期刊篇目，體例同上。該彙編還附有作者人名索引。

（十三）史學論文索引

《**史地社會論文摘要月刊**》，大夏大學史地社會研究室編，上海：大夏大學 1935 年 10 月 20 日創刊，從創刊號起，每期從雜誌中選錄論文四五十篇。每條款目著錄篇名、著者、刊名、刊期、刊頁、字數、摘要。自第二期起，分為歷史、地理、社會三欄。

《**歷史地理論文索引**》，國立北平圖書館輿圖部編，載《禹貢半月刊》五卷六期，北平：《禹貢半月刊》社 1936 年 5 月 16 日出版。該索引收錄論文三百六十餘篇，每條款目著錄篇名、著者、刊名、刊期，按類編排，共分地理沿革、古地理考證、地方史等十類。

《**中國史學論文索引**》第一編，中國科學院歷史研究所第一、二所與北京大學歷史系合編，北京：科學出版社 1957 年版。該索引收錄 1900 年至 1937 年 7 月一千三百餘種定期刊物中的史學論文三萬餘篇，每條款目著錄篇名、著譯者、刊名、卷期數、出版年月，按類編排。全書分上下兩冊，上冊為中國史學論文之部，分歷史、人物傳記、考古學、目錄學四大類。下冊為各學科學術史之部，分為學術思想史、社會科學史、政治科學史等十三大類，同類論文的排列，或依時代，或依地域，間也採用互見。書後還附有文獻標題及各種專有名詞組成的綜合筆劃索引，以便檢索。

《**中國史學論文索引**》第二編，中國科學院歷史研究所編，北京：中華書局 1979 年版。該索引是上書的續編，收錄了 1937 年 7 月至 1949 年 9 月國內九百六十餘種雜誌報紙上的論文三萬餘篇。其款目與編排方法同上書。全書也分上下兩冊，上冊為綜合性科目，共分五大類，下冊為專門性科目，分十四大類。

《**中國史學論文引得（1902—1962）**》，余秉權編，香港：亞東學社1963年版。該索引收錄了香港大學馮平山圖書館以及其他團體和個人所藏之1902年至1962年三百五十餘種刊物中的史學論文。每條款目著錄著譯者、篇目、刊名、卷期、刊時、起訖頁碼、庋藏處，按著譯者筆劃依《康熙字典》字序編排。書前有《作譯者姓氏檢字表》、《本引得所收期刊一覽表》，書後還附有文獻標題及各種專有名詞組成的綜合筆劃索引，以便檢索。

《中國史學論文引得續編》（歐美所見中文期刊文史哲論文綜錄），余秉權編，美國哈佛大學燕京圖書館1970年版。該索引為上書之續編，收錄歐美所見1905年至1964年中文期刊五百九十九種中的論文約二萬五千篇，內容涉及語言、文學、歷史、哲學。凡已見上書的論文概不重錄。著錄專案與編排體例同上書，惟題義難懂，需要說明者，均作簡要注釋。書前有《作譯者姓氏檢字》、《筆名別號檢字》、《本引得所收期刊一覽表》。

《國學論文索引》（正編至五編），在前面『（一）綜合性論文索引』類下，已經作了詳細介紹，請參看。

（十四）地理學論文索引

《中國地學論文索引》，王庸、茅乃文編，北平：國立北平圖書館、國立北平師範大學1934年4月版。該索引收錄光緒二十八年（1902）至1933年6月一百二十二種報紙雜誌中的論文五千餘篇。每條款目著錄篇名、著者、報刊名、卷期或日期，按類編排，共分地志及遊記、地文（附生物）、民族、政治、交通、經濟、歷史、地理圖書及中國地學與地學家傳記等八類及若干小類。書前有所收雜誌一覽表，書末有地名索引及著者索引。

《中國地學論文索引續編》，王庸、茅乃文編，北平：國立北平圖書館、國立北平師範大學1936年版。該索引收錄1934年6月至1936年6月一百五十五種雜誌中的論文四千餘篇。體例與正編同，惟小類略有增刪。

《最近英美著名地理雜誌要目索引》，朱起鳳編譯，載《地理雜誌》四卷三期，南京：中央大學地理學系1931年5月出版。該索引收錄1931年1月至5月七種雜誌中的論文七十一篇。每條款目著錄篇名（中西文）、著者、刊名、刊時、刊期，按類編排，共分地理學通論、中國地理、亞洲地理、歐洲地理、非洲地理、美洲地理、地理教育等七類。

《康藏論文索引》，北平圖書館輿圖部編，載《禹貢半月刊》第六卷第十二期，北平：北平圖書館輿圖部 1937 年出版，該索引收錄有關西康、西藏史地論文五百餘篇，按類編排，共分書志、地志及遊記、政治、民族文化、經濟、歷史等六類。

《論文索引》，中國地理教育研究會編。自《地理教育》一卷一期起，南京：中央大學地理系自 1936 年 4 月起逐期附刊發行。該索引收錄 1936 年 1 月以後的雜誌十餘種，每期選錄論文數十篇。每條款目著錄篇名、著者、刊名、刊期、刊時、刊地及刊者，按類編排，共分通論、地圖學、地球物理等十四類。

《英國皇家地理學會月刊所載中國地理論文目錄》，朱起鳳編譯，載《地理雜誌》四卷一期，南京：中央大學地理學系 1931 年 1 月出版。該索引收錄該刊 1893 年至 1931 年所載論文一百二十四篇。每條款目著錄篇名、著者、刊期、刊時、頁數，按地域編排。

《英國地理學會季刊所載關於中國地理之目錄》，朱起鳳編譯，載《地理雜誌》四卷二期，南京：中央大學地理學系 1931 年 3 月出版。該索引共有款目四十五條，分論文索引與書目兩個部分。

《美國國家學會月刊所載中國地理論文目錄》，《地理雜誌》編者編，載《地理雜誌》四卷六期，南京：中央大學地理學系 1931 年 11 月出版。該索引收錄該刊 1908 年至 1929 年論文二十七篇。

（十五）科學技術論文索引

《交通大學圖書館雜誌論文索引》，交通大學圖書館編，上海：交通大學圖書館 1935 年 1 月至 1936 年底出版。該索引收錄該館所藏七十余種中文雜誌、一百餘種外文雜誌中的論文。先分中文、外文兩部分，再按類編排，共分工程、科學、管理三大類及六十餘小類。自第三期起，工程、科學、管理分冊刊印。至 1936 年底，除總刊二冊外，工程類分刊六冊，科學類分刊五冊，管理類分刊三冊，共十六冊。

《科學》首十五卷總索引，中國科學社編輯部編，上海：中國科學社 1932 年 7 月版。該索引收錄《科學》

1915年至1931年首十五卷的論文。按類編排，共分通論、科學史、傳記、算學、天文、物理、化學、氣象、地學、生物學、農林、醫學、生理、衛生、工業、機械、工程等三十三大類及若干小類。

《科學週刊》第五十三期至八十期索引，載《大公報·科學週刊》十一期，天津：《大公報》1934年9月14日出版。該索引收錄論文四十篇，每條款目著錄篇名、著者、刊期，按類編排，共分總論、理化、地址及礦物等十類。

《中國古代科技史論文索引：1900—1982》，嚴敦杰主編，南京：江蘇科學技術出版社1986年出版。收録1900—1982年間國內近千種中文期刊和百多種中文報紙上的中國古代科技史論文條目近萬種。

（十六）生物學論文索引

《二十年來中文雜誌中生物學記錄索引》，駱啟榮編，載《清華學報》二卷二期，北平：清華學校1925年12月出版。該索引收錄清華學校所藏清末至1925年二十年内十五種雜誌中的論文一千餘篇。共分生物學史、動植物概論、生命之起源等五十六類。

《中文昆蟲學著述匯錄》，汪仲毅編，杭州：浙江省植物病蟲害防治所1932年2月版。該索引收錄1911年至1932年1月三十四種雜誌中的論文七百六十五篇。按類編排，共分昆蟲分類學、昆蟲形態學、昆蟲生態學、昆蟲經濟學、昆蟲類雜類古昆蟲等六大類及二十餘小類。

《中國昆蟲學文獻索引》，汪仲毅編，載《中國農學會報》133期，南通：江蘇省立農學院1935年2月出版。該索引收錄1933年底以前一百四十餘種雜誌中的論文一千七十餘篇。按科目編排，共分八十八個科目。

《中國昆蟲學文獻索引》，汪仲毅編，南通：啟秀路二號1935年12月版。該索引著錄1936年一百四十餘種雜誌中的論文五百三十九篇，分著者索引、分類索引兩個部分。分類索引，按總論、形態學、生態學、昆蟲社會學、昆蟲標本學、昆蟲之交配、各目昆蟲學、經濟昆蟲學、各種害蟲等八大類及數十小類為序編排。

《中國昆蟲學索引編纂處月刊》一至八期，汪仲毅編，杭州：中國昆蟲學索引編纂處1935年5月至12月出版，收錄論文一百五十八篇，每條款目著錄編號、著者、篇名、刊期、刊時、類目，按刊時先後編排。

（十七）農業論文索引

《農業論文索引》（南京）金陵大學農學院農業經濟系農業歷史組編，南京：金陵大學圖書館1933年12月版。該索引收錄清咸豐八年（1858）至1931年中文雜誌三百一十二種、叢刊八種，在華出版之西文雜誌及叢刊三十六種，編為中文索引款目三萬余條，西文索引款目六千餘條。

《農業論文索引續編》，金陵大學圖書館雜誌小冊部編，南京：金陵大學圖書館雜誌小冊部1935年版。該索引收錄1932年1月至1934年底中文雜誌五百五十種、叢刊六種，在華出版之西文雜誌及叢刊三十種，編為中文索引款目一萬三千余條，西文索引款目一千餘條。其編排體例與正編同。

《四川省農業統計資料索引》，四川省農業改進所統計室編，成都：四川省農業改進所統計室1942年6月至1948年12月出版。

《中國棉業文獻索引》，吳中道編訂；農林部棉產改進處暨中央農業實驗所棉作系編輯，南京：中國棉業副刊社1949年出版。

（十八）革命報刊解放區報刊索引

《十九種影印革命期刊索引》，人民日報圖書館編，北京：人民日報出版社1959年8月版。該索引收錄人民出版社影印的《新青年》（月刊，1915年9月至1922年7月）、《每週評論》、《共產黨》、《先驅》、《嚮導》、《新青年》（季刊，1923年6月至1924年12月）、《前鋒》、《中國工人》（1924年10月至1925年5月）、《新青年》（1925年4月至1926年7月）、《政治週報》、《農民運動》、《布爾什維克》、《無產青年》、《中國工人》（1928年12月至1929年5月）、《實話》、《群眾》、《八路軍軍政雜誌》、《中國青年》、《中國工人》（1940年2月至1943年3月）等十九種革命雜誌中的論文資料。款目按類編排，書後附有個人作者、譯者人名索引，按姓氏筆劃排列。

《二十六種影印革命期刊索引》，中國革命博物館資料室編，北京：人民出版社1988年版。該索引收錄了1958年至1983年影印的二十六種期刊的全部篇目。這二十六種期刊為《星期評論》、《少年中國》、《新社會》、《北京大學學生週刊》、《秦種》、《覺悟》、《勞動界》、《上海夥友》、《共進》、《新時代》、《中國青年》、《政治生活》、《中國軍人》、《戰士》、《中國農民》、《犁頭》、《人民週刊》、《勞動》、《全總通訊》、《鬥爭》、《紅旗週報》、《蘇區工人》、《解放》、《共產黨人》、《中國文化》。全書分為篇名分類索引和著譯者篇名索引兩部分，前者按學科分類編排，後者按著譯者姓氏筆劃編排，在著譯者名下列出其在各期刊上所發表的文章篇名及出處。

《新民主主義革命時期影印革命期刊索引》（抗日戰爭時期），中共中央黨校圖書館編，北京：中共中央黨校出版社 1987 年 7 月版。該索引收錄影印的抗日戰爭時期革命期刊的論文及相關資料。

《東北抗日聯軍：館藏參考資料目錄索引》，吉林省圖書館編，長春：吉林省圖書館 1962 年版。

《新中華報索引》，人民日報圖書館編，北京：人民出版社 1965 年版。該索引收錄 1939 年 2 月至 1941 年 5 月在延安出版的《新中華報》上發表的論文及其他資料。

《新華日報索引》，《新華日報索引》編輯組編，北京：北京圖書館 1963 年至 1964 年出版。該索引收錄 1938 年 1 月至 1947 年 2 月中國共產黨在國民黨統治區公開出版發行的《新華日報》上的論文及其他資料。

《解放日報索引》，人民日報圖書資料組編，北京：人民出版社 1956 年版。該索引收錄 1941 年 5 月 16 日至 1947 年 3 月 27 日，中國共產黨中央委員會在延安創辦的機關報《解放日報》上的論文及其他相關資料。

《（晉冀魯豫）人民日報索引》，人民日報圖書館編，北京：人民日報出版社 1961 年版。該索引收錄 1946 年 5 月 15 日至 1948 年 6 月 14 日《（晉冀魯豫）人民日報》上的論文及其他資料，按內容分類編排，共分上、中、下三編，各編均附有作者索引。

《邊區政報與邊區政府通訊索引》，晉冀魯豫邊區政府秘書處編，涉縣：晉冀魯豫邊區政府秘書處 1946 年 12 月出版。

查找資料是學術研究的基礎工作。然而近代報刊由於保存現狀不容樂觀且收藏分散，這讓學者使用起來殊感不便。國家圖書館出版社『民國文獻資料叢編』以影印的形式，再版民國時的學術資料全文，實有利於學術研究。現在還將目光投向仍有檢索價值的近代工具書。上述所介紹的這些索引，有好些是民國時編印的，由於出版時間久遠，久未重印，一般學者難得一見。現在國家圖書館出版社下大決心，花大力氣，將民國時編印的各類仍有價值的索引，系統地匯集出版，這顯然是一項開發利用民國時期資料寶庫的基礎工作。這個出版項目，無疑是將打開民國時期資料寶庫的鑰匙交到學術研究與文藝創作者的手中，使我們能很快找到自己所需要的資料線索，接著我們便可以按圖索驥了。

四、近代報刊藏在哪里？

如果我們通過索引找到了自己所需要的近代資料線索，想知道刊載這些資料的期刊與報紙藏在哪里，我們還可以利用下面這些工具書：

《（1833—1949）全國中文期刊聯合目錄》增訂本，全國圖書聯合目錄編輯組編，北京：書目文獻出版社 1981 年版。該目錄收錄全國各省市五十家館藏豐富的公共圖書館、高等院校圖書館、科學院系統圖書館所藏 1833 至 1949 年出版的中文期刊一萬九千一百十五種。每條款目著錄期刊名稱，刊期，編輯、出版者，參加館的總藏（指參加館所藏某種期刊的總數）及館藏（指參加館所藏某種期刊的具體卷、期數）。款目按刊名筆劃排列，另有刊名首字拼音檢字表、筆劃檢字表，檢索方便。但是該目錄沒有收錄解放前的革命期刊，也沒有收錄純屬反動宣傳的、黃色的、反動會道門所辦的期刊。敵偽時期的期刊，除自然科學外，均未收錄。

《（1833—1949）全國中文期刊聯合目錄補充本》，國家圖書館、上海圖書館編，北京：中央民族大學出版社 2000 年版。該目錄在原有目錄的基礎上補收了清末至民國時期期刊一萬六千四百種，主要是：革命刊物，國民黨的黨、政、軍所辦刊物，抗日戰爭時期偽滿、偽華北、汪偽政權的機關刊物，中小學教育刊物，兒童刊物，文藝刊物等，恰可彌補《（1833—1949）全國中文期刊聯合目錄》（增訂本）之不足。

《全國解放前革命期刊聯合目錄》（1919—1949），全國期刊聯合目錄編輯組編，北京：全國期刊聯合目錄編輯組1967年出版。該目錄收錄全國九十家圖書館、檔案館、資料室以及個別個人所藏1919—1949年間公開出版的期刊一千六百五十八種，包括黨刊、團刊、八路軍、新四軍、東北抗日民主聯軍、中國人民解放軍和其他革命團體、進步組織出版的期刊。每條款目著錄刊名、刊期、編輯出版情況、所存卷期。該目按革命時期編排，書末附有刊名筆劃索引。

《晚清期刊全文數據庫（1833—1910）》，上海圖書館《全國報刊索引》編輯部編輯製作，于2009年推出。該數據庫收錄了1833年至1910年間三百餘種期刊，幾乎囊括了當時出版的所有期刊。用戶可以從標題、作者、刊名等途徑，對二十五萬余篇文章進行檢索、瀏覽或下載全文。《民國時期期刊全文數據庫（1911—1949）》正在編輯製作中，推出後將會給用戶利用民國時期的報刊資料帶來巨大的便利。

如果我們想知道解放前的報紙收藏情況，可以利用下面一些目錄：

《解放前中文報紙聯合目錄草目》，全國圖書聯合目錄編輯組編，北京：全國圖書聯合目錄編輯組1967年版。該目錄收錄北京圖書館、首都圖書館，以及中國科學院、中國人民大學、清華大學、北京師範大學、北京鐵道學院、北京外交學院、北京政法學院入藏的解放前國內外出版的中文報紙一千多種。每條款目著錄報名、出版地及出版單位、創刊停刊年月、注釋、館代號及館藏年月。共分解放區、國統區、港澳及海外地區三個部分。各部分的報紙均按報名的筆劃排列，檢索方便。未收北京大學圖書館所藏報紙是這份聯合目錄的不足之處。

《北京圖書館館藏報紙目錄》，北京圖書館報紙期刊編目組編，北京：書目文獻出版社1981年版。該目錄收錄北京圖書館所藏中外文報紙。其中中文報紙分解放前、解放後、香港澳門及各國華僑所辦報紙三個部分。每條款目著錄報紙名、出版地、館藏年月、創刊或停刊年月、中間變動情況等內容，先按出版地，再按報紙名筆劃排列。

《上海圖書館館藏建國前中文報紙目錄（1862—1949）》，上海圖書館1984年編印。該目錄收錄上海圖書館藏國內外二百多個地方出版的中文報紙約二千七百種。每條款目著錄報名、出版地、館藏年月，附錄報紙創刊年月及報名、出版地變動情況。按報名筆劃排列，目錄前冠有報名首字檢字表。

除北京、上海以外，其他地區的圖書館也編有舊報刊的館藏目錄，如四川大學圖書館1959年編印的《四川省各圖書館館藏中文舊期刊聯合目錄》，山東圖書館1987年編印的《山東省圖書館館藏中文報紙目錄（建國前）》等皆可資利用，我們就不詳細介紹了。如果我們從報刊索引中找到了所需要的資料，再到上述館藏期刊、報紙目錄中，按圖索驥，必會大大提高我們的科研與創作水平。

二〇〇一年二月

於南京大學文學院

《國學論文索引》全編出版説明

一、為了便於查閲近代資料，本社計劃將仍有研究價值的近代索引工具書陸續影印出版。

二、國家圖書館在1929—1955年曾先後出版過五編《國學論文索引》。這套索引收録1905—1937年間發表的國學論文，涉及中國學研究的各個領域，至今仍然是相關研究者的重要工具。現將這五編合併刊行。

三、《國學論文索引》，北平北海圖書館編目科編，北平：中華圖書館協會1929年7月鉛印出版。該索引收録清光緒三十一年(1905)至1928年7月發表於八十二種報紙雜誌中的論文三千餘篇。分類排列，共分總論、群經、語言文字學、考古學、史學、地學、諸子學、文學、科學、政治法律學、經濟學、社會學、教育學、宗教學、音樂、藝術、圖書目録學等十七大類及若干小類。

四、《國學論文索引續編》，北平圖書館編纂部索引組編，北平：中華圖書館協會1931年7月鉛印出版。該索引接續正編，體例大體相同，對正編漏收的論文有所增補，論文數量與正編相仿。

五、《國學論文索引三編》，劉修業編，北平：中華圖書館協會1934年10月鉛印出版。該索引收錄1928年至1933年底一百九十二種報紙雜誌中的論文四千餘篇。體例與正編同，惟十五音樂與十六藝術的類次對調，小類也有所增減。

六、《國學論文索引四編》，劉修業編，北平：中華圖書館協會1936年6月版。該索引收錄1934年1月至1935年底二百十餘種報紙雜誌中的論文四千餘篇。體例與三編同，惟小類有所增減。

七、《國學論文索引五編》，侯植忠編，北京圖書館參考研究組1955年1月油印本，分上下兩冊。因為本書係侯植忠在抗戰前完成的，所以所收期刊以1937年6月前出版者為限。分類大體與前一致，只是在『圖書館學』之前增加了『博物館學』一類。

國家圖書館出版社

二〇一一年三月

第一册目録

北平北海圖書館編目科 編

國學論文索引

北平：中華圖書館協會 1929 年 7 月鉛印本

國學論文索引

蔡元培

中華圖書館協會叢書
第二種

國學論文索引

本書所收雜誌卷數號數一覽

三畫

大中華　民國四年創刊。梁任公主撰。中華書局出版。收一卷一號至二卷九號。

小說月報　宣統二年創刊。民國八年以後，鄭振鐸任編輯，頗改良。遇文學界有可紀念者，則出專號或號外。商務印書館印刷兼發行。收十三卷一號至十六卷四號，又十七卷號外，十八卷一號至十一號。

四畫

不忍　民國二年創刊。康有爲主撰。上海廣益書局發行。收一至八期。

內學　民國十三年創刊。支那內學院編輯。收第一輯。

心理　民國十一年創刊。中華心理學會編輯。中華書局印刷兼發行。收一卷。

太平洋　民國六年三月創刊。太平洋雜誌社編輯。商務印書館印刷兼發行。收一卷一號至四卷八號。

少年中國　民國八年創刊。少年中國學會編輯。亞東書局印行。收一卷至四卷全。

文字同盟　民國十六年創刊日人橋川時雄主撰收一至十五期。

文哲學報　民國十二年創刊。南京高師文哲研究會編輯。中華書局印行收一三兩期缺第二期。

孔教會雜誌　民國二年二月創刊。陳漢章主撰。收第一卷全。

中國學報　民國元年創刊第一次共九期；洪憲元年創刊第二次共五期。書內民元出版者，標「民元」兩字，不標者則洪憲出版者也。劉師培主撰。

中大季刊　北平中國大學編輯兼出版。收一期至三期。

中華教育界　民國元年二月創刊。中華書局發行。收八卷至十三卷全。

中大圖書館週刊　民國七年三月創刊。國立中山大學圖書館主撰。

中華圖書館協會報　民國十四年六月創刊。中華圖書館協會主撰。收一二卷全。

中山大學語言歷史研究所週刊　民國十六年十月創刊。廣州國立中山大學語言歷史研究所編輯。收第一二集全。

五畫

甲寅　甲寅年出版者，收一至九期；民國十四年出版者，收一至三十五期。書中於甲寅年出版者，標「甲寅年」以爲識別。

民鐸雜誌　上海法租界貝勒路民鐸雜誌社編輯。商務印書館發行。收二卷一號至九卷二號。

北大月刊　民國八年創刊。北京大學出版。收一期至九期。

北平圖書館月刊　民國十七年六月創刊。北平北海圖書館編輯。收一卷一至三號。

四存月刊　民國十年四月創刊。北平四存學會主撰。收一至二十期。

史地學報　南京高等師範史地研究會主撰。商務印書館發行。收二卷八號至三卷七號。

史地叢刊　北京高等師範（即師範大學）史地研究會編輯。收一卷一號至二卷一號。

史學與地學　民國十五年創刊。中國史地學會編輯。商務印書館發行。收第一期。

平中半月刊　北京翊教寺平民中學出版。收第一期。

六畫

改造　民國七年創刊。北京新學會編輯。中華書局發行。收三卷一號至四卷十號。

地學雜誌　宣統二年創刊。北京後門外中國地學會編輯。收第一卷至十四卷全。

七畫

努力週報　民國十一年創刊。胡適之主撰。收一至六十期。

社會學雜誌　民國十一年二月創刊。中國社會學雜誌社編輯。收一卷一號至六號。

社會科學季刊　民國十一年十月創刊。北京大學研究所出版。收一卷至三卷。

八畫

東方雜誌　光緒三十二年創刊。商務印書館編輯兼發行。收十二卷一號至二十二卷十七號，又二十四卷一號至二十五卷九號。

九畫

建設　民國二年九月創刊。上海法租界建設社編輯。收一卷至二卷全。

科學　民國五年創刊。中國科學社編輯。商務印書館發行。收二卷至十二卷全。

亞洲學術雜誌　孫德謙張爾田等主撰。收一至四期。

十畫

哲學　民國十五年三月創刊。北京宣外香爐營五條哲學社編輯兼發行。收一至六期。

浙江圖書館報　民國十六年十二月創刊。浙江圖書館編輯兼發行。收第一期。

十一畫

國民　民國八年一月創刊。北京北池子國民雜誌社編輯兼發行。收一卷一至四號。

國故　民國八年創刊。北京大學文科國故月刊社編輯，劉師培陳漢章馬叙倫等主撰。收一卷一至四號。

國學　民國四年三月創刊。上海國學昌明社編輯。收一卷一至二號，又四至七號。

國學月報　國學社編輯。收二卷一至十一號。

國學週刊　北京大學研究所國學門主撰。收一至二十四期。書內稱北大國學週刊，以別於胡樸安主撰之國學週刊。

國學月刊　民國十六年創刊。北京大學研究所國學門主撰。北新書局發行。收一至八期。

國學季刊　民國十二年一月創刊。北京大學研究所國學門編輯，由胡適沈兼士錢玄同等主撰。收一卷一號至二卷一號。

國學週刊　上海民國日報副刊之一，胡樸安主撰。收一至六十期。

國學叢刊　民國十六年創刊。東南大學國學研究會編輯。商務印書館發行。收一卷一號至二卷三號。

國學巵林　武昌高等師範編輯。收第一期。

國語月刊　中國國語研究會編輯，中華書局發行。收一卷一號至二卷二號。

國粹學報　光緒三十一年創刊。鄧實劉師培章太炎等主撰。收一卷一號至七卷八號。

國學論叢　民國十六年六月創刊。清華研究院編輯。商務印書館印行。收一至三期。

國學年刊　民國十五年創刊。無錫國學館國學會編輯。收第一期。

國學輯林　民國十五年九月創刊。中國國學研究會主撰，上海醫學書局發行。收第一期。

國聞週報　天津大公報社印行。收三卷一號至四卷三十三號。

國文學會叢刊　民國十一年創刊。北京師範大學國文學會編輯兼發行。收一卷一二號。

國立歷史博物館叢刊　民國十五年十月創刊。該館編輯部主撰。收一期至三期。

庸言　民國二年創刊。天津日租界庸言報館發行，梁任公林紓夏曾佑等主撰。收一卷一號至二卷六號。

現代評論　民國十三年創刊。現代評論社編輯。收一至一百八十八期。

進步雜誌　民國元年七月創刊。上海進步雜誌社編輯兼發行。收九卷三號至十卷二號。

教育雜誌　宣統元年創刊。商務印書館發行。收十一卷至十四卷全。

清華學報　民國三年創刊。清華學校編輯。收一卷一號至五卷一號。

晨報副刊　收民國十年十一月份至十三年七月份，又十三年十二月份至十四年四月份，又十五年三月份至十六年五月份，又五六週年紀念增刊。文學旬刊則單獨標名，不附副刊之內。

十二畫

華國月刊　民國十二年創刊。上海麥根路福星里華國月刊社編輯，章炳麟吳承仕黄侃等主撰。收一卷一號至三卷四號。

最近五十年　上海申報館五十週年增刊全一冊。

厦門大學季刊　民國十六年創刊。厦門大學編輯。收一卷一號。

十三畫

新潮　民國八年創刊。北京大學新潮社編輯。亞東圖書館發行。收一卷一號至三卷二號。

新青年　民國四年九月創刊。胡適之陳獨秀等主撰。收一卷至九卷全。

新中國　北京梁家園新中國社編輯。收一卷至二卷全。

新教育　民國八年創刊。商務印書館發行。收四卷一號至七卷三號。

新民叢報　梁任公主撰。收第三年一號至四年二十四號。

十四畫

語絲　民國十三年創刊。魯迅周作人錢玄同林語堂等主撰。收一至百期。

歌謠　民國十一年十二月創刊。北京大學研究所編輯。收一至九十六期。

圖書館學季刊　民國十五年創刊。中華圖書館協會主撰。收一卷一號至二卷二號。

廣倉學演說報　民國五年七月創刊。上海廣倉學窘編輯。收一卷一至四號。

十六畫

學林　民國十年九月創刊。學林雜誌社編輯。收一至九期。

學報　光緒三十三年一月創刊。日本留學生主撰。收一卷一至十號。

學燈　上海時事新報副刊。又有文學旬刊，後改爲週刊，書內均稱文學，以別於晨報副刊之文學旬刊。收十一年四月份至十四年五月份。

學衡　民國十一年創刊。吳宓主撰。中華書局發行。收一至五十四期。

學藝　中華學藝社編輯。商務印書館發行。收二卷一號至六卷二號。

學術與教育　民國十三年創刊。直隸教育促進會編輯兼發行。收一卷一二號。

燕京學報　民國十六年六月創刊。燕京大學出版，容庚主撰。收第一三兩期，缺第二期。

二十畫

覺悟　上海民國日報副刊。收十一年十二月份全。

二十二畫

讀書雜誌　努力週報副刊，每月出一期。收一至十八期。

叙例

(一)分類一事，在現在圖書館學中，實爲最繁難之一問題。況此編所收論文，東西中外，均有關係，上下古今，無不包容。米鹽博辯，焉能一一納於軌物之中！但分類之事，類舉目張，意在以簡御繁也。故因論文以立目，集衆目而成類；覽此總目，即不啻一中國學術史大綱也。首總論，次羣經，次語言文字，次攷古，次史學，次地學，次諸子，次文學，次科學，政治，經濟，社會，教育等學，而殿之以圖書目錄學。凡諸論文，學者可因類求目，因目尋篇，據其篇題與雜誌之卷數，無數接之雜誌，無不得也。手此一編，則數千百冊之雜誌，可得而用也。

(二)近人談分類學者，或宗四部，或主歐美，因其原理上有不同之點，故二者似不得兼用。此所分類，既有文學科學之類，復具羣經諸子之名，故牴牾之處，在所不免，在此過渡時期，而亦莫可如何也。故因事利導，循義入類，據事分編，如天算醫學，不入諸子；而模制攷工記車制記一文，見於攷古，不入周禮，即此意也。至近人關於楊朱事蹟，頗多論文，而附見道家列子者，以楊子無書，而列子有楊朱篇也。其他可以隅反。

(三)每類在全編之內，可視爲一獨立部分，故關於通論之論文，均弁於各類之首，餘者以性之所近，括爲若干小類，並列於次。而每一小類之中，其類目或以性質定其先後，或以時代定其先後。

（四）論文有性質較爲相近，或篇目太少，不便別立類目者，往往附於某類某目之後，如孔教附於四書之後是也。或附於某類某目之內，如貨幣實業商業等附入經濟學是也。又有畸零小品，集得若干篇，則擇性之所近，成一小類，標以「雜攷」之名，附於某類之末，如史學及圖書目錄學之「雜攷」是也。

（五）爲參考者便利起見，間用互見例。

（六）此編之成，爲時雖久，而分類一事，恐未有盡合讀者之處，如肯通函討論，甚所願也。又所收論文，當有未備，故製一引用雜誌卷數號數一覽表，冠諸篇首，讀者因其所見，可以隨時補苴；如蒙見示，尤感謝也。

十八，六，十七，王重民識

國學論文索引目錄

頁數

國學論文索引

一 總論

國學概論 章太炎 曹聚仁筆記 覺悟十一年四五六月份 按上海泰東圖書館已印爲單行本

國學概論 間宥 國學一卷三號四號

國學通論 孫世揚 華國月刊一卷一期

山淵閣齋學術流別論 江愼中 國粹學報七卷八號

國學發微 劉師培 國粹學報一卷一號至十二號二卷一號二號五號十一號

國學季刊發刊宣言 胡適 國學季刊一卷一號 按已收入胡適文存二集

中國文學以六藝爲心本說 陳托鼎 華國月刊一卷五期

私家箸述始於周末說 陳托鼎 華國月刊一卷九期

救學弊論 章炳麟 華國月刊一卷十二期

儒學法學分歧論 劉師培 國粹學報三卷四號七號十號

科學與經書 林玉堂 晨報五週年紀念特刊

舊學魂　陸紹明　國粹學報一卷一號至十二號二卷一號至三號又七號八號

原學　章　絳　國粹學報六卷四號

古今學術鈎通私議　俞士鎮　國故第一期

論讀古書之指趣　陳鐘凡　國學叢刊一卷一號　按此篇爲古書讀校法之一章該書已由商務印書館出版

國學無用辨　鄧　實　國粹學報三卷五號

中國學術思想界之根本誤謬　傅斯年　新青年四卷四號

怎樣叫做中西學術之鈎通　劉叔雅　新中國一卷六號

國學眞論　鄧　實　國粹學報三卷二號

評今之治國學者　孫德謙　學衡第二十三期

敬告我國學術界　胡稷咸　學衡第二十三期

古學鈎沉申義　俞士鎮　國故第二期

國故和科學的精神　毛子水　新潮一卷五號

駁新潮國故和科學的精神篇　張　煊　國故第三期

駁新潮國故和科學的精神篇訂誤　毛子水　新潮二卷一號

國故學之意義與價值　曹聚仁　東方雜誌二十二卷四號

審訂國學的名詞和內函　曹聚仁　覺悟十二年五月份

審訂國學之反響　曹聚仁等　覺悟十二年五月份

中國學術要略　孫德謙　亞洲學術雜誌一號　學衡第十一期

中國學術論略　胡樸安　國學週刊國慶日增刊

與人論學術書　張爾由　亞洲學術雜誌第四期

中國古代文化的象徵　朱桂耀　晨報副鐫十三年六月份

論今人治學之弊　胡樸安　國學週刊第十四期　國學彙編第一集

學通　薛祥綏　國故第二期

與人論治國故書　羅運賢　學衡第三十九期

論中國學問之特點　胡樸安　國學週刊第一期

什麼是中國的文化　柳翼謀　學燈十三年二月份

國故與人生 嚴既澄 文學第一百零九期

東方文化與吾人之大任 陳嘉異 東方雜誌十八卷一號二號

研究國故的方法 胡適 國文學會叢刊一卷一號

再談談整理國故 胡適 晨報副鐫十三年二月份

讀書 胡適 平中半月刊第一期

整理中國最古書籍之方法論 朱希祖 北大月刊第三號

以科學方法整理國故其步驟若何 宮廷璋 民鐸雜誌四卷三號

論研究國學當戒除之二弊 胡樸安 國學週刊第三期

治國學的兩條大路 梁任公 學燈十二年一月份 按已收入梁任公學術講演集第三集

客觀的研究國學方法 胡樸安 國學週刊第一期 國學彙編第一集

研究國學之方法 胡樸安 國學週刊第六期 國學彙編第一集

論讀書法 胡韞玉 國學一卷一號

讀書淺言 鄭孝胥 國粹學報二卷十二號

中國學術年表及說明 顧頡剛 民鐸雜誌五卷三號 晨報副鐫十三年七月份 東方雜誌二十一卷十四號

清代學者治學方法 胡適 北大月刊第五號七號九號 科學五卷二號三號 按已收入胡適文存第一集

讀古書法舉隅 薛祥綏 國故第一期

中國僞書的研究 楊鴻烈 晨報副鐫十三年七月份 按已附入史地新論

古書辨僞方法 張西堂 學燈十四年三月份

中國文化史綱 梁啟超 改造四卷三號四號 按即中國歷史研究法梁先生久蓄志修中國文化史謂此書乃將來文化史之緒論耳

中國文化史 柳詒徵 學衡四十一至五十四期

南北學派不同論 劉師培 國粹學報一卷二至九號

漢宋學術異同論 劉光漢 國粹學報一卷六至八號

歷代儒學概論 曾學傳 國學一卷七號

論閩中文化 胡適之 顧頡剛 民鐸雜誌四卷五號

中國學術源流敘例 陳鐘凡 國學叢刊一卷一號

中國學術起源攷 劉光漢 國粹學報二卷四號

漢以前中國本部文明傳播之次第　林幹　地學雜誌十卷六七號

中國哲學起源攷　劉光漢　國粹學報二卷四號至十二號

周末學術史總序　劉光漢　國粹學報一卷一號至五號

古學出於官守論　劉光漢　國粹學報二卷二號至三號

論古學出於史官　劉光漢　國粹學報一卷一號

補古學出於史官論　劉光漢　國粹學報二卷五號

儒家出於司徒之官說　劉師培　國粹學報三卷八號

兩漢學術發微論　劉光漢　國粹學報一卷十至十二號

研究文化史的幾個重要問題　梁啓超　學燈十二年三月份　按已收入梁任公學術講演集第三集

中國近三百年學術史　梁任公　史地學報三卷一號至七號　按是書爲梁任公在清華學校之講義此是前半部後半部曾於東方雜誌上發表標題爲清代學者整理舊學之總成績

論中國學術思想變遷之大勢　梁啓超　新民叢報三卷五號六號七號十號　按此文編入飲冰室文集並有大東書局單印本

前清一代中國思想界之蛻變　梁啓超　改造三卷三號至五號　按此篇即清代學術概論今已由商務印書館出版

清代思想界之評判 李惹蓀 改造三卷十一號

清代政治與學術之交互的影響 梁啓超 國文學會叢刊一卷二號 按此即中國近三百年學術史之第二章惟微有不同蓋乃初稿之故又按晨報五週年紀念特刊載有梁先生清代政治之影響於學術界者一文亦大概相同

明清之交中國思想界及其代表人物 梁啓超 東方雜誌二十一卷三號

近儒學術統系論 劉師培 國粹學報三卷三號

論兩浙學派 來裕恂 國學一卷六號

嶺學源流 黃節 國粹學報四卷三號

近代儒學變遷論 劉師培 國粹學報三卷六號

最近二十年間中國舊學之進步 杭父 東方雜誌十九卷三號

最近二三十年中國新發見之學問 王國維 科學十一卷六號 學衡四十五期

最近二十年來中國學術界蠡測 甘蟄仙 東方雜誌二十一卷一號

二十年學術與政治之關係 胡樸安 東方雜誌二十一卷一號

民國十二年來國學之趨勢 胡樸安 國學週刊國慶日增刊

二　羣經

（1）通論

經名數略釋　吳承仕　中大季刊一卷一號

釋經　狄郁　孔教會雜誌一卷一號

釋六藝　顧震福　孔教會雜誌一卷三號

中國經書之分析　陸懋德　清華學報二卷二號

羣經讀法　齊樹楷　四存月刊九，十一，十四，十五六期

通經致用說　陳詒紱　四存月刊二期

羣經論略　王有宗　華國月刊二卷五號

廢話（論十三經）　玄同　語絲五十四期

清代學者整理舊學之總成績—經學　梁任公　東方雜誌二十一卷十二號

羣經大義相通論　劉光漢　國粹學報一卷三卷

經學通論敘指　陳鐘凡　國學叢刊一卷四號

通經　張爾田　孔教會雜誌一卷六號

經辨　張爾田　孔教會雜誌一卷七號

論六經爲經世之學　張爾田　亞洲學術雜誌第一期

六經爲萬世治法其實行自漢始論　孫德謙　亞洲學術雜誌第三期

西漢經師傳授系統表　徐炳昶　北大國學週刊十四期

讀西漢經師傳授系統表　楊樹達　北大國學週刊二十一期

漢經師家法大指說　姚洵　國粹學報七卷八號

劉向撰五經通義五經要義五經雜義辨　劉師培　國粹學報六卷八號

秦漢燒書校書兩大平議案　顧實　國學叢刊一卷一號

中古文考　劉師培　中國學報第五期華國月刊一卷十二卷

今古文家法述　陳漢章　中國學報〔二〕至〔五〕期

與廖季平論今古學考書　江瀚　中國學報（民元）第二期　按已收入黎民續古文辭類纂

衛宏詔定古文官書考　孫詒讓　國粹學報五卷六號

劉歆與今古文　王道昌　國文學會叢刊一卷一號

與王靜安論今文家學書　張爾田　學衡第二十三期

漢代古文學辨誣　劉光漢　國粹學報二卷十二三號三卷一至五號

駁皮錫瑞三書　章絳　國粹學報六卷二，三號

經學史與經學之派別　周予同　民鐸雜誌九卷一號

經今古文之爭及其異同　周予同　民鐸雜誌六卷二三號

緯書與經今古文學　周予同　民鐸雜誌七卷二號　按並總爲經今古文學一書已由商務印書館出版

秦漢今文經師之方士化　陳鐘凡　國學叢刊一卷一號

經學輯解　倪中軫　國學一卷七號

用我法齋經說　江愼中　國粹學報六卷六至十一號

師鄦齋經義偶鈔　尤程鑅　華國月刊一卷十，十二號二卷二，六，八，十二號三卷二，四號

經書傳記叙目　曾學傳　孔教會雜誌一卷七號

治經雜語　劉離明　學衡第三十期

朱子傳經史略 吳其昌 學衡第二十二期

(2)石經

漢熹平石經論語堯曰篇殘字跋 馬衡 國學季刊一卷三號

新出三體石經考 章炳麟 華國月刊一卷一至四號

與弟子吳承仕論三體石經書 章炳麟 華國月刊二卷四號

與于右任論三體石經書 章太炎 華國月刊一卷四號 國學週刊第五期

與于右任論三體石經書 胡樸安 國學週刊第十五期

與章太炎論三體石經書 胡樸安 國學週刊第二十九期

三體石經跋尾 胡樸安 國學週刊第三十三期 按以上四文並收入國學彙編

跋三體石經殘文 周正權 學衡第二十五期

魏正始石經殘字跋 羅振玉 國學季刊一卷三號

朱拓蜀石經跋 劉體乾 四存月刊第五期

(3)易

南軒易說 宋張栻撰 中國學報(民元)第四期 沈家本跋云同治甲戌余於廠肆見而購歸雖係殘帙實有宋說易者之一家原題曰南軒先生張侍講易說今改定曰南軒易說從館本也

周易孔義 高梁溪 國學一卷五，六號 按高忠憲公周易孔義春秋孔義諸種皆在高子遺書外者無錫圖書館覓得抄本此據以付印者也

于氏易說 于鬯 中國學報（民元）第一，二期

一粟齋易說 易本烺 中國學報(民元)第七期

讀易蠡言 天諦 學燈十二年十月份

評易 吳曉初 學藝四卷一號

易卦應齊詩三基說 劉師培 中國學報第三期

司馬遷述周易義 劉師培 國粹學報四卷二號

易爲商周之史說 孫德謙 孔教會雜誌一卷一號

周易名義考 黃優仕 國學月報二卷十一期

論易之命名 胡韞玉 國學一卷三期

周易卦名釋義 林義光 清華學報五卷一期

讀根本通明氏說易諸書書感　汪榮寶　華國月刊三卷四號

讀周易圖題記　章太炎　大中華二卷二號

連山歸藏考　劉師培　中國學報第二期

讀周易十二辟卦　夏雪慶　國學年刊第一期

八卦釋名　章絳　國粹學報五卷二號　按已收入太炎文錄卷一

易卦與代數之定律　沈仲濤　學燈十三年一月份

太極圖辯誣及太極新圖解　朱謙之　新中國一卷三，四號

(4)書

尚書古今文說　吳承仕　中大季刊一卷一號

論古今文上章先生書　吳承仕　華國月刊二卷一，二號　中大季刊一卷二號

與吳承仕論尚書古今文書　章炳麟　華國月刊二卷六，七號

疏證古文八事　章炳麟　華國月刊二卷十號

尚書今古文說　胡樸安　國學週刊十八至二十六期　國學彙編第一集

尙書學 朱駿聲 國故第一至四期

尙書大義 吳闓生 四存月刊二至二十期

兩漢書經說（尙書堯典篇） 蔣庭曜 國學年刊一號

西晉有書孔傳說證 陳漢章 國故第四期

尙書傳王孔異同考 吳承仕 華國月刊二卷七，十號三卷一號

鄭君注書非百兩篇辯 曹元忠 華國月刊一卷九號

王觀堂先生尙書講授記 吳其昌 國學論叢一卷三號

史記述堯典考 劉師培 國粹學報五卷十二號

尙書堯典篇時代之研究 陸懋德 學衡第四十三期

中國第一篇古史之時代考 陸懋德 清華學報一卷二號 按此與上文當是一篇蓋一爲初稿一爲二稿耳

義和四宅說 丁山 中山大學語歷研究所週刊一卷十期

唐寫本尙書舜典釋文箋 吳承仕 華國月刊二卷三，四號 國學彙編第三集

淮海惟揚州考 陳玉澍 地學雜誌九卷十一號

書顧命同瑁說 王國維 學衡第四十期

陳寶說 王國維 學衡第四十期

周書略說 劉師培 國粹學報七卷二號

王會篇補釋 劉師培 國粹學報三卷九，十二號

(5)詩

關於詩經研究的重要書籍介紹 鄭振鐸 小說月報十四卷三號

研究詩經的參考書 讀書雜誌第三期

六詩說 章絳 國粹學報五卷二號 按已收入章氏叢書檢論卷二

詩六義說 胡韞玉 國學一卷二期

詩有六義起源考 盧自然 國文學會叢刊一卷二號

釋四詩名義 梁啓超 小說月報十七卷號外 按舊以風大小雅頌爲四詩此文以風雅頌外加南爲四詩

毛詩評註 李九華 四存月刊六，七，九，十一，十三，十五六，十七，十九期 按已由四存學會印爲單行本

守玄閣詩家敘例 陳柱 華國月刊一卷十一號

詩古義 姜忠奎 學衡第四十三期

詩經的傳出 張壽林 晨報副刊十五年九月十八，二十，二十五日

讀詩經之傳出 辛素 晨報副刊十五年十一月八日

詩經是不是孔子所刪定的 張壽林 國學月刊一卷二號

論刪詩代壽林兄答辛素君 李宜琛 晨報副刊十五年十一月十日

答張李二君孔子不刪詩說 田津生 晨報副刊十六年三月九日

兩漢詩經學 胡韞玉 國學一卷一期

詩經的厄運與幸運 顧頡剛 小說月報十四卷三至五號 按此文未竟已彙入小說月報叢刊內

論詩經所錄全爲樂歌 顧頡剛 北大國學週刊十，十一，十二期

三百篇中的私情詩 朱湘 小說月報十七卷號外

論三百篇後的風詩問題 鄭賓于 北大國學月刊一卷三號

論詩辨說—寫在三百篇後的風詩問題之後 鄭賓于 北大國學月刊一卷三號

二南研究 陸侃如 國學論叢一卷一號

邶鄘衛考（附殷韋同字考） 劉師培 國粹學報五卷十一號

鄭風研究 羅墓華 晨報副刊十六年四月七，十一十，三日

小疋大疋說 章絳 國粹學報五卷二號

大雅韓奕義 章炳麟 華國月刊一卷十一號

讀吳桂華說豳 衛聚賢 北大國學月刊一卷五號

詩不殄不瑕義 孫詒讓 國粹學報五卷八號

肅霜滌場說 王國維 學衡第四十一期

讀詩札記 俞平伯 小說月報十七卷號外

葺芷繚衡室讀詩雜說 俞平伯 燕京學報第一號

騶虞考 沈維鍾 國粹學報四卷二號

野有死麕的討論 顧頡剛 胡適 俞平伯 語絲三十一期

關於野有死麕的卒章 錢玄同 語絲三十三期

瞎子斷扁的一例——靜女 顧頡剛 現代評論六十三期

邶風靜女篇的討論 劉大白 顧頡剛 語絲七十四期

讀邶風靜女的討論 郭全和 語絲八十二期

邶風靜女的討論 魏建功 語絲八十三期

邶風靜女篇荑的討論 董作賓 現代評論八十五期

詩經文字學 胡樸安 國學週刊五十三期 國學一卷四期 國學彙編第二集

毛詩假借字考 方秋士 國學一卷四，五期

詩經毛傳改字釋例 陳鐘凡 國學叢刊一卷一號

毛詩詞例舉要 劉師培 國故第一，二期

毛詩鄭箋破字解 章奎森 國學第二期

詩經數字釋例 林之棠 國學月報二卷五期

詩經言字解 胡樸安 國學彙編第三集

毛詩動植物今釋 薛蟄龍 國粹學報四卷至五卷

毛詩魯頌駉傳諸侯馬種物義 孫詒讓 國粹學報五卷八號

毛詩韻例 丁以此 國學扈林 按此書有印本
詩經字句篇章之多寡異同 伍劍禪 文學旬刊第三十六期
詩經逸詩篇名及逸句表 伍劍禪 文學旬刊第二十八期 中大季刊一卷三號
論詩序 廖平 中國學報第四期
讀毛詩序 鄭振鐸 小說月報十四卷一號
毛詩序考 吳時英 晨報副鐫十三年四月份
韓詩內傳未亡說 楊樹達 學藝二卷十號
山海經爲詩舊傳考 廖平 地學雜誌十一卷四號
宋朱熹的詩經集傳和詩序辯 傅斯年 新潮一卷四號
鄭樵詩辨妄輯本 顧頡剛 北大國學週刊五期
姚際恆詩經通論述評 陳柱 東方雜誌二十四卷七號
評毛詩復古錄 王統照 文學六三至六七期

(6)禮

禮經舊說考略 劉師培 國故一至四期

周禮行於春秋時證 陳漢章 華國月刊二卷一號 國學巵林第一期

古周禮公卿說 劉師培 中國學報第四期

西漢周官師說考 劉師培 國學叢刊一卷一號二卷三號

說周官媒氏奔者不禁 劉善澤 學衡第十二期

周禮政詮 但燾 華國月刊一卷十號

周禮序官贊 李次披 四存月刊十五至十九期

周禮鄭注方丘祭崑崙北郊祭神州說 劉紹寬 華國月刊三卷二號

釋公士大夫 黃侃 國學巵林第一期

禮經釋服 陳延傑 國學叢刊一卷一號

喪服經傳舊說 劉師培 國學巵林第一期

覆友人論喪服書 勞乃宣 孔教會雜誌一卷七號

逸禮考 劉師培 國民一卷一，二號

昏禮今論　于　鬯　國學第一，二期

立廟議　劉師培　中國學報第一期

天子七廟說　江　瀚　中國學報第　期

禮記篇目考　王仁俊　國故第一期

檀弓志疑　姚石子　國學週刊第四期　國學彙編第一集

王制篇集證　劉師　國粹學報三卷十一號

禮運注　康有爲　不忍雜誌第六期

禮運大道之行一節釋義　鄭　沅　中國學報（民元）第四期

學記箋證　王樹枏　中國學報（民元）五，六期

學記通議　陳啓天　少年中國四卷六號

學記篇裡的教育思想　馬彭年　學燈十三年三月份

樂記五色義　孫詒讓　國粹學報五卷八號

禮大戴記編作十四編議　王仁俊　中國學報第五期

夏小正詞例舉要 俞士鎮 國故第一期

與洪樾堂明經論夏小正疏義書 胡承珙 國粹學報六卷七號 按後附洪樾堂夏小正補義

夏小正條考 沈維鐘 國粹學報四卷三號至九號六卷二號

白虎通議源流考 劉師培 國粹學報六卷十二號

白虎通議考上下兩篇 孫詒讓 國粹學報五卷六號

白虎通德論補釋 劉師培 國粹學報六卷十至十二號

白虎通議闕文補訂 劉師培 國粹學報七卷一，二號

(7)春秋

春秋筆削大義微言考發凡 康有爲 不忍雜誌第八期

春秋攘夷大義發微 黃節 國粹學報二卷八號

春秋大義譯本節錄 陳晉穀 亞洲學術雜誌三，四期

春秋大義是什麼 張西堂 學燈十四年三月份

春秋名字解詁補誼 黃侃 國粹學報四卷四號

春秋與孔子　玄同　頡剛　北大國學週刊第一期

春秋孔義　高梁溪　國學一卷六號

春秋周論　吳青雯　四存月刊第六期

春秋經世微　宋廷仁　國故第三期

春秋的研究　衞聚賢　國學月報二卷六，七期

要籍解題及其讀法—左傳國語　梁任公　史地學報二卷八號

論左傳之眞僞及其性質　珂羅倔倫原著　陸侃如口譯　衞聚賢筆記　北大國學月刊一卷六至八號　按此書已由新月書店印爲單行本

論左傳之可信及其性質　胡適　中山大學語歷研究所週刊一卷一期

左傳之研究　衞聚賢　國學論叢一卷一，二號

左傳漢出張蒼家說　孫德謙　學衡第三十期

與錢子泉論左氏傳書　礪實　國學叢刊一卷二號

春秋左氏傳例略　劉師培　中國學報一至五期

春秋左傳讀敘錄　章絳　國粹學報三卷一至十一號　按已收入章氏叢書內

劉子政左氏說 章絳 國粹學報四卷三至七號 按已收入章氏叢書內

左氏管窺 李景濂 四存月刊一至七，九，十一號

司馬遷左傳義例序 劉師培 國粹學報三卷十二號四卷一號

讀左傳劄記 劉光漢 國粹學報一卷一至十一二卷一至十號

春秋左氏傳時月日古例詮徵 劉師培 國粹學報七卷二至四號

左氏兵法 魏禧 國學一卷二號

斥誤據史記以攻左傳之妄 冉崇烈 國學叢刊一卷四號

踐土解 陳玉澍 地學雜誌十一卷十一期

唐杜氏考 孫詒讓 國粹學報五卷九號

春秋天王賵仲子非禮辨 李嘉善 北大國學月刊一卷二號

論公羊傳及公羊學 梅思平 民鐸雜誌六卷三號

公羊驗推補證凡例 廖平 國粹學報二卷七號

與王靜安論治公羊學書 張爾田 學衡第二十三期

春秋穀梁傳條指　江愼中　國粹學報六卷六至十一號

(8)孝經

孝經學　曹元弼　孔教會雜誌一卷一至十一號　亞洲學術雜誌一至四期

(9)四書　附孔教

論語考　孫世揚　華國月刊二卷十一號

讀論語小記　章炳麟　華國月刊二卷八號

論語大義　齊樹楷　四存月刊五，六期　按已單印本

論孟集註附考　劉寶楠　國粹學報七卷三至六號

先儒論語注比觀錄　中國學報(民元)第九期

讀孟子劄記　羅澤南　國學一卷一至五號

孟子微　康有爲　不忍雜誌一至七期　按此未登完有萬本草堂叢書本

孟子解頣札　兪平伯　東方雜誌二十一卷十三至十五號

撰孟子正義日課記　焦循　華國月刊一卷九至十一號

孟子源流考　王蘧常　國學年刊一號

論孟子有大乘氣象　唐大圓　華國月刊三卷一號

孟子與詩教　周秉圭　中大季刊一卷三號　論述孟子對於詩之研究

大學發微　劉次源　孔教會雜誌一卷八至十號

大學鄭注釋微　龐樹典　華國月刊二卷十一號

書大學平天下傳後　方望溪　四存月刊十四期

中庸補注　戴震　國粹學報六卷一至七號

中庸發微　劉次源　孔教會雜誌一卷七號

中庸大義　王樹枏　中國學報第一期

中庸講義　孔祥霖　孔教會雜誌一卷十一號

孔教

論孔子無改制之事　劉光漢　國粹學報二卷十一至十三號

余之孔教觀　張東蓀　大中華一卷十五號

孔鑫教測 徐在茲 學燈十二年十一月份

孔子改制考 康有爲 不忍雜誌第一至七期 按此書已有萬木草堂本

孔子平議 易白沙 新青年一卷六號二卷一號

孔教通史 黎養正 孔教會雜誌一卷一至十號

論孔教之價值 吳宓 國聞週報三卷四十，四十一號

孔子哲學的批評 徐誦光 廈大季刊一卷一號

孔教乃中國之基礎 孔教會雜誌一卷一號

中國之新生命必繫於孔教 孔教會雜誌一卷一號

孔教宜定爲國教論 陳寶徵 孔教會雜誌一卷一號

孔教大一統論 孫德謙 孔教會雜誌一卷一號

孔子教義實際之研究 袍木 大中華一卷九號

孔學眞論 劉光漢 國粹學報二卷五號

尊孔當先尊經說 馮愿 孔教會雜誌一卷十號

孔學發微 江瀚 中國學報(民元)第一至七期

孔子爲共和學說之初祖 薛正清 孔教會雜誌一卷四號

尊孔說 李天懷 中國學報(民元)第七期

孔學綜合政教古今統系流別論 宋育仁 中國學報(民元)第九號

孔子受命立教論 孫德謙 孔教會雜誌一卷三號

孔教功在文治論 孫德謙 孔教會雜誌一卷六號

論孔教與老氏 顧震福 孔教會雜誌一卷二號

孔子教戒三章論 顧實 國學輯林一卷一號

儒學論 馬叙倫 孔教會雜誌一卷十二號

訂孔篇註 繆篆 華國月刊二卷十一號三卷一號

儒教排他之態度及其手段 胡漢民 建設一卷二號

原始的儒家與儒教 許地山 晨報副鐫十二年七月份

儒家道術於四時屬夏故其教重學而明禮說 孫德謙 亞洲學術雜誌第四期

大同思想以中國爲最先說 吳廷燮 四存月刊第十四期

大同學說 廖平 中國學報(民元)第八期

孔子封王辨 孫德謙 孔教會雜誌一卷二號

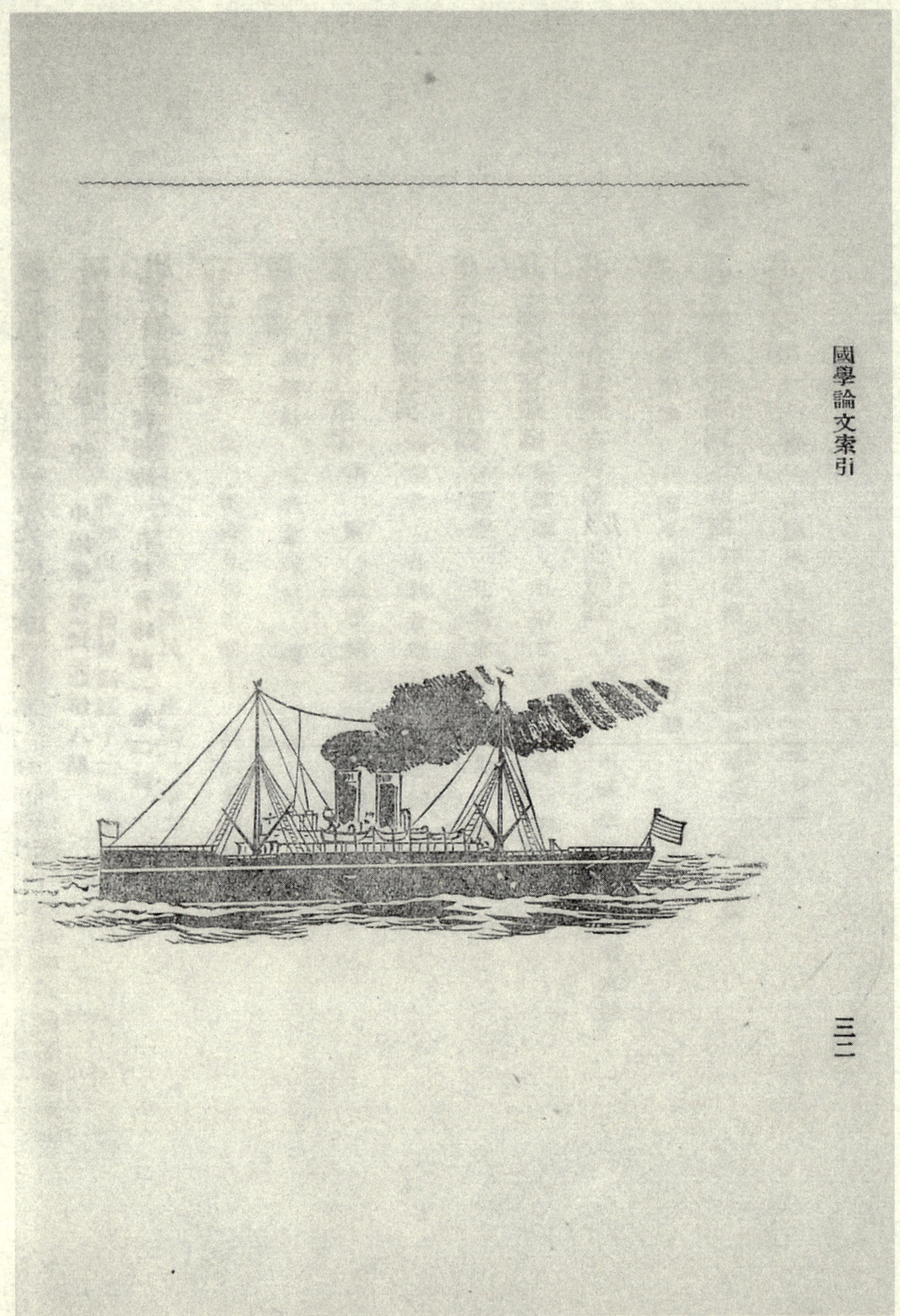

二、語言文字學

（1）通論

系統的文字學參考書目舉要 沈兼士 北大國學月刊一卷五號

藏密微印度支那語言書目 林語堂 東方雜誌二十五卷六號

中國言語文字說略 薛祥綏 國故第四期

論語言文字之學 章絳 國粹學報二卷十二，十三號

說中國語言之分化 楊樹達 東方雜誌二十一卷二號

從發音上硏究中國文字之源 梁啓超 東方雜誌十八卷二十一號 按此篇已收入梁任公近著近一輯下卷

文字學與語言之關係 嚴碁文 國學叢刊一卷二號

中國文字議 陳培深 大中華一卷二十號至二十二號

原始中國語試探 潘尊行 國學季刊一卷三號

語言的進化 劉復 晨報副刊十五年十二月十三日

語言對於思想的反響 擘黃 現代評論一一·七期

語言心理　陳德賢　東方雜誌二十二卷六號

造字原本語言釋例及夷語考　顧實　國學叢刊一卷二號

釋言語　胡樸安　國學週刊第三期

語音的物理成素　趙元任　科學九卷五期

文字學之革新研究　沈兼士　北大月刊第二號

研究文字學形和義的幾個方法　沈兼士　北大月刊第八號

文字學研究法　胡樸安　國學週刊第一期以後　國學彙編第一，二，集

說國字及其系統　楊樹達　民鐸雜誌二卷四號

漢字音符聲系表　楊樹達　國語月刊一卷二至五號　聞書已脫稿此未登完全書待刊

漢字的進化　伯潛　東方雜誌二十一卷四號

致龐芝生論小學書　王國運　學衡第四十一期

答人問小學書　胡樸安　國學週刊第二期　國學彙編第一集

清儒治文字學之派別及其方法述略　陳旦　國學叢刊一卷二號

清代學者整理舊學之總成績—小學及音韻學 梁啓超 東方雜誌二十一卷十三號

近世東方古言語學及史學上之發明與其結論 伯希和著 王國維譯 國學季刊一卷一號

文字學上之古代社會觀 張世祿 國學叢刊一卷二號

從文字學上所見初民之習性 陳鐘凡 國學叢刊一卷二號

（2）形義

國語問題之歷史的研究 沈兼士 國學季刊一卷一號 國語月刊一卷七號

中國字形變遷新論 錢玄同 北大月刊第一號

古代圖繢文字之異同及其分合 陳鐘凡 國學叢刊一卷二號

金石骨甲古文學與文字形體之發明 趙華煦 國學叢刊一卷二號

甲骨文之歷史及其價值 陸懋德 晨報副鐫十二年十二月份

甲骨文之發見及其考釋 容庚 國學季刊一卷四號

殷契鉤沉 葉玉森 學衡第二十四期

說契 葉玉森 學衡第二十四期

殷虛文字考　余永梁　國學論叢一卷一號

殷虛文字孳乳研究　聞宥　東方雜誌二十五卷三號

揅契枝譚　葉玉森　學衡第三十一期

古文籀文與小篆繁簡辨　朱師轍　國學一卷一號　中大季刊一卷二號

古籀不分及隸從古籀出說　陳爲綬　國學叢刊一卷二號

草隸辨　鄭文焯　國粹學報四卷四號

古本字考　劉師培　國學叢刊二卷三號

古重文考　劉師培　國學叢刊一卷一號

說文解字六書疏證　馬叙倫　國故第二，三期

六書之商榷　馬叙倫　國文學會叢刊一卷二號

六書叙　倪羲抱　國學第二期

六書解詁及釋例　顧實　國學叢刊一卷二號　按此文爲顧氏所撰中國文字學之一部分該書已由商務印書館印行

論六書次序質顧湯生先生　陳德基　甲寅週刊一卷三十二期

六書淺說 胡樸安 國學週刊第三十期 國學彙編第二集

轉注說 劉師培 國粹學報五卷十一號

轉注正義 李翹 學衡第二十六期

讀李翹君轉注正義篇書後 方竑 學衡第三十九期

轉注說 汪榮寶 華國月刊一卷九號

轉注說 戴君仁 中山大學語歷研究所週刊一卷五期

轉注淺說 許篤仁 東方雜誌二十二卷二十二號

轉注理惑論 聞宥 東方雜誌二十四卷十號

訓詁徵 陳啓彤 中大季刊一卷一號

論聲訓 趙世盛 國學叢刊一卷二號

字典論略 萬國鼎 圖書館學季刊一卷一號

毛公說字述 章絳 國粹學報五卷二號

詩經文字學 胡樸安 國學週刊五十三期以後 國學彙編第二集

古書之句讀　楊樹達　清華學報五卷一號

(3)聲韻

音韻通論　胡樸安　國學週刊四六至四七期　國學彙編第二集

韻學略論　鄭先寬　國學巵林第一期

音略　黃　侃　華國月刊一卷一至五號　國學巵林第一期

國語與聲韻學　黎錦熙　中華教育界八卷三號至九卷二號　按此文為國語講義之一章該書已由商務印書館出版

求進步齋音論　張　煊　國故第一至三期

論音答張君玉生　張　煊　國故第四期

守溫三十六字母排列法之研究　劉　復　國學季刊一卷三號

聲調譜闡說　鄭先樸　中國學報(民元)第九期

韻書源流略說　殷晉齡　國粹學報四卷十號

古今音損易說　章　絳　國粹學報四卷七號

古雙聲說　章　絳　國粹學報四卷六號　按以上二篇並收入章氏叢書國故論衡內

古有複輔音說 林玉堂 晨報六週年紀念特刊

古聲無去入辨 陳漢章 中國學報第四期

音譯梵書與中國古音 鋼和泰 國學季刊一卷一號

古音娘日二紐歸泥說 章絳 國粹學報四卷五號 按已收入國故論衡內

歌戈魚虞模古讀考 汪榮寶 國學季刊一卷二號 華國月刊一卷二，三號 北大國學月刊一卷一號

讀汪榮寶歌戈魚虞模古讀考書後 林玉堂 國學季刊一卷三號 北大國學月刊一卷一號

再論歌戈魚虞模古讀 林玉堂 晨報副刊十三年三月份

與汪旭初論阿字長短音書 章炳麟 華國月刊一卷五號 北大國學月刊一卷一號

歌戈魚虞模古讀考質疑 徐震 華國月刊一卷六號

讀汪榮寶君歌戈魚虞模古讀考書後 李思純 學衡第二十六期 北大國學月刊一卷一號

古音學上的大辯論 魏建功 北大國學月刊一卷一號

歌戈魚虞模古讀考的管見 唐鉞 東方雜誌二十二卷一號

與太炎論音之爭 汪榮寶 甲寅(十四年)第五號

論阿字長短音答太炎 汪榮寶 華國月刊二卷九號 學衡第四十三期

論魚虞模古讀侈音與汪先生書 洪瑞釗 華國月刊二卷六號

再論魚虞模古讀侈音與汪先生書 洪瑞釗 華國月刊二卷七號

老子韻表 劉師培 國粹學報二卷二號

老子韵例初稿 沅君 北大國學週刊六期

易韻例初稿 沅君 北大國學週刊十八，十九期

楚辭韻例 沅君 北大國學月刊一卷二號

毛詩韻例 丁以此 國粹學報六卷九號 按此書已有單行本

高本漢(Bernhardkarlgrn)的諧聲說 趙元任 國學論叢一卷二號

諧聲說 王力 北大國學月刊一卷五號

怎樣整理聲韵學史 羅常培 中山大學語歷研究所週刊一卷六期

新韵建議 林語堂 北大國學週刊九期

新韻例言 林語堂 北大國學週刊九期

音韻識小錄 魏建功 北大國學週刊七期

反切淺說 項衡方 學燈十三年一月份

韻部異同考 挺岫 學燈十一年十二月份

吾國韻母學之進化 項衡方 學燈十三年三月份

吾國聲母學之進化 項衡方 學燈十三年二月份

答某君論等韻書 胡樸安 國學週刊第一期

論雙聲疊韻 張文澍 華國月刊一卷五號

對於「死」「時」「主」「書」諸字母內韻母之研究 徐炳昶譯 國學季刊一卷三號

陰陽聲轉爲最進步之叚借說 鄭鶴聲 國學叢刊一卷二號

喉舌齒牙唇與宮商角徵羽 項衡方 學燈十三年三月份

闢等呼論 高元 學林一卷三號

平上去入四聲解 聶鴻仁 國學叢刊一卷三號

中國言語字調的實驗研究法 趙元任 科學七卷九號

實驗四聲變化之一例　劉　復　科學七卷九號
漢語字聲實驗錄提要　劉　復　學燈十四年五月份
讀劉復的四聲實驗錄　莊澤宣　東方雜誌二十一卷十一號
國音學　廖立勛　國學叵林第一期
圖式音標草創　劉　復　清華學報四卷二號

(4)方言

中國方言學概論　何仲英　東方雜誌二十一卷二號
關於中國方言的洋文論著目錄　林玉堂　歌謠第八十九期
北大研究所國學門方言調查會宣言書　歌謠第四十七期　晨報副刊十三年三月份　東方雜誌二十一卷七號
今後研究方言之新趨勢　沈兼士　歌謠增刊
歌謠週刊方言研究專號　歌謠第八十九號
方音字母表　林玉堂　歌謠第八十五期
方言標音專號　歌謠第五十五期

爲方言進一解 董作賓 歌謠第四十九期

徵集方言的我見 容肇祖 歌謠第三十五期

關於中國方言之分類的討論 鍾敬文 毛坤 北大國學週刊六期

漢代方音考 林語堂 語絲第三十一期

三百年前河南寧陵方音考 王力 國學論叢一卷二號

新方言 章絳 國粹學報三卷九號至四卷十二號 按已收入章氏叢書惟兩稿比較稍有不同蓋國粹學報所刊爲初稿也

廣西語言概論 劉策奇 歌謠第八十一期

長沙方言考 楊樹達 太平洋四卷四號 民鐸雜誌六卷五號

涇縣方言考證 胡樸安 國學週刊九至六十期 國學彙編第一，二集

華亭方言小識 聞宥 國學彙編第二集

焦嶺縣方言考證 鍾梅慶 學燈十四年五月份

兩粤音說 王力 清華學報五卷一期

粤西北鬱客方言 陳桂 中山大學語歷研究所週刊二卷十九期

吳方言解 葛毅卿 中山大學語歷研究所週刊二卷二十二，二十三期

北京蘇州常州語助詞的研究 趙元任 清華學報三卷二號

京音入聲字譜 黎錦熙 東方雜誌二十一卷二號

倆仨四呃八阿 趙元任 東方雜誌二十四卷十二號

西夏國書略說(並序) 羅福萇 亞洲學術雜誌一至四號 按此書已印爲單行本

西夏國書說 伊鳳閣 國學季刊一卷四號

西藏語之特徵 君實 東方雜誌十四卷七號 按此文譯自日本東洋哲學雜誌

苗文略述 莊启 東方雜誌十四卷一號

畬語十八名 董作賓 國學週刊二十期

獞話的我見 劉策奇 歌謠第五十四期

歌謠音標私議 錢玄同 歌謠增刊

歌謠與方音問題 董作賓 歌謠第三十二期

歌謠與方音調查 周作人 歌謠第三十一期

北京城裏方言化的地名 董作賓 歌謠第七十期

吳歌聲韻類 魏建功 國學週刊一，十至十三期國學月刊一卷二號

（5）專著

（a）爾雅廣雅

爾雅古義 胡承珙 國粹學報六卷一至七號

爾雅校案 奚世榦 國學一卷二號，七號

爾雅逸文箋 陳邦福 國粹學報七卷八號

爾雅新志 于鬯 國學一卷七號

爾雅釋蟲釋 章奎森 國學一卷二號

爾雅蟲名今釋 劉師培 國粹學報三卷四號至五卷四號

釋爾雅釋鳥 章星垣 國學一卷三，四號

爾雅釋親宗族考 于鬯 國學一卷五號

爾雅釋獸詁 徐孚吉 國學一卷一號

釋詁釋言釋訓三分篇說　王福隆　國學叢刊一卷二號

爾雅有序篇說　曹元忠　華國月刊一卷十號

爾雅歲陽歲名出於顓頊考　鮑鼎　學衡第四十六期

爾雅槃山山之犀象攷　黃仲琴　中山大學語歷研究所週刊一卷十期

爾雅梁山產象攷　葉國慶　中山大學語歷研究所週刊二卷十四期

廣雅疏證補釋　陳邦福　中國學報第一，二期

廣雅釋言補疏　朱師轍　國故第四期

蒙雅輯注　步其誥　四存月刊一，二，四，六，七，十，十二期

(b)玉篇

玉篇誤字考　鮑鼎　學衡第四十四期

(c)說文

與海昌唐端夫文學仁壽論說文書　孫仲容　國粹學報五卷十三號

許學述微　張文澍　學衡第二期

錢辛伯讀說文段註札記　周雲青　國學輯林一卷一號　按錢辛伯名佳森字辛伯江蘇泰州人道光庚午進士此文係周青雲從錢氏批校之段注說文迻錄者也

說文閒詁　鄭文焯　國粹學報五卷

說文疑義　陳啟彤　國學一卷一號

說文校案　奚世榦　國學一卷一，二號

說文古本考校勘記　北大研究所編輯室　北大國學月刊一卷六至八號

讀說文記　方秋士　國學一卷四，五號

說文句讀識語　王軒　國故第三，四期

讀王氏說文釋例　于鬯　國學一卷一號

說文解字辨證　陳衍　中國學報(民元)二至九期

說文重文考　朱孔彰　中國學報(民元)四，五期

與顧起潛先生論說文重文書　丁山　中山大學語歷研究所週刊一卷四號

說文植物古名今證　科學二卷三號

說文引申義考 陳仲 國粹學報六卷六，七號

寫說文解字記 沈乾一 國學輯林一卷一號

說文解字引漢律令考 王仁俊 國學一卷一，二號

說文漢語疏 劉盼遂 國學論叢一卷二號

釋說文讀若例 朱孔彰 國粹學報七卷六號

說文讀若考例言 方勇 國學週刊十五十六合册

（e）切韻廣韻等

答馬斯貝羅論切韻之音 珂羅掘倫著 林玉堂譯 國學季刊一卷三號

廣韻逸字 黃侃 國故第四期

廣韻聲紐的討論 劉文靜 羅常培 中山大學語歷研究所週刊二卷十四號

東冬分部辨正 聞宥 國學一卷一號

（5）雜著

小學發微補 劉光漢 國粹學報一卷五號至二卷十一號

小學叢殘　汪黎慶　國粹學報五卷九號至十三號

正名隅論　劉光漢　國粹學報二卷十，十一號　自敘云光漢治小學粗有撰述近復探求中國文字之起源作正名隅論一編先考字音繼考字形繼考字義凡若干條

古書疑義舉例要補　劉師培　國粹學報三卷九號至四卷七號　國文學會叢刊一卷一號　按此書長沙楊氏刻入古書疑義舉例叢刊內

古書疑義舉例補　楊樹達　國文學會叢刊一卷一號

古書疑義舉例續補　楊樹達　晨報副刊十四年二三月份

古書疑義舉例補　姚維銳　東方雜誌二十二卷八號

古書疑義舉例續補　姚維銳　東方雜誌二十二卷二十二號

詞言通釋　鍾　歆　華國月刊一卷一號至二卷四，七號

釋名釋　附釋名釋說明書　丁　山　北大國學月刊一卷七八合刊

(7)字說

守玄閣字說　陳　柱　華國月刊一卷九號　按(一)釋元(二)釋天(三)釋不(四)釋叟(五)釋革

男女陰釋名　吳承仕　華國月刊二卷二號

委蛇威儀說　姜寅清　國學月報二卷十一號

燕譽說　姜寅清　國學月報二卷十一號

說祧　吳承仕　華國月刊三卷三號

釋植灌　孫人和　中大季刊一卷二號

釋書名　胡韞玉　國學一卷一號

釋尸鳩　黃　侃　華國月刊一卷四號

釋干支　陳啓彤　中大季刊一卷三號

釋這　吳承仕　中大季刊一卷三號

釋耒　孫詒讓　國粹學報五卷七號

釋翼　孫詒讓　國粹學報五卷七號

釋疇　孫詒讓　國粹學報五卷七號

釋踖　孫詒讓　國粹學報五卷七號

蘇字說　殷晉齡　國粹學報四卷十一號

魅字說　殷晉齡　國粹學報四卷十一號

籀文車字攷　孫詒讓　國粹學報五卷九號

釋𢍉　汪榮寶　華國月刊一卷七號

釋身　汪榮寶　華國月刊一卷六號

釋皇　汪榮寶　華國月刊一卷七號　國學季刊一卷一號

釋皇篇補義　劉　節　國學月報二卷十一號

釋矩　劉師培　國粹學報三卷三號

釋鬼　徐玉成　國學年刊第一期

釋王皇室　顧　實　國學叢刊二卷三號　國學輯林一卷一號

釋中史　顧　實　國學叢刊二卷三號　國學輯林　卷一號

釋藝　顧震福　國學叢刊一卷三號

釋易　顧　實　國學輯林一卷一號

釋家　顧　實　國學輯林一卷一號

釋家補證　衞聚賢　國學月刊二卷十一號

釋體　吳承仕　華國月刊二卷四號

釋工　劉盼遂　學衡第四十九期

農字源流攷　許以栗　四存月刊第三期

釋天　王國維　學衡第四十一期

釋旁　丁山　北大國學週刊第十八期

麻糊攷　唐擘黃 探中　現代評論四卷八十期　按此文係白話字音攷原之一已收入國故新

釋貝　李椒　國學叢刊一卷二號

釋一二　田少林　國學叢刊一卷二號

釋王　李椒　國學叢刊一卷二號

釋士　梁念宣　國學叢刊一卷二號

釋干　陳旦　國學叢刊一卷二號

釋豐　曹枯葉　國學叢刊一卷二號

釋夊夊皆從止變形　龐樹家　國學叢刊一卷二號

釋豖 喬雲棟 國學叢刊一卷二號

釋布且一日 劉紀澤 國學叢刊一卷二號

釋勿 李萬育 國學叢刊一卷二號

釋仁 金致中 國學叢刊一卷二號

釋寅 謝寅 國學叢刊一卷二號

釋辰 吳紹瑄 國學叢刊一卷二號

述遂方二字義 趙萬里 國學叢刊一卷二號

有畜同字說 張景玉 國學叢刊一卷二號

貝鼎同字說 王漢 國學叢刊一卷二號

（8）文字革命及國語統一

整理漢字的我見 陸費逵 國語月刊一卷一號

對於減筆字之我見 ㄩㄢ 國語月刊一卷七號

減省漢字筆畫的提議 錢玄同 新青年七卷三號

漢字革命　錢玄同　國語月刊一卷七號

漢字革命的一條大路　黎錦熙　國語月刊一卷七號

漢字革命與國故　錢玄同　晨報五週年紀念特刊

漢字改革的歷史觀　何仲英　國語月刊一卷七號

論廢棄漢字改用拚音文字之得失　王範　中華教育界九卷二號

漢語改用拚音文字的初步談　傅斯年　新潮一卷三號　按國語月刊漢字改革號曾節略轉錄篇末有黎錦熙先生跋語

新文字運動的討論　趙元任　國語月刊二卷一號

漢字改革說　蔡元培　國語月刊一卷七號

漢字改革的我見　周作人　國語月刊一卷七號

從中國文字的趨勢上論漢字（方塊字）的應該廢除　魏建功　國語週刊第八期

中國今後之文字問題　錢玄同　新青年四卷四號

駁中國用萬國新語說　章絳　國粹學報四卷四至五號

漢字改革的趨勢　宮廷璋　民鐸雜誌三卷六號

致錢玄同先生論注音字母書　吳敬恒　新青年四卷五號

論注音字母書　吳敬恒　教育雜誌十一卷三號

答ㄍ君廣韻注音字母的格問　吳敬恒　新青年九卷三號

論注音字母　錢玄同　新青年四卷一至三號

論注音字母　陳紹舜　甲寅週刊一卷二十四號

趙式羅馬字改良芻議　林玉堂　國語月刊二卷一號

國語羅馬字的研究　趙元任　國語月刊一卷七號

趙氏羅馬字改良芻議　林玉堂　國語月刊二卷一號

官話字母譯音法　趙元任　科學六卷一號

再論注音字母譯音法　趙元任　科學八卷八號

注音字母一夕談　叔遠　東方雜誌十七卷二至三號

談注音字母及其他　林語堂　國語週刊第一期

國音字母ㄛ和ㄜ的商榷　馬國英　國語週刊第十西期

關於ㄜ跟ㄝ底讀音　疑古玄同　國語週刊第十四期

注音字母與萬國音標　國人　東方雜誌十七卷十至十一號

注音字母與現代國音　錢玄同　國語月刊一卷一至四號

推行注音字母的五週年記念　黎錦熙　晨報五週年紀念特刊國語月刊二卷二號

二百兆平民大問題最輕便的解決法　吳稚暉　東方雜誌二十一卷二號

國音字母書法體式　黎錦熙　國語月刊一卷一至八號

國語字母鋼筆書寫法的草創　許錫五　晨報副鐫十二年十月份

對於許錫五的國語字母鋼筆書寫法說的話　錢玄同　晨報副鐫十二年十月份

注音字母速記術的商榷　佘璠瑜　北大月刊第八期

國語研究會的年譜和我們的嚴重的聲明　黎錦熙　國語週刊第一期

全國國語運動大會宣言　黎錦熙　國語週刊第二十九期

國語一ㄙ一　黎錦熙　國語週刊第三，七期

國語運動略史提要　劉復　學燈十四年五月份

國語運動的歷史 樂嗣炳 國語月刊一卷九至十二號

國語運動的歷史 胡適 教育雜誌十三卷十一號

統一國語問題 陳懋治 最近五十年

國語統一以後 孫伏園 國語週刊第二十七期

國語在東南各省的發展 黎巾卉 晨報五週年紀念特刊

國語中八十分之一的小問題 黎錦熙 中華教育界十卷八號

我對於國音國語的意見 陸費逵 中華教育界十卷八號

國音與京音異同考 楊世恩 教育雜誌十三卷六號

國語國音和京語京音 陸費逵 中華教育界十一卷二號

國語問題中的一大爭點 劉復 國語月刊一卷四號

蘇州注音字母草案 疑古玄同 國語週刊第二十八期

標準語與國語標準 正广 國語月刊一卷十二號

國語標準問題平議 何仲英 教育雜誌十二卷十二號

國語統一問題的斟酌 穆英 覺悟十二年四月份

我的國語統一觀 退之 教育雜誌十二卷八號

標準語問題 愁心 教育雜誌十三卷六號

中國的文言問題 莊澤宣 新教育四卷五號

評莊澤宣的中國文言問題 正广 學燈十二年九月份

用科學的方法去解決中國的文言問題 莊澤宣 教育雜誌十四卷八號

解決中國言文問題的幾條途徑 莊澤宣 晨報副鐫十二年八月份

(9)修辭學及文法學

中國修辭學書目 薄成名 國學叢刊二卷三號

中國修辭學史略 胡光煒 國學叢刊一卷一號

修辭學的中國文字觀 陳望道 立達第一期

修辭隨錄 陳望道 小說月報十五卷四號至十二號

修辭學上所發的複音詞類 蕭家霖 學林一卷八號

中國文法學之回顧 楊樹達 民鐸雜誌四卷三號

國文法概論 陳承澤 學藝五卷一至三號

國文法草創 陳承澤 學藝二卷三至十號 按已由商務印書館印爲單行本

讀國文法草創 C. P. 學藝四卷七號

再讀國文法草創 C. P. 學藝四卷九號

字義研究法及字之訓詁法 陳承澤 學藝三卷四，五號

論中國文字的省略 楊樹達 學藝二卷七號 (一)省略的動機(二)中國文字的省略的兩大類(1)原來的省略(2)敘述的省略(三)省略名詞(四)省略代詞(五)省略動詞(六)省略介詞(七)省略連詞

述古書中之代名詞 楊樹達 學藝二卷八號(一)人稱代名詞(二)指示代名詞(三)疑問代名詞(四)否定代名詞(五)虛擬代名詞

中國文中的介詞 楊樹達 太平洋四卷二號

名詞代名詞下「之」「的」兩詞的詞性 楊樹達 學藝四卷六號

討論詩經於以的兩封信 楊樹達 學燈十一年十一月份 按一致錢玄同一致胡適之

「而」字用例之研究 黃道腴 學燈十四年五月份

國語文法表解草案　黎錦熙　民鐸雜誌二卷一至三號

國語文法表解　黎錦熙　教育雜誌十四卷一號(一)詞類系統總表(二)句法成分圖解(三)單句的成分表

新式國語文法提綱　黎錦熙　學藝三卷五號

句本位的文法和圖解法　黎錦熙　晨報副鐫十三年二月份　按此文即黎先生的新著國語文法的引論是書已由商務印書館出版

提賓篇　黎錦熙　晨報副鐫十四年四月份

國語中之歎詞　黎錦熙　民鐸雜誌四卷三號

國語文法的研究法　胡適　新青年九卷三，四號

論國語的複音詞　黎錦熙　民鐸雜誌五卷三號

水滸傳釋詞　何仲英　教育雜誌十三卷六至十號

讀何仲英先生的水滸傳釋詞　王著生　教育雜誌十三卷十號

國語釋詞　何仲英　教育雜誌十二卷八號

國語釋詞的商榷　寒蟾　何仲英　教育雜誌十二卷十二號

詞的介說　周辨明　國語月刊一卷十一號

國語詞概論　樂嗣炳　國語月刊一卷十一號

國語修詞法述概　雲六　教育雜誌十三卷十二號

詞類問題的研究　郭後覺　國語月刊一卷二號

國語文法法上的單句和複句　馬國英　國語月刊一卷九號

附加字的研究　盧自然　國語月刊一卷十一號

「除非」　胡適　努力週報第二十四期

駁胡適之「除非」的用法　楊德俊　學燈十一年十二月份

評努力週報二十四期胡適論「除非」　陳望道　覺悟十一年十月份

「他」和「他們」兩個詞兒的分化之討論　錢玄同　國語月刊一卷十號

「他」和「他們」分化問題　正厂　國語月刊一卷十二號

「來」「去」的研究　蔣維嶽　學燈十二年十二月份

「來」「去」的研究　蕭家霖　國語月刊二卷二號

「呢」字的用法　王聰三　國語月刊一卷十一號

「了」字的用法　盧自然　國語月刊一卷十一號

「了」字的用法　陳望道　學藝四卷八號

動詞尾音「了」　C. P.　學藝四卷三號

「得」字的用法　陳承澤　教育雜誌十三卷六號

「那」的分化的我見　趙元任　國語月刊二卷二號

語法中同動詞「有」字的研究　沈頤　中華教育界十一卷二號

馬氏文通刊誤　楊樹達　學藝三卷三號至四卷八號

讀馬氏文通刊誤　C. P.　學藝三卷十號至四卷四號

對於C. P.君讀馬氏文通刊誤之說明　楊樹達　學藝四卷二號

四、考古學

（1）通論

中國考古學之過去及將來 梁啓超 晨報副刊十五年十月份(二十六日)

中國之考古界 觀雲 新民叢報三卷十七期

考古學上的證據 劉朝陽 中山大學語歷研究所週刊二卷十八期

中國古用石器考 劉師培 國粹學報三卷二號

中國古代鐵製兵器先行於南方考 朱希祖 清華學報五卷一號

中國之銅器時代 馬衡 北大國學月刊一卷六號

戰國用金廣證 徐震堮 史地學報三卷四號

中國銅器鐵器時代沿革考 章鴻釗 科學六卷七號

銅器鐵器變遷考 章炳麟 華國月刊二卷五號

（2）新發掘

甲骨文之發見及其考釋 容庚 國學季刊一卷四號

樂浪遺跡出土之漆器銘文 日本內藤虎次郎著 容庚譯 北大國學月刊一卷一號

樂浪遺跡出土之漆器銘文考 容庚 北大國學月刊一卷一號

(3)金石

(a)通論

論考古莫備於金石 劉師培 國粹學報三卷十一號

周代吉金年月考 劉師培 國粹學報六卷十一號

金文釋例 胡光煒 中大語歷研究所週刊二卷十七，十八期

漢碑用文義正 黃節 國粹學報三卷二至六號

漢魏六朝碑額紀例 鄭文焯 國粹學報四卷四號

金石學著述分類引言 王小隱 坦途十，十一號

語石 葉昌熾 國學一卷七號 按此書未登完現有刻本通行

宋代之金石學 王國維 國學論叢一卷三號

褱岷精舍金石跋 李宗蓮 國粹學報六卷十一，十二號

定盦藏器及釋文輯 中國學報(民元)第八期

獨笑齋金石文考 中國學報(民元)一至七號 鄭沅識云右諸篇皆家大人近日僑居滬上所作家大人嘗諭云舊稿叢殘一時不易清理秋涼可陸續檢出故此册所錄漢器之後遂接北宋未能依時代爲次序也

吉金餘錄 鄭沅 庸言一卷八至十三號

俑廬日記 羅振玉 國粹學報五卷一至十三號

(b)吉金 附玉器

克鼎釋文 孫詒讓 國粹學報六卷四號

克鼎銘考釋 王國維 國學月報專號二卷八九十合刊

盂鼎銘考釋 王國維 國學月報專號二卷八九十合刊

遹敦跋 王國維 學衡第四十三期

庚羸卣跋 王國維 學衡第四十四期

邾公釛鐘跋 王國維 學衡第四十四期

齊國差𦉜跋 王國維 學衡第四十六期

王子嬰次盧跋　王國維　學衡第四十六期

攻吳王夫差鑑跋　王國維　學衡第四十七期

周公華鐘釋文　國粹學報三卷五號

散氏盤的說明　何庚　語絲第六期

記散氏盤　余永梁　中山大學語歷研究所週刊一卷五號

散氏盤銘考釋　王國維　國學月報專號二卷八九十合刊

散氏盤跋　王國維　文字同盟第四期

散氏盤考　王國維　文字同盟第四期

散氏盤銘楚風虔釋文　周正權　學衡第十六期

散氏盤釋文　易培基　國學叢刊一卷一號

論散氏盤書二札　章炳麟　國學叢刊一卷一號

吳氏散氏盤釋文補正　李淑　國學叢刊一卷一號

鄭井叔妥賓鐘記　章炳麟　華國月刊一期十二冊

（c）石刻 附泥盟

漢西嶽華山廟碑商邱本流傳始末記 傅　華　國粹學報七卷八號

東漢白山磨崖釋文 田北湖　國粹學報四卷九號

漢司空袁敞碑跋 馬　衡　北大國學週刊二期

峋嶁碑 黃仲琴　中山大學語歷研究所週刊二卷十八期

水經注碑錄附考 儲皖峯　國學月報二卷五，六號

魏李相海造象碑跋 馬　衡　北大國學月刊一卷一號

關於河南泌陽九十八造象碑之通信 何植三　馬　衡　北大國學月刊一卷一號

道德經碑幢刻石考 王重民　東方雜誌二十三卷十四號

鄭道昭摩崖石刻歷訪記 翟潤之　坦途六號

泉男生墓誌跋 柳翼謀　史地學報三卷三號

唐張氏墓誌銘釋 劉師培　國粹學報三卷十二號

正直殘碑跋 哲　夫　新中國一卷五號

宴台金源國書碑考　羅福成　國學季刊一卷四號

遼彭城郡王劉公墓誌銘並跋　歷史叢刊一卷三期

明呂乾齋呂宇衡祖孫二墓誌銘考　洪　業　燕京學報三期

和林三唐碑跋　釋　持　亞洲學術雜誌二號

高昌麴斌造寺碑釋文並跋　羅振玉　亞洲學術雜誌三號

高昌寧朔將軍麴斌造寺碑跋　王國維　亞洲學術雜誌三號

保定蓮花池六幢考　鄭賓于　北大國學月刊一卷一號

保定蓮花池六幢考跋　馬　衡　北大國學月刊一卷一號

長洲張氏重摹玉枕蘭亭舊拓木跋　傅　華　國粹學報七卷八號

居庸刻石辨文　劉　復　北大月刊第二號

高麗好太王碑釋文　羅振玉　國粹學報四卷十號

石師錄　褚德彝　國粹學報六卷十至十二號

唐碑提要　黃仲琴　中山大學圖書館週刊一卷二至六號二卷一號

大梁訪碑記　張相文　地學雜誌一卷二號

攝山佛教石刻小記　鄭鶴聲　向達　東方雜誌二十三卷八號

上虞羅氏所藏石刻記　羅振玉　國學一卷一，二號

館藏貞石錄　歷史叢刊一卷二，三期

涇縣石刻紀略　胡韞玉　國粹學報七卷一號

封泥辨　趙公壹　國粹學報七卷一號

魏鄴宮殘專拓本跋　孫詒讓　國粹學報六卷四號

灤譯塑壁殘影　葉瀚　文字同盟六，八至十一期

楊惠之的塑像　顧頡剛　小說月報十五卷一號

楊惠之塑像續記　顧頡剛　現代評論四卷八十二期

楊惠之塑像考　葉瀚　文字同盟三期

楊惠之塑像與鞏石窟禮佛圖　葉瀚　文字同盟五期

山西興化寺壁畫名相考　黃文弼　北大國學月刊一卷一號

關於壁畫之討論 易培基 黃文弼 北大國學月刊一卷一號
壁畫考語跋 馬衡 北大國學月刊一卷一號
山西壁畫七佛像題辭 葉瀚 北大國學月刊一卷一號
記大同武州山石窟寺 陳垣 東方雜誌十二卷二，三號
大同雲岡石窟佛像記 袁希濤 東方雜誌十七卷四號
吳郡西山訪古記 李根源 國聞週報三卷三十至三十五期
石鼓爲秦刻石考 馬衡 國學季刊一卷一號
石鼓文地名考 古華山農 國學一卷一，二號

(4)雜考

殷周禮樂器考略 容庚 燕京學報一號
漢代服御器考略 容庚 燕京學報三號
俗用冥儀盤繖考 心史 東方雜誌二十四卷三號
模制攷工記車制記 歷史叢刊一卷一期

中國歷史上之奇器及其作者　張蔭麟　燕京學報三號

宋盧道隆吳德仁記里鼓車之造法　張蔭麟　清華學報二卷二號

宋安州出土古器考　朱希祖　北大國學月刊一卷六號

中國人發明火藥火礮考　陸懋德　清華學報五卷一號

論秦公敦與唐尺書　王國維　文字同盟四期

陶齋舊藏古酒器考　福開森　學衡第五十一期

指南針攷　章炳麟　華國月刊一卷五號

夏布說　章炳麟　華國月刊二卷八號

五、史學

（Ⅰ）通論

歷史之意義與研究　繆鳳林　學衡第二十三期

歷史之目的及其方法　楊成志　中山大學語歷研究所週刊二卷十五期

歷史之知識　柳翼謀　史地學報三卷七號

論史學之變遷　陸紹明　國粹學報一卷十號

中國史學之雙軌　柳詒徵　史學與地學一號

中國過去史學界之審查　汪詒蓀　晨報副刊十六年三月三十，三十一日四月二日

史源蠡測　麥　天　坦途三卷六號

史傳文研究法　張爾田　學衡第三十九期

原史　曹書昌　國粹學報三卷七號

原史　曹佐熙　國學一卷四號　甲寅雜誌（甲寅年）第九期

中國史學之起源　朱希祖　社會科學季刊一卷一號

歷史統計學　梁啓超　晨報副鐫十一年十一月份　學燈十一年十一月份

歷史人物與地理的關係　丁文江　努力週報四三，四四期　東方雜誌二十卷五號　科學八卷一號

評丁文江的歷史人物與地理的關係　傅斯年　中山大學語歷研究所週刊一卷十號

研究中國近代史的計畫　羅家倫　中山大學語歷研究所週刊二卷十四號

漢隋間之史學　鄭鶴聲　學衡三三至三五期

清儒之史學說與其事業　鄭鶴聲　史地學報二卷八號

鄭漁仲之史學　甘蟄仙　晨報副鐫十二年八月份

劉知幾與章實齋之史學　張其昀　學衡第五期

章學誠史學管窺　何炳松　民鐸雜誌六卷二號

申章實齋六經皆史說　孫德謙　學衡二十四期

（２）專著

商書初稿（成湯本紀）　王蘧常　國學年刊一號

穆天子傳補釋　劉師培　國粹學報五卷一至四號

穆天子傳地理考證　丁　謙　地學雜誌八卷七至十一號
丁氏穆天子傳注證補　地學雜誌十三卷五號
穆天子傳記日干支表　丁　謙　地學雜誌八卷十二號
穆王西征年月考　劉師培　中國學報第二期
穆天子傳西征今地考　顧　實　國學叢刊一卷四號　地學雜誌十四卷六至十號
穆天子傳的研究　黎光明　中山大學語歷研究所週刊二卷二十三，二十四期
要籍解題及讀法——左傳國語　梁任公　史地學報二卷八號
書國語諸稽郢行成於吳篇後　陳慶年　國粹學報七卷八號
讀國語記　賀松坡　四存月刊一期
戰國策書後　劉師培　中國學報第三期
史記版本和參考書　王重民　圖書館學季刊一卷四期
史記補注　朱師轍　國學週刊三十九期以後　國學彙編第二集
史記三家注補正　瞿方梅　學衡四十至四十五期

史記漢書用字考證　胡樸安　國學週刊二十三期以後　國學彙編第一至三集

史記通義　陸紹明　國粹學報一卷十至十一號

讀史記　倪羲抱　國學一卷四號

史記讀法　齊樹楷　四存月刊二十期

讀太史公書　宋文蔚　亞洲學術雜誌三號

從史學上觀察史記之特色　吳貫因　文字同盟七至九期

史記決疑　李奎耀　清華學報四卷一號

史記體例之商榷　胡樸安　國學週刊第二十一期　國學叢刊一卷四號

辨史記體例　孫德謙　東方雜誌二十一卷十九號

太史公自序竊比春秋義證　李國珍　大中華一卷七號

司馬遷平準書中所含的思想　仰菴　學燈十二年十月份

史記貨殖列傳在我國古代經濟思想上之價值　孔慶宗　北大月刊第九期

史記田敬仲世家中騶忌的三段話　大任　北大國學月刊一卷四號

漢書釋例　楊樹達　燕京學報三號

漢書許注輯證　朱闓章　華國月刊一卷三號

前漢書札記　李慈銘著　王重民輯　圖書館月刊一卷一，二號　按已由北平北海圖書館印爲單行本

漢書札記　姚石子　國學週刊二十九期以後　國學彙編第二集

漢書十二紀鈎沉　沈昌佑　國學巵林第一期

漢書藝文志箋　許本裕　國故第一至四期

九十者一子不事八十者二算不事答問　張爾田　學衡第二十八期　按漢書賈山傳云九十者一子不事八十者二算不事

三國志考證校語　周星詒　國粹學報六卷一號

晉書校補刪改錄　全祖望迻錄　中國學報(民元)第六期　按原書爲鄞縣陳心邅藏本陳漢章

讀十六國春秋　惲毓鼎　中國學報(民元)第三期

蕭梁舊史考　朱希祖　國學季刊一卷二號

上灌陽唐尙書論注新唐書書　陳漢章　中國學報第五期

宋徐霆黑韃事略補注　丁謙　地學雜誌十一卷六號

補宋書宗室世系表 羅振玉 亞洲學術雜誌二，三號

遼史地理考 劉師培 國粹學報四卷三，五號

清儒對於元史學之研究 鄭鶴聲 史地學報三卷四至五號

柯劭忞新元史審查報告 王桐齡 東方雜誌二十一卷十二號 學衡第三十期

元史外紀 何炳松 民鐸雜誌六卷三號

元馬哥博羅遊記地理補注 丁謙 地學雜誌八卷七八號

馬哥博羅遊記補注改訂 丁謙 地學雜誌十卷八號至十一卷八號

馬哥孛羅遊記導言 張星烺 地學雜誌十四卷一至六號 按有鉛印本

答東世澂君中國史書上之馬哥孛羅質疑 張星烺 史地學報三卷三號

明史稿考證 陳守實 國學論叢一卷一號

明史雜著 李清 國粹學報五卷十三號六卷一至十二號 按已收入古學彙刊內

纂修清史商例 吳士鑑 中國學報第一，二期

纂修清史商例拔語 于式枚 中國學報第五期

清史例目證誤　易培基　甲寅(甲寅年)第六期

答門人問史藁凡例　王式通　中國學報(民元)第一期

梁任公中國歷史研究法糾繆　張星烺　地學雜誌十四卷一二合號

答梁任公論史學書　張爾田　亞洲學術雜誌三號

黃史　黃節　國粹學報一卷一號至四卷四號　自叙云黃史之作條別宗法統於黃帝以迄今日以述吾種人興替之迹爲書十表三記八考紀十列傳一百八十載記二凡若干卷

通鑑地理今釋　吳熙載　國學一卷七號

史通評論　何炳松　民鐸六卷一號

憲台通紀　中國學報(民元)六至七號又洪元二至五號　董康識云憲台通紀二十五頁續集十八頁見永樂大典台字韻元序謂凡立法定制因革變遷與夫除拜先後官聯姓氏彙成書二十四卷

孤臣述　容菴老人　華國月刊二卷六號　按此吳檢齋先生所得容菴存稿中之一種也原書共三種三卷海昌叢載甲乙編未及之諸家亦未有言之者詢秘笈也

三曹奏章　中國學報(民元)第二至四期　江翰識云是書爲前清內閣所藏抄本凡五册今歸京師圖書館卷面原題順治元年九月份某曹章奏並署纂修官編修官姓名玆存吏戶禮三曹故改題今名

（3）歷代史料

新史料與舊心理　魏建功　北大國學週刊十五十六合册

與錢玄同先生論古史書　顧頡剛　讀書雜誌第九期

答顧頡剛先生書　錢玄同　讀書雜誌第十期　史地學報三卷一二期

讀顧頡剛君與錢玄同先生論古史書的疑問　劉掞藜　讀書雜誌十一期　史地學報三卷一至六號

讀顧頡剛先生論古史書以後　胡堇人　讀書雜誌第十一期

答劉胡兩先生信　顧頡剛　讀書雜誌第十一期　史地學報三卷一二號

討論古史再質顧先生　劉掞藜　讀書雜誌十三至十六期

討論古史再答劉胡二先生　顧頡剛　讀書雜誌十二至十六期

研究國學應該首先知道的事　錢玄同　讀書雜誌第十二期

古史討論的讀後感　胡適　讀書雜誌第十八期　史地學報三卷六號　胡適文存第二集

儒家所言堯舜事眞耶僞耶　劉掞藜　史地學報二卷八號

爲疑堯舜禹史事者進一解　劉掞藜　學燈十二年十二月份

紂惡七十事的發生次第　顧頡剛　語絲第二期

宋王偃的紹述先德　顧頡剛　語絲第六期

虞初小說回目考釋　顧頡剛　語絲第三十一期

古史問題的唯一解決法　李玄伯　現代評論第三期

古史研究法　顧頡剛　現代評論第十期

論以說文證史必先知說文之誼例　柳詒徵　北大國學週刊十五十六合刊　史地學報一二合期

與顧頡剛先生論說文書　疑古玄同　北大國學週刊十五十六合刊

答柳翼謀先生　顧頡剛　北大國學週刊十五十六合刊

論說文誼例代顧頡剛先生答柳翼謀先生　容庚　北大國學週刊十五十六合刊

帝與天　劉復　北大國學月刊一卷三號　按此文對胡適之說有所討論原文見古史辨一九九頁

讀帝與天　魏建功　北大國學月刊一卷三號

秦漢統一之由來和戰國人對於世界的想像　顧頡剛　中山大學語歷研究所週刊一卷一期

評秦漢統一之由來及戰國人對於世界的想像　傅斯年　中山大學語歷研究所週刊一卷二期

春秋時的孔子和漢代的孔子 顧頡剛 中山大學語歷研究所週刊一卷五期

評春秋時的孔子和漢代的孔子 傅斯年 中山大學語歷研究所週刊一卷七期

論孔子學說所以適應于秦漢以來的社會的緣故 傅斯年 中山大學語歷研究所週刊一卷六期

再論孔子學說所以適應于秦漢以來的社會的緣故 程憬 中山大學語歷研究所週刊二卷十五期

評荀子所言之堯舜禹湯文武周公孔子 鄭澤 中山大學語歷研究所週刊一卷九期

與顧頡剛論古史書 傅斯年 中山大學語歷研究所週刊二卷十三，十四期

國語中之五帝—黃帝，顓頊，帝嚳，堯，舜，—及禹 林乾祜 中山大學語歷研究所週刊二卷十六期

評語言歷史學週刊論文 張蔭麟 中山大學語歷研究所週刊二卷十九期 按評顧頡剛秦漢統一之由來和戰國人對於世界的想像等

評顧頡剛古史辨 陸懋德 清華學報三卷二期

評近人對於中國古史之討論 張蔭麟 學衡第四十期

莊子中的古史 方書林 中山大學語歷研究所週刊二卷二十二期

古史索隱 吳貫因 大中華一卷八號

唐虞讓國考 胡夢華 學燈十二年二月份

唐虞禪讓志疑序 東 學燈十二年八月份

古史新證 王國維 國學月報專號二，八九十合刊

商尚質證 陳兆馨 史地學報二卷八號

殷商尚質證 胡琥春 學燈十二年八月份

殷民族的社會 程憬 中山大學語歷研究所週刊二卷十六期

日本籐原氏與春秋世族之比較 張世祿 史地學報三卷五號

齊桓公西伐大夏的所在地 衞聚賢 國學輯林一卷一號

徐福事考 陶亞民 地學雜誌九卷十一號

秦人兵力已及歐洲說 陳漢章 北大月刊第九號 地學雜誌十三卷五號

王莽 胡適 讀書雜誌第一期 按已收入胡適文存第二集

漂母墓考 固生 地學雜誌十四卷八號

五胡十九國世表 李嘉善 北大國學月刊一卷四號

五胡十九國興亡表 李嘉善 北大國學月刊一卷四號

唐初兵數考 柳詒徵 學衡第四十五期

唐府兵利弊說 吳廷燮 四存月刊一，五，六期

唐靜海軍考 孫詒讓 國粹學報五卷九號

五代時之文化 何炳松 民鐸六卷五號

北宋經撫年表 吳廷燮 中國學報第五期

南宋初年的軍費 胡適 現代評論第四期

宋遼之關係 王桐齡 清華學報四卷二期

南宋人所傳蒙古史料考 王國維 清華學報四卷一期

韃靼考 王國維 清華學報三卷一號國學論叢一卷三號 按論叢所載係重訂稿並附箭內博士韃靼考譯文

遼金時代蒙古考 王國維 學衡第五十三期

萌古考 王國維 國學論叢一卷三號

蒙古札記 王國維 國學論叢一卷三號

西胡考 王國維 亞洲學術雜誌第一期

黑車子室韋考　王國維　國學論叢一卷三號

室韋考略　吳廷燮　四存月刊第十四期

元世祖征西域年月考　劉師培　國粹學報六卷五號

成吉思汗陵寢之發見　張相文　地學雜誌八卷三號

成吉思汗陵寢商榷書　屠寄　地學雜誌八卷七，八號

成吉思汗陵寢辨證書　張相文　地學雜誌九卷四，五號　按以上三篇又幷刊於大中華一卷十二號標題成吉思汗陵寢爭議案

答張蔚西成吉思汗陵寢辨證書　屠寄　地學雜誌九卷十；十一號　東方雜誌十四卷一，二號

再答屠敬山成吉思汗陵寢辨證書　張相文　地學雜誌十卷八，九號　東方雜誌十四卷九至十一號

成吉思汗陵寢之旁證　張相文　地學雜誌十卷十號

明史斷略　錢謙益　國粹學報六卷一號

明遺民錄　陳去病　國粹學報三卷三號至五卷十一號

九邊考　中國學報一至八期明兵部主事長沙魏焕集　按從顧炎武修文備史錄出

東三邊傳　中國學報第一至九期　按此爲顧炎武修文備史雜傳

明永歷皇帝賜雞足山寂光寺勅書跋 趙藩 甲寅(甲寅年)第九期

皇明末造錄 金鐘 國學一卷一至四號

明清之際史料叢殘 歷史叢刊一卷二，三號

滿清入關前與高麗交涉史料 歷史叢刊一卷一至三號

明清之際史料 陳守實 國學月報二卷三期

與弟子吳承仕論滿洲舊事書 章炳麟 華國月刊二卷二，三號 按書共八通章氏著清朝建國別記均係討論材料問題

史考 章炳麟 華國月刊一卷九號 (一)記永歷帝後裔(二)記李赤心後裔(三)記袁督師家世(四)再書李自成事(五)書張英事

記鄭濤詩禍事 馬叙倫 國粹學報二卷六號

閒閒錄案 孟森 東方雜誌十三卷六號 按此記蔡顯閒閒錄中有引柴卯丹詩指爲悖妄而棄市事

字貫案 孟森 東方雜誌十三卷五號

祺祥故事 王湘綺 東方雜誌十四卷十二號

洋務始末大略 中國學報(民元)第一期

太平天國戰紀 羅惇曧 大中華一卷二十二至二十四號

中俄伊犁交涉始末 羅惇曧 大中華一卷十九號

藏事紀略 羅惇曧 庸言一卷十，十二號

中法兵事本末 羅惇曧 庸言一卷七，八號

滇緬勘界痛史 李培棟 地學雜誌十卷三號

威海衛熸師記 羅惇曧 大中華一卷十五號

中日兵事本末 羅惇曧 庸言一卷五號

割臺記 羅惇曧 庸言一卷六號

庚子國變記 禪那 庸言一卷一號

書庚子國變記後 酬鳴 庸言一卷四號

拳變餘聞 羅惇曧 庸言一卷三，四號

教匪林清變記 羅惇曧 庸言二卷四號

德宗繼統私記 羅惇曧 大中華一卷十六卷

崇陵傳信錄 惲毓鼎 庸言二卷五號

辛亥灤州兵變記　酬　鳴　庸言一卷五號

辛亥方鎮兵變紀實　酬　鳴　庸言一卷六號　按此記吳祿貞被刺事

辛亥武昌起義見聞錄　盧廣榮　地學雜誌九卷六，七號

辛亥南北議和別記　錢基博　國學叢刊一卷一號

中華民國開國傑士傳　柳棄疾　國學叢刊一卷四號

中華民國立國紀念日前之革命黨　顧　實　國學叢刊一卷四號

五十年來中國大事表　黃炎培　沈　錡　最近五十年

(4)中外史料

古代中西交通考　述　曾　東方雜誌十二卷七號

亞歐交通之歷史　黃壽昌　地學雜誌十卷十一十二合號

中國文化西被之商權　柳詒徵　學衡第二十七期

中國歷代文化與東西之交通　鐘　磐　學報一卷八號

明清之際西學輸入中國考略　張蔭麟　清華學報一卷一號

明清之交西學東漸考　翁慕莊　學燈十三年八月份

中國歷代與日本之關係　李埠身　新中國一卷八號

中日歷代交涉史　周傳儒　國學論叢一卷一，二號

印度與中國文化的關係　梁啓超　教育叢刊五卷二號

印度與中國文化之親屬的關係　梁啟超　晨報副鐫十三年五月份

印度史蹟與佛教之關係　梁啓超　學藝三卷三號

華化漸被考　柳詒徵　學衡七至十六期

中國史書上關於馬黎諾里使節之記載　張星烺　燕京學報三號

古代要服荒服建國考　劉師培　國粹學報三卷五號

歷代四夷事鑑　倪羲抱　國學第一期

自漢以來中國與西域之交通頗繁兵威所及使節所經及商人高僧之行跡能詳其通路証以今名歟　丁義明　地學雜誌五卷五六號

漢以後匈奴事蹟考　丁義明　地學雜誌十二卷七八號

元西域人華化考 陳垣 國學季刊一卷四號

元基督教徒之華學 陳垣 東方雜誌二十一卷二號

西康考 曹經沅 地學雜誌九卷一號

大夏攷 柳翼謀 史地學報二卷八號

(5)民族

中華民族起源考 羅羅 地學雜誌十二卷三號

中華民族溯源論 章嶔 地學雜誌七卷十號至八卷二號

中國人種考 觀雲 新民叢報三卷五至十二號

歷史上亞洲民族之研究 王桐齡 學術與教育第一號

文字學上之中國人種觀察 朱希祖 社會科學季刊一卷二號

文字學上之中國人種起源考 陳鐘凡 國學叢刊一卷二號

駁中國先有苗族後有漢族說 朱希祖 北大月刊第一號

漢族西來說考證 居孝實 學藝二卷一至二號

中國民族西來辨 繆鳳林 學衡第三十七期
中華民族之研究 梁任公 地學雜誌十三卷一號至十四卷四號
歷史上中國民族之觀察 梁啓超 新民叢報三卷十七十八號
讀歷史上中國民族之觀察系論 觀雲 新民叢報四卷一號
中國原始民族之現狀 SCY生 新民叢報三卷十二號
從古書中推測之殷周民族 徐中舒 國學論叢一卷一號
氏姓學發微 劉師培 國粹學報三卷四號五卷二號
蒙古種族考 輕根 大中華一卷十一號
滿洲人種考 地學雜誌一卷三號 按此文節譯日本島居氏人種考
回族雜居內地考 孫寶賢 地學雜誌九卷十二號至十卷一號
長春民族生聚源流考 邵公 地學雜誌五卷五，六號
額爾古訥河區域之種族考 地學雜誌十卷二號
浙江溫州處州間土民畬客述略 胡先驌 科學七卷三號

苗族考略 崔蘊奇 地學雜誌十卷五號

（6）傳記年譜

清代學者整理舊學之總成績—傳記譜牒學 梁啓超 東方雜誌二十一卷十七號

晉惠公卒年考 衛聚賢 國學月報二卷二號

孟子生卒年月考 董桂新 國學一卷四號

郭林宗生卒年月考 儲皖峯 國學月報二卷三號

張衡別傳 張蔭麟 學衡第四十期

紀元後二世紀間我國第一位大科學家—張衡 張蔭麟 東方雜誌二十一卷二十三號

王充學說的梗概和治學方法 張右源 國學叢刊二卷三號

鄭學辨 張爾田 中國學報第一期

賈景伯年譜 陳邦福 國粹學報七卷八號

馬季長年譜 陳邦福 國粹學報七卷八號

許君疑年錄 諸可寶 中國學報第一卷第二期 按已收入金鉞許學四種叢書中

盧子幹年譜　陳邦福　中國學報第一至三期

後漢侍中尚書涿郡盧君年表　蔣元慶　孔教會雜誌一卷三，四號

宋目錄家晁公武陳振孫傳　陳壽祺　國粹學報六卷六號

鄭樵傳　顧頡剛　國學季刊一卷二號

鄭樵著述考　顧頡剛　國學季刊一卷二，三號

橫渠先生年譜　歸曾祁　孔教會雜誌一卷六號

陳同父生卒年月考　顏虛心　國學論叢一卷一號

胡安國傳　黃節　國粹學報四卷九號

李世熊傳　黃節　國粹學報四卷七號

方召傳　馬叙倫　國粹學報二卷六號

田興傳　田北湖　國粹學報四卷五號

劉永澄傳　劉光漢　國粹學報二卷三號

周宗建傳　陳去病　國粹學報二卷五號

王玄策事輯　柳詒徵　學衡第三十九期

李覯傳　黃節　國粹學報四卷八號

記李覯的學說　胡適　讀書雜誌第三期

陳文節公年譜　孫鏘鳴　國故第一至三期

稷山段氏二妙合譜　孫德謙　孔教會雜誌一卷二至七號　中國學報(民元)第七卷八號

鄧牧傳　鄧實　國粹學報四卷三號

明李卓吾別傳　吳虞　進步雜誌九卷三，四號

王艮傳　劉光漢　國粹學報一卷十號

鄭和傳　梁啓超　新民叢報三卷二十一號

袁崇煥傳　梁啓超　新民叢報三卷一，二號

鄭成功歷史研究的發端　薛澄清　中山大學語歷研究所週刊一卷一號

關於鄭成功歷史研究的材料　馬太玄　中山大學語歷研究所週刊二卷十五號

李之藻傳　陳垣　國學一卷三號

劉古愚先生傳 陳三立 學衡第十九期

關中劉古愚先生墓表 陳澹然 學衡第二十四期

清初五大師學術梗概 梁啓超 晨報副鐫十二年十二月份

清學開山祖師之顧亭林 梁啓超 晨報副鐫十三年三月份

顧氏學述 柳詒徵 學衡第五期

書顧亭林軼事 章炳麟 華國月刊一卷六號

廖柴舟墓誌銘 王崑繩 國粹學報四卷九號 按此篇錄自國朝耆獻類徵

記廖燕的生平及其思想 容肇祖 北大國學週刊二十卷二十一號

餘姚黃宗羲先生傳纂 謝國楨 北大國學月刊一卷五號

黃宗羲之生平及其著作 馬太玄 中山大學語歷研究所週刊二卷十五號

餘姚邵念魯先生年譜 姚名達 國學論叢一卷二號

章實齋年譜 姚名達 國學月報二卷四號

章實齋之史學 姚名達 國學月報二卷一，二號

顧千里先生年譜　神田喜一郎著　孫世偉譯　國學一卷一號

朱張二先生傳　荀　任　國粹學報一卷十二號

顔李二先生傳　劉光漢　國粹學報一卷十二號

孫蘭傳　劉光漢　國粹學報一卷九號

朱止泉傳　劉光漢　國粹學報二卷四號

梁于涘傳　劉光漢　國粹學報一卷十一號

汪仲伊先生傳　劉師培　國粹學報五卷十一號

先公田間府君年譜　國粹學報七卷一至五號

戴憂庵先生事略　蕭　穆　國粹學報六卷十號

汪氏家傳—容甫孟慈　國粹學報六卷一至二號

全祖望傳　劉光漢　國粹學報一卷十一號

吳敬梓年譜　胡　適　努力週報第三十一期至四十七期

梅文鼎年譜　李　儼　清華學報二卷二號

李善蘭年譜　李　儼　清華學報五卷一號
朱敦儒小傳　胡　適　語絲第九一期
崔述傳　劉師培　國粹學報三卷九號
科學的古史家崔述　胡　適　國學季刊一卷二號（未完）
戴震傳　劉光漢　國粹學報二卷一號
戴東原年譜　魏建功　國學季刊二卷一號
戴東原先生傳　梁啓超　晨報副鐫十三年一月份
東原著述纂校書目考　梁啓超　晨報副鐫十三年一月份
東原述著考　王　競　晨報副鐫十三年二月份
戴東原研究指南　賀　麟　晨報副鐫十二年十二月份
戴震說理的及求理的方法　容肇祖　國學季刊二卷一號
戴東原的哲學　胡　適　國學季刊二卷一號　按此書商務印書館已印成單行本
書梅伯言事　章炳麟　華國月刊二卷一號

徐壽傳 錢基博 國學叢刊一卷一號

洪亮吉及其人口論 張蔭麟 東方雜誌二十三卷二號

胡承珙傳 胡韞玉 國粹學報六卷七號

胡世奇傳 胡韞玉 國粹學報六卷十號

胡培翬傳 胡韞玉 國粹學報七卷二號

胡秉虔傳 胡韞玉 國粹學報七卷四號

張聰咸傳 胡韞玉 國粹學報七卷三號

朱琦傳 胡韞玉 國粹學報六卷十二號

姚配中傳 胡韞玉 國粹學報七卷六號

董桂新傳 胡韞玉 國粹學報七卷七號

田寶臣傳 劉師培 國粹學報四卷二號

戴望傳 劉光漢 國粹學報二卷二號

魏默深先生傳 葉瀚 地學雜誌十三卷一號

林晉霞先生傳　馮昭适　華國月刊二卷一號

族祖夢香先生傳　馮昭适　華國月刊一卷十二號

范肯堂墓誌銘　姚永槩　國粹學報四卷十號

王鵬運傳　況周頤　學衡第二十七期　亞洲學術雜誌第四期

王子莊先生傳　王舟瑤　亞洲學術雜誌第四期

楊仁山居士別傳　張爾田　甲寅(甲寅年)第六期

先叔父惕庵府君行述　陳鐘凡　國學叢刊一卷二號

鄒代鈞先生傳　葉瀚　地學雜誌十三卷七號

丁先生謙傳　葉瀚　地學雜誌十三卷八、九號

黃安劉君事略　汪東　華國月刊一卷二號

清故資政大夫海軍協都統嚴君墓誌銘　陳寶琛　學衡第二十期

嚴復的翻譯　賀麟　東方雜誌二十二卷二十一號

徐錫麟傳　章太炎　甲寅(甲寅年)第二期

丁惠康傳 姚梓芳 庸言一卷六號
孫詒讓傳 章 梫 亞洲學術雜誌第二期
孫徵君詒讓事略 朱孔彰 甲寅(甲寅年)第九期
孫詒讓傳 章 絳 國粹學報四卷七號 按已収入章氏叢書太炎文錄卷二內
孫籀廎先生年譜 宋慈褒 東方雜誌二十二卷十二號
俞先生傳 章 絳 國粹學報四卷七號 按已收入章氏叢書太炎文錄卷二內
俞曲園先生年譜 周雲青 民鐸雜誌九卷一號
故清舉人內閣中書鹽城陶君墓誌銘 李 詳 文字同盟第七期
儀徵劉先生行述 陳鐘凡 國學叢刊一卷一號
楊惺吾先生小傳 袁同禮 圖書館學季刊一卷四號
楊惺吾先生著述考 王重民 文字同盟第九，十期
葉侍講墓誌銘 曹元弼 亞洲學術雜誌第三期 按即葉昌熾
成先生行狀 馮 煦 亞洲學術雜誌第三期

意園事略　楊鍾羲　亞洲學術雜誌第四期　按意園即盛伯熙
羅君楚傳　王國維　亞洲學術雜誌第四期
楊振鴻行狀　李根源　華國月刊一卷十號
贈大將軍鄒君墓表　章炳麟　華國月刊一卷一號
江陰章琴若先生墓碑銘　徐震　華國月刊二卷六號
陳孟冲傳　劉紹寬　華國月刊三卷三號
陳君思曾墓志銘　袁思亮　華國月刊三卷一號
安徽無爲州知州蔣君墓誌銘　鄧嘉緝　華國月刊三卷一號
鄭文焯專號　文字同盟第十二期
亡友夏穗卿先生　梁啓超　晨報副鐫十三年四月份　東方雜誌二十一卷十號
亡弟白沙事狀　易培基　國學叢刊一卷二號
前總統府高等顧問汪君墓誌銘　章炳麟　華國月刊二卷七號
劉伯明先生事略　郭秉文　學衡第二十六期

王静安先生年譜　趙萬里　國學論叢一卷三號
王靜安先生傳　徐中舒　東方雜誌二十四卷十三號
述先師王靜安先生治學之方法及國學上之貢獻　朱芳圃　東方雜誌二十四卷十九號
王觀堂先生學述　吳其昌　國學論叢一卷三號
觀堂學禮記　劉盼遂　國學論叢一卷三號
孔門再傳弟子考　陳漢章　中國學報第一期
孔子再傳弟子考　孫德謙　孔教會雜誌一卷三號
孔子再傳弟子續考　孫德謙　孔教會雜誌一卷六號
孔子三傳弟子考　孫德謙　孔教會雜誌一卷七號
孔子四傳弟子考　孫德謙　孔教會雜誌一卷八號
孔子五傳弟子考　孫德謙　孔教會雜誌一卷十二號
答黃侃問孔子生卒年月書　劉師培　國學巵林第一期
孔子適周見老子年月考　顧實　地學雜誌十二卷六至十號

孔門所學何事　張大東　晨報副刊十六年三月份

西漢節義傳　李詳　國粹學報五卷十二號

兩漢太學生考　周光倬　仇艮虎　史地學報三卷一二號

漢代老學者攷　楊樹達　太平洋四卷八號

蓮社年月續考　儲皖峰　國學月報二卷七號

元魏至元之學者傳　黃節　國粹學報四卷十至十二號

中國殖民八大偉人傳　梁啓超　新民叢報三卷十五號

元祐黨人碑　國粹學報六卷八號

逆璫魏忠賢東林黨人榜　國粹學報六卷八號

述復社　容肇祖　北大國學週刊第七八期

復社姓氏叙略　國粹學報六卷九號

復社姓氏補錄叙略　國粹學報六卷九號

望社姓氏考　李元庚　國粹學報六卷九號

明隱士周遜之先生七十壽諸名人祝詩墨蹟姓氏考 袁承業 國粹學報七卷七號

國史儒林文苑傳目 譚獻 國粹學報六卷一號

國朝師儒表 譚獻 國粹學報六卷一號 按已上兩篇均從復堂日記錄出

道咸以來疇人合贊 赤松 國粹學報三卷二號

(7)雜攷

中國洪水以前之物質文明 華林一 民鐸雜誌六卷一號

結繩而治時代之文書 顧實 國學叢刊一卷二號

華夏考原 顧實 國學叢刊一卷二號

井田制度有無之研究(一)胡適之先生寄廖仲愷先生的信(二)廖仲愷答胡適之先生的信(三)胡適之先生答廖仲愷胡漢民先生的信(四)胡漢民先生答胡適之先生的信(五)胡適之先生再答漢民仲愷兩先生書(六)朱執信先生致胡適之先生書(七)季融五的井田制度有無之研究四 按從第一至第三已收入胡適文存內其餘皆於建設上發表

中國井田制沿革考 胡鑑若 科學十卷一期

中國古代田制研究 劉大鈞 清華學報三卷一期

中國古來之限田說　李三无　學燈十一年四月份

限田均田制度論　但燾　華國月刊二卷六號

盟詛　江紹原　晨報副鐫十五年四月十二，十四，十九，二十一日

古代「釁」禮　江紹原　晨報副鐫十五年四月二十八日五月十，十七日

中國古代的成人禮　江紹原　晨報副鐫十五年六月九，十二，二十一，二十三。三十日七月七，十四，二十六，二十八日八月二十三，二十八日九月一，四，六日

美洲爲古蟠木地說　陳漢章　北大月刊第九期　地學雜誌十三卷四號

大人國小人國皆在今美洲說　丁錫田　地學雜誌十四卷五號

中國發明地圓說　姚明輝　地學雜誌八卷五至八號

部曲攷　何士驥　國學論叢一卷一號

三老攷　楊筠如　中山大學語歷研究所週刊二卷二十一號

季札觀樂辯　衛聚賢　北大國學月刊一卷六號

孔子三世出妻攷　黃仲琴　中山大學語歷研究所週刊二卷十三號

黃妃辨　陳乃乾　小說月報十六卷一號

伯夷叔齊種族攷　章炳麟　華國月刊二卷九號

寒食淸明攷　謝國楨　國學月報二卷二號

竈神的研究　梁繩禕　東方雜誌二十三卷二十四號

古彛談　柏　年　國聞週報四卷十七期

黃梨洲朱舜水乞師日本辯　梁啓超　讀書雜誌第九期　東方雜誌二十卷六號

㵐昭諫江東外紀辯　孫詒讓　國粹學報五卷九號

辯嚴鐵橋輯三國至隋全文攘美之證　姚大榮　中國學報(民元)第四期

辯辛丑銷夏記爲黃虎癡代吳荷屋撰　姚大榮　中國學報(民元)第七期

名字號　沙孟海　東方雜誌二十五卷七號

八字　徐震池　東方雜誌二十四卷八號

干支與肖屬釋引　孫學悟　科學三卷二號

干支與肖屬續攷　唐　鉞　科學三卷二號

八卦爲上古數目字說　胡懷琛　東方雜誌二十四卷二十一號

五的哲學與中國文化　何炳松　民鐸雜誌九卷二號

六地學

(1)通論

地理歷史學上之觀察 丁義明 地學雜誌五卷九，十號

人生地理學之態度與方法 張其昀 史學與地學第一期

中國輿地大勢論 錢基博 新民叢報三卷十六，十七，十八，十九號

中國之都市 梁任公 史學與地學第一期

中國地圖學史 李貽燕 學藝二卷八，九號

宋代之地理學史 吳其昌 國學論叢一卷一號

宋明間關於亞洲南方沿海諸國地理之要籍 王庸 史學與地學第一期

北宋沈括對於地學之貢獻與紀述 竺可楨 科學十一卷六號

述大輿劉獻廷先生之地理學說 姚士鰲 地學雜誌十三卷八號九號

中國歷史上之旱災 竺耦舫 史地學報三卷六號

(2)專著

漢書西域傳地理今釋　章奎森　國學一卷二號

水經注札記　王闓運　國粹學報四卷二號

水經注正誤舉例　丁謙　地學雜誌九卷一號至十一卷十號　按此已刻入浙江圖書館叢書內

水經注之硏究　蔡斗垣　國學週刊第三一至三五期　國學彙編第二集

晉釋法顯佛國記地理考證　丁謙　地學雜誌八卷十二號

大唐西域地理考證　丁謙　地學雜誌八卷二至六號

西域記釋地　陳仲益　北大國學月刊一卷七八合刊

遼史地理考　劉師培　國粹學報四卷三，五號

通鑑地理今釋　吳熙載　國學一卷七號

辨蒙古遊牧記列烏蘭布通於翁牛特旗之誤　丁謙　地學雜誌十卷十一號

辨顧亭林京東考古錄　丁謙　地學雜誌十二卷一號

辨閱微草堂筆記地理之誤　丁謙　地學雜誌十二卷一號

辨聖武記瓦爾喀部地在與京南之誤　丁謙　地學雜誌十一卷十二號

辨聖武記注罕度爾即察罕泊之誤　丁謙　地學雜誌十一卷十二號

海國圖志釋崑崙駁議　陳士廉　中國學報第六期

燕葉紀程　倭艮峯　華國月刊一卷五至八號　按燕葉謂從北京至葉爾羌也

滇遊紀聞　方孝標　國學一卷四號

(3)疆域　附都市古蹟

歷代疆域考略　虞嘉甦　國學一卷三，四號

歷代州域政權考略　吳廷燮　四存月刊第六期

唐節度使建置分並攷　吳翊寅　華國月刊二卷九號

論中國分裂時代原歛繁刑之害　吳廷燮　四存月刊第十八期

論唐代邊功之盛　吳廷燮　四存月刊第九期

論明代邊功之盛　吳廷燮　四存月刊第十一期

淮海惟揚州考　陳玉澍　地學誌九卷十一號

禹貢九州考　梁啓超　大中華二卷一號

秦四十郡考 劉師培 國粹學報四卷十二號

秦三十六郡考 朱偰 北大國學週刊第十九期

西域要考 丁義明 地學雜誌八卷三號四號

漢書西域傳南山形勢 涂儒翯 地學雜誌七卷九號

答門人問漢書西域形勢 涂儒翯 地學雜誌七卷八號九號

漢代天山祁連山之見解及其混合之原因 袁藩夏 地學雜誌九卷六七號

大月氏與東西文化 鄭鶴聲 東方雜誌二十三卷十號

新疆地名釋義 賈樹模 地學雜誌五卷六，七號

新疆地名沿革表 賈樹模 地學雜誌五卷七，八號

新疆小正 王樹枏 四存月刊十七，十九，二十期

新疆禮俗志 王樹枏 四存月刊十七，十八，十九，二十期 地學雜誌五卷七號至十號

論新疆伊犂形勢 吳廷燮 四存月刊第八期

論新疆迪化形勢 吳廷燮 四存月刊第一期

論焉耆形勢 吳廷燮 四存月刊第一，五，六期

論疏勒形勢 吳廷燮 四存月刊第十期

論呼倫貝爾形勢 吳廷燮 四存月刊第十八期

恕谷先生畿輔形勢論注 吳廷燮 四存月刊第三期

青海歷史考 白月恒 地學雜誌八卷二至十二號

羌海雜誌 生入 地學雜誌十一卷至十二卷

金界壕考 王國維 燕京學報第一期

長城考 張相文 地學雜誌七卷九號

兩浙舊壤考 馮巽古 地學雜誌七卷十一號

山越考 劉芝祥 史地學報三卷四號

世界史上廣東之位置 梁啓超 新民叢報三卷十五，十六號

陝西在中國文化史上之位置 王桐齡 晨報副鐫十三年十月份 學術與教育一卷二號

直隸旗地概略 汪維清 地學雜誌三卷二號

棻京攷　王國維　學衡第四十一期

北京在國史上的地位　王桐齡　晨報副刊十五年十二月份

金陵史勢之鳥瞰　張其昀　東方雜誌二十三卷十三，十五號

南宋都城之杭州　張其昀　史地學報三卷七號

洛陽都會變遷考　蘇莘　四存月刊第二十期

遼析宛平爲玉河縣考　傅芸子　坦途第一期

開封名勝古蹟誌　戚震瀛　地學雜誌十一卷十一號

開封之史蹟及其地理之沿革　黃守性　地學雜誌十卷四號

西湖勝蹟沿革考　陸承賈　地學雜誌八卷十一號至九卷五號

聖地記　姚明煇　孔教會雜誌一卷五，六號

聖地記附（遊記）　姚明煇　孔教會雜誌一卷七號

聖地記補遺　劉卓如　孔教會雜誌一卷十二號

外蒙遊記　張鈍初　東方雜誌二十五卷四號

圓明園恭記 黃凱鈞 國粹學報六卷四號

陳氏安瀾園記 國粹學報六卷四號

（4）河流水利

禹貢三江考 楊遜齋 地學雜誌十三卷六號

禹河故道考 丁 謙 地學雜誌十二卷二號

楚通江淮證 陳漢章 國故第二期 地學雜誌十二卷十號至十三卷一號

北運河考略 張景賢 地學雜誌十二卷九十合號

紫荆關拒馬河考 賈元章 連德純 地學雜誌九卷十二號

古今白溝河辨 蘇 莘 地學雜誌九卷十二號

黃河河道成因考 王竹泉 科學十卷二號

參合陂水考 丁 謙 地學雜誌十二卷二號

參合陂水續考 丁 謙 地學雜誌十二卷二號

治理潛江縣水患之商榷 沈 怡 現代評論四卷一零二期

南滿洲水田誌 玉淵 地學雜誌五卷七八合號

淮水流域水道利病年表叙例 武同舉 地學雜誌十三卷四號

近五十年中國之水利 張慰西 最近五十年

五十年來中國之水利 李協 最近五十年

近五十年來中國之水利 姚士鰲 地學雜誌十三卷二號

(5)省縣志

歷代地誌平議 姚士鰲 地學雜誌十四卷一至三號

清代學者整理舊學之總成績——方志學 梁啓超 東方雜誌二十一卷十八號

省志今例發凡 鄧之誠 地學雜誌十一卷四至六號

擬編輯鄉土志序例 劉光漢 國粹學報二卷九至十二號

擬續修福建通志體例 胡樸安 地學雜誌十一卷一號

定海縣志例目 陳訓正 史地學報三卷六號

無錫縣新志目說明書 錢基博 地學雜誌十三卷十二號

七 諸子

(1)通論

周秦諸子書目 胡樸安 國學週刊四至九期

擬彙刊周秦諸子注輯補善本叙錄 王仁俊 中國學報二至五期

清代學者整理舊學之總成績——校注先秦子書及其他古籍 梁啓超 東方雜誌二十一卷十五號

諸子要略 孫德謙 亞洲學術雜誌一，二號 孔教會雜誌一卷二號

諸子學略說 章 絳 國粹學報二卷八，九號按已收入國故論衡內

諸子考證與其勃興之原因 梁啓超 哲學第四期(未完)

諸子不出於王官論 胡 適 太平洋一卷七號 按已收入胡適文存第一集並附再版中國哲學史大綱上卷後

評胡氏諸子不出於王官論 繆鳳林 學衡第四期

諸子言政本六經集論 陸紹明 國粹學報二卷四號

諸子通誼 陳鐘凡 國故一至四期 按現已由商務印書館印成單行本作爲東南大學叢書之一

周秦諸子學統述 朱謙之 新中國一卷至二卷 按今泰東書局出版之古學巵言即是書也

史微內篇　張爾田　中國學報一至五期內篇專論諸子第一期百家篇第二期原道篇第三期原墨篇第四期原雜篇第五期原名篇

先秦諸子進化論　胡適　科學三卷一期

戰國策士論　達庵　亞洲學術雜誌第三期

續戰國策士論　達庵　亞洲學術雜誌第四期

中國之弭兵學說　達庵　亞洲學術雜誌第一期二期

儒家之兩大法學派　劉少少　東方雜誌十五卷十號

法家原於道家說　江聖壎　國學叢刊二卷一號

（2）周秦諸子

（a）儒家

晏子春秋補釋　劉師培　國粹學報五卷二號至十三號

讀晏子春秋　陳集南　國學週刊第十三期

孫卿子札記　陶鴻慶　國學叢刊二卷二號

荀子斠補　劉師培　中國學報三至五期

荀子補釋　劉師培　國粹學報四卷八號至五卷十二號

荀子佚文輯補　劉師培　中國學報第一期

荀子詞例舉要　劉師培　國粹學報三卷六至十二號

荀子名學發微　劉師培　國粹學報三卷七號

荀子正名篇詁釋　劉念親　華國月刊一卷十，十一號二卷一，三，五，七，九號

荀子傳略　陳登元　國學叢刊二卷一號

荀卿考　游國恩　讀書雜誌第十八期

荀子人性的見解　劉念親　晨報副刊十二年一月份

荀子人性的見解的研究　胡睿　晨報副刊十二年二月份

荀子性惡篇平議　馮振　學藝二卷八號

讀荀子　陳三立　東方雜誌十三卷十號

讀荀子書後　吳虞　新青年三卷一號

荀子論　太虛　華國月刊一卷四至七號

荀子學說　胡樸安　國學週刊二七至三四期　國學彙編第二集

荀子與禮治　徐紹烈　學燈十三年五月份

(b)法家

管子斠補　劉師培　國粹學報七卷六至八號

讀管子　陳三立　東方雜誌十三卷十一號

商君書開塞　朱師轍　國故二至四期

商君學說　胡樸安　國學週刊第一至八期　國學彙編第一集

韓非的著作考　容肇祖　中山大學語歷研究所週刊一卷四期

讀韓非的著作考志疑　鄭思善　中山大學語歷研究所週刊二卷二十四期

韓非子初見秦篇之管見　雷金波　現代評論一一二期

韓非　謝无量　大中華一卷七至十二號

讀韓非子　陳三立　東方雜誌十三卷十二號

(c)道家

老子斠補　劉師培　中國學報二至五期　國學巵林第一期

老子道德經上篇解詁　顧　實　國學叢刊一卷一號二卷一號

老子餘誼　羅運賢　華國月刊二卷八，十一號

老子通詮　譚禪生　北大國學月刊一卷五號

老子韻表　劉師培　國粹學報二卷二號

論老子　李見荃　四存月刊十七期

老子辯僞　李抱一　學燈十一年五月份

老子學說之來歷　胡懷琛　國學週刊第二十八期　國學彙編第二集

讀老子之硏究　韞　玉　國學週刊第五期

老子　繆鳳林　文哲學報第一期　(一)老子傳略(二)解老子者之歧異(三)造成老子學說之各方面(四)老子哲學之出發點(五)老子之形而上學(六)老子之人生哲學(七)老子之政治哲學

讀老子　胡樸安　國學週刊五十三至六十期　國學彙編第三集

老子舊說　鍾　歆　國學巵林第一期

老子之面影 觀雲 新民叢報三卷二十一號

梁任公提訴老子時代一案判決書 張煦 晨報副鐫十一年三月份

老子生後孔子百餘年之說質疑 張蔭麟 學衡第二十一期

由讀莊子而考得之孔子與老子 范禕 學衡第二十九期

孔子老子學說對於德國青年之影響 吳宓 學衡第五十四期

讀關尹子 胡樸安 國學週刊第二十一期

列子僞書考 馬叙倫 國故第一至三期 按已収入天馬山房叢著內

僞造列子者之一證 陳文波 清華學報一卷一號

讀列子 陳三立 東方雜誌十四卷六號

楊朱與莊周二人乎抑一人乎 傅銅 陳玄冲 蔡元培 哲學第四期

楊朱的有無及楊朱篇的眞僞之研究 逯如 東方雜誌二十卷十二號

楊朱和楊朱篇的考證 郭紹虞 民鐸雜誌四卷三號

列子楊朱篇僞書新證 陳旦 國學叢刊二卷一號

楊朱考 唐　鉞　東方雜誌二十二卷五號

楊朱考補證 唐　鉞　東方雜誌二十二卷十六號

楊朱考再補 唐擘黃　現代評論第一年增刊　北大國學月刊一卷二號

楊朱爲戰國時人楊朱不即是莊周考 黃文弼　中大季刊一卷一號

楊朱傳略 鄭賓于　國學週刊第五期

讀莊子札記 陶鴻慶　國學叢刊二卷三號

莊子解故 章　絳　國粹學報五卷二至十二號　按已收入章氏叢書內

莊子校補 劉師培　中國學報第一期

莊子大義 王樹枬　中國學報第二期

逍遙游釋敍 張純一　國學彙編第三集

莊子內篇章義淺說 胡樸安　國學彙編第三集

莊子研究歷程考略 甘蟄仙　東方雜誌二十一卷十一號

莊子考辨 蔣復聰　圖書館學季刊二卷一期

莊子學說蠡測　趙餘勳　學燈十三年二月份

翼莊　金天翮　國學週刊十六至十八期

論莊子馬蹄篇裏所含的思想　吳榮華　學燈十二年十月份

申郭象注莊子不盜向秀義　劉盼遂　文字同盟第十期

(d)墨家

墨子刊誤　蘇時學　國學一卷一，二號　按以上書已由中華書局印行

墨子刊誤刊誤　陳柱　國學一卷二，四號

墨子校記　戴望　中國學報第五期

讀墨子札記　陶鴻慶　國學叢刊二卷一號

墨子拾補　劉師培　國學叢刊二卷二號

籀墨札記　安鍾祥　國學年刊一卷一號

讀墨子　陳三立　東方雜誌十四卷九號

述墨　易白沙　新青年一卷一，二，五號二卷一號　(一)墨學之起源(二)墨子歷史(三)墨經

墨子講義摘要 梁啓超 改造三卷十，十一號

墨子學說 胡樸安 國學週刊第九期 國學彙編第一集

墨子與科學 無 觀 學燈十二年十一月份

墨學與社會主義 朱 偰 現代評論八四期

墨學之淵源 彭國棟 甲寅週刊一卷三十一期

子墨子學說 梁啓超 新民叢報三卷一，二，四，五，九，十期

墨家名稱派別研究 汪鑑甫 學燈十三年三月份

墨學衰微的原故 李毅忠 學燈十二年九月份

答福田問墨學 孫德謙 學衡第三十九期

再答福田問墨學（論儒墨之異同）孫德謙 學衡第三十九期

墨子書分經辯論三部考辨 黃建中 學衡第五十四期

兼愛辨 章 用 甲寅週刊一卷二十號

讀墨微言平議 吳 溥 學燈十二年九月份

名墨訾應論　章行嚴　東方雜誌二十卷二十一號

名墨訾應考　章行嚴　東方雜誌二十一卷二號

論先秦無所謂別墨　唐鉞　現代評論三十二期

名墨訾應考辨正　伍非百　東方雜誌二十一卷十七號

名墨方行辨　孤桐　甲寅週刊一卷二十一號

名學他辨　秋桐　東方雜誌十七卷二十號

章氏墨學　孤桐　甲寅週刊一卷十六至二十三，二十五，二十七，二十九，三十一號

與章行嚴論墨學書　章炳麟　華國月刊一卷四期

墨子經說新解　張煊　國故第二，三期

墨子墨經淺說　胡樸安　國學週刊第三十六期

墨子大取解科　陳啓彤　中大季刊一卷一，二號

墨子小取解科　陳啓彤　中大季刊一卷二號

墨子小取篇新詁　胡適　北大月刊第三期　按已收入胡適文存第一集

墨經解難 伍劍禪 中大季刊一卷一號

答伍非百論形名學書 伍劍禪 中大季刊一卷一號

墨經光學新解 抱一 學燈十一年十二月份

墨經光說三條試解 太微 現代評論一百三十五期

墨辯探源 錢穆 東方雜誌二十一卷八號

上古哲學史上的名家與所謂別墨 賀昌羣 東方雜誌二十四卷二十一號

釋墨經說辯義 孫德謙 學衡第二十五期

墨辯釋例 伍非百 學藝四卷三號

辯經原本章句非旁非考 伍非百 學藝四卷四號

墨辯定名答客問 伍非百 學藝四卷二號

墨辨止義辯 李笠 東方雜誌二十一卷五號

堅白盈離辯 汪馥炎 東方雜誌二十二卷九號

臧三耳辨 心史 東方雜誌二十三卷十七號

評胡梁欒墨辯校釋異同　伍非百　學藝五卷二號

墨子爲印度人辨　胡懷琛　東方誌雜二十五卷八號

（e）雜家

尸子考證　張西堂　學燈十四年三月份

尹文和尹文子　唐鉞　清華學報四卷一號

尹文子思想論略　張壽林　晨報副刊十六年三月份

公孫龍考　鄭賓于　國學月刊一卷四號

讀孫子雜記　易培基　國故第三，四期

孫子新釋　蔣方震　庸言二卷五，六號

讀鬼谷子　陳三立　東方雜誌十三卷十二號

讀鬼谷子　金天翮　國學週刊第九期　國學彙編第一集

呂氏春秋高注補注　孫鏘鳴　國故一至四期

呂氏春秋補正　宋慈裦　華國月刊二卷十，十二期三卷二，四期

讀呂氏春秋 馬其昶 東方雜誌十三卷十二號

(附)陰陽五行說

洛書是什麼 高語 新青年七卷三號

河圖洛書之研究 武學易 地學雜誌九卷八，十號

讖緯考 劉光漢 國粹學報一卷六號

讖緯考 陳延傑 東方雜誌二十一卷六號

五德終始西漢主勝東漢主生考 李本道 中國學報第二期

漢代五行者之異同 王煥鑣 史地學報二卷八號

陰陽五行說之來歷 梁啓超 東方雜誌二十卷十號 (一)陰陽二字語意之變遷(二)五行二字語意之變遷(三)陰陽家之成立及陰陽五行說之傳播

梁任公五行說之商榷 欒調甫 東方雜誌二十一卷十五號

辯梁任公陰陽五行說之來歷 呂思勉 東方雜誌二十卷二十號

(3)漢魏以後諸子

賈子新書斠補 劉師培 國粹學報五卷十二，三號

賈子春秋補釋　劉師培　國粹學報六卷一至九號

賈子容經箋注　廖平　中國學報第五期

淮南子許注漢語疏　劉盼遂　國學論叢一卷一號

淮南子的樂律學　楊沒累　民鐸雜誌八卷一號

讀劉文典君淮南鴻烈集解　楊樹達　太平洋四卷六號

讀鹽鐵論札記　楊樹達　國文學會叢刊一卷二號

致王益吾書　實甫　新中國一卷六號　按爲質鹽鐵論校勘記事

鹽鐵論之由來及性質　歐宗佑　中山大學語歷研究所週刊一卷七期

法言補釋　劉師培　國粹學報三卷二至六號

法言疏證別錄　汪東　華國月刊一卷一至八號

館藏宋本論衡殘卷校勘記　歷史博物館叢刊一卷二期

讀抱朴子　容肇祖　北大國學週刊二十二，二十三期

顏氏家訓補注　李詳　國粹學報五卷四號

漢初儒道之爭 胡 適 北大國學週刊第二期

漢儒顯眞理惑論 錢基博 清華學報三卷一號

三國六朝三玄之學考 高克明 國文學會叢刊一卷一號

述何晏王弼的思想 容肇祖 中山大學語歷研究所週刊一卷八，九期

宋學重要的問題及其線索 繆天綬 東方雜誌二十四卷八號

宋遺儒略論 黃 節 國粹學報四卷十一號

宋明學說與學佛之眞詮 姚鶴雛 新中國一卷四號

理學字義通釋 劉光漢 國粹學報一卷八至十號

格物解 劉師培 國粹學報三卷十號

致知格物正義 章炳麟 華國月刊二卷三號

格物的解釋 劉堯民 國學月報二卷七號

康成子雍爲宋明心學導師說 章炳麟 華國月刊二卷三號

王學釋疑 劉光漢 國粹學報三卷一號

王守仁的哲學　黃子通　燕京學報第三期

日本研究陽明學說書目介紹　蔣徑三　中山大學語歷研究所週刊二卷十六期

王陽明知行合一之教　梁啓超　晨報副刊，十五年十二月二十，二十二日，十六年一月十五，十七日，二月九，十，十一，十二日。國學論叢一卷一，二號

王陽明與斐希脫　蔣徑三　中山大學語歷研究所週刊二卷十六期

太谷學派之沿革及其思想　盧冀野　東方雜誌二十四卷十四號

論太谷學派與宗教答章行嚴　盧冀野　國聞週報四卷十八期

明末理學闡微　錢嘉淦　新中國一卷一號

明末四先生學說　鄧實　國粹學報二卷三至十三號

述顏李　齊樹楷　四存月刊一至六期

顏李學要旨　呂澄秋　四存月刊第三期

顏李語要　徐世昌　四存月刊一至九又十一，十三，十五，十六，十九期

顏李嘉言類鈔　張斌　四存月刊一至八又十，十二，十四，十八，二〇期

（4）雜著

蘇齋筆記 翁方綱 中國學報第三至五期

越縵堂筆記 李慈銘 中國學報民元第一至五期又洪元第一至五期

湘綺樓講學劄記 王壬秋 國粹學報二卷七號十二號

蛻齋講學 鮑心增 亞洲學術雜誌第四期

雄白先生日記 張宗芳 四存月刊第六至二十期

飛鳧山館筆記 馮昭適 華國一卷十號

讀書隨筆 劉師培 國粹學報一卷一號至四卷七號

光漢室叢談 劉光漢 國粹學報二卷四號

龍禪室摭譚 龐樹柏 國粹學報四卷四號至七卷二號

綒溪庸談 龐樹典 華國月刊一卷九號

綜記 李詳 國粹學報四卷十一號至五卷九號

蕙風移隨筆 況周儀 亞洲學術雜誌二至四期

選巷叢談 況周儀 國粹學報四卷七至九號

太炎漫錄 章炳麟 國故第三期

國學講習記 鄧實 國粹學報二卷七，八號

愛國隨筆 鄧實 國粹學報三卷八號四卷六號

石翁山房札記 江瀚 中國學報三期八期 按此未登完已有通行本

國學摭談 馬承堃 學衡一期至三期十期

讀書小記再續 馬叙倫 國故第一至四期

遯堪摭言 張爾田 孔教青雜誌一卷一號至三號

弢齋述學 徐世昌 四存月刊三至八期

感鞠廬日記 黃侃 華國月刊二卷十一號三卷二號四號

六祝齋日記 黃侃 華國月刊一卷七號八號十一，十二號二卷五號三卷八號

覩齋雜識 吳承仕 華國月刊二卷八號

孤桐雜記 孤桐 國聞週報三卷三十五期

顏李師承記 徐世昌 四存月刊一至二十期

明儒學案點勘 張爾田 孔教會雜誌一卷三至六號

王念孫讀書雜誌正誤 胡懷琛 東方雜誌二十二卷二十四號

積精篇 俞理初 國粹學報七卷四號 按積精二字出春秋繁露通國身篇全篇略近萬二千言爲趙撝叔藏本張石洲校刊癸巳存稿汰去此篇

八、文學

（Ⅰ）通論

中國文學研究的重要書籍介紹　子汶　小說月報十五卷一號

文學論略　章絳　國粹學報二卷九至十一號

文學總略　章絳　國粹學報六卷五號　按已收入國故論衡

文學源流　羅惇㬊　國粹學報二卷四至九號

文章原始　劉光漢　國粹學報一卷一號

論文章源流　田北湖　國粹學報一卷二至三號

文譜　陸紹明　國粹學報二卷三號

文說　劉光漢　國粹學報一卷十一號至二卷三號

文學管窺　孫世揚　華國月刊一卷一號

文說五則　劉師培　華國月刊一卷七號

論文雜記　劉光漢　國粹學報一卷一至十號

湘綺樓論文　王壬秋　國粹學報二卷十號又四卷一號

文鑒篇　劉永濟　學衡第三十一期

文誦篇　劉樸　學衡第四十六期

文詣篇　劉永濟　學衡第四十九期

紅葉山房論文　顧玄　坦途第七號八號

論六朝駢文　孫德謙　學衡第二十六期

復李審言論駢文書　孫德謙　亞洲學術雜誌第四期

復王方伯論駢體書　孫德謙　亞洲學術雜誌第一期

注駢紀要　龢佛　坦途七號至十一號

文例釋要　劉師培　國粹學報五卷一號

文例舉隅　劉師培　國粹學報三卷十號

文筆考　王肇祥　國故第一期

駢詞無定字釋例　劉師培　國粹學報三卷八號

湘綺樓論詩文體法 王闓運 國粹學報二卷十一號

文學觀 金 一 國粹學報三卷七號

文學上之美術觀 金 一 國粹學報三卷三號

中國文學論略 胡樸安 國學週刊國慶日增刊

中國文學演進之趨勢 陳鐘凡 文哲學報第一期

周季文史之分途及文學之派別 顧 實 國學叢刊一卷一號

論近世文學之變遷 劉師培 國粹學報三卷一號

中國文學史略 胡懷琛 國學週刊十二期至四十一期 國學彙編第二集

論桐城派 李 詳 國粹學報四卷十二號

桐城文派 胡懷琛 國學一卷一號

常州文學之回顧 顧惕生 國學週刊二十三期至二十六期 國學彙編第一集

中國文學上之體與派 張大東 國聞週報四卷十九，二十，二十六，二十七號

散體文正名 陳 衍 小說月報十七卷號外

韻文與駢體文　嚴既澄　小說月報十七卷號外

散文與韻文　李　濂　李振東　北新半月刊二卷十二號

中國文學之未開闢的領土　朱光潛　東方雜誌二十三卷十一號

中國文學演進之趨勢　郭紹虞　小說月報十七卷號外

文學觀念與其含義之變遷　郭紹虞　東方雜誌二十五卷一號

魏晉風度及文章與藥及酒之關係　魯　迅　北新半月刊二卷二號　按已收入而已集內

隱態繪聲　驛　黃　現代評論三卷六四號

評建安文學與齊梁文之優劣　周秉圭　中大季刊一卷二號

中世人的苦悶與遊仙的文學　滕　固　小說月報十七卷號外

中國文學內的性慾描寫　沈雁冰　小說月報十七卷號外

研究中國文學的新途徑　鄭振鐸　小說月報十七卷號外

文學論　朱希祖　北大月刊第一號

整理中國文學的提要　西　諦　文學第五十一期

整理中國古代詩歌的意見及其他 馥泉 文學五十三期

整理國故與新文學運動 鄭振鐸等 小說月報十四卷一號

中國文學史研究會的提議 馥泉 文學五十五期

桐城古文學說與白話文學說之比較 徐景銓 文哲學報第一期

桐城派古文評價——近古文學史的一段 陳問濤 學燈十二年九月份

文體平義 陳德基 甲寅週刊一卷三，四號

白話文學駁義 梁家義 甲寅週刊一卷三號

文話平議 王力 甲寅週刊一卷三，五號

國語的進化 胡適 新青年七卷三號

國語文學史大要 胡適之 國語月刊二卷二號

國語改造的意見 周作人 東方雜誌十九卷十七號

國語問題的我見 李思純 少年中國一卷六號

文言合一草議 傅斯年 新青年四卷二號

言文合一平議　張　煊　國故第一期

四論吾人眼中之新文學觀　吳芳吉　學衡第四十二期

文學總集與分類之沿革論略　張大東　國聞週報三卷四十六，四十七號

中學國文敘例　唐大圓　華國月刊三卷四號

金源的文囿　許文玉　小說月報十七卷號外

十四世紀南俄人之漢文學　陳　垣　小說月報十七卷號外

太平天國文學的鱗爪　簡又文　語絲六十七期

（2）評傳

中國文學年表　鄭振鐸　小說月報十七卷號外

中國文學者生卒考　附略傳　鄭振鐸　小說月報十五卷一至七號

謝靈運文學　葉　瑛　學衡第三十三期

謝朓年譜　伍叔儻　小說月報十七卷號外

蕭統評傳　謝　康　小說月報十七卷號外

文學批評家劉彥和評傳 梁繩禕 小說月報十七卷號外

劉勰研究 吳熙 學燈十三年五月份

白話詩人王梵志 胡適 現代評論六卷一，四號

昌谷別傳並注 田北湖 國粹學報四卷六號

頹廢之文人李白 徐嘉瑞 小說月報十七卷號外

王維 朱湘 小說月報十七卷號外

岑參 徐嘉瑞 小說月報十七卷號外

文學批評家李笠翁 胡夢華 小說月報十七卷號外

納蘭容若 滕固 小說月報十七卷號外

蔣士銓 朱湘 小說月報十七卷號外

鄭板橋的文學 姜華 中大季刊一卷二號

文學革命家的先驅者—王靜菴先生 吳文祺 小說月報十七卷號外

(3)辭賦

楚辭略說　大白　立達第一期

讀楚辭　胡適　讀書雜誌第一期　按已收入胡適文存第二集

讀讀楚辭　陸侃如　讀書雜誌第四期

屈原研究　梁啓超　學燈十一年十一月份　晨報副鐫十一年十一月份

楚辭各篇作者考　陳鐘凡　圖書館學季刊一卷四期二卷一期

楚辭考異　劉師培　中國學報二至五期　國學叢刊二卷一號

楚辭校補　易培基　國學叢刊一卷一號二卷一號

讀騷摘注　許本裕　中國學報第四期五期

離騷釋例　廖平　中國學報第三期

離騷補釋　胡韞玉　國粹學報六卷八號至七卷八號

屈子作騷時代考　唐景升　國學年刊第一期

屈原生年誌疑　鴻杰　文學六十六期

屈原生年考證　陸侃如　文學六十八期

屈原考證　錢　穆　學燈十二年一月份
質考證屈原者　范希曾　學燈十二年三月份
屈子生卒年月及流放地考　范希曾　國學叢刊一卷一號
宋玉評傳　陸侃如　小說月報十七卷號外
宋玉賦辨僞　劉大白　小說月報十七卷號外
宋玉賦考　陸侃如　讀書雜誌第十七期
招魂非宋玉作說　鄭　沅　中國學報第九期
大招招魂遠遊的著者問題　陸侃如　讀書雜誌第二期
駁遠遊大招爲東漢人僞作說　范希曾　文哲學報第三期
遠遊寃詞　張立德　晨報副鐫十三年二月份
讀遠遊寃詞偶識　林之棠　晨報副鐫十三年三月份
天問釋疑　徐旭生　讀書雜誌第四期
漁父　錢　穆　學燈十二年二月份

孫卿十賦考 王道昌 國文學會叢刊一卷一號

楚辭的旁支 陸侃如 國學論叢一卷二號

楚辭之祖禰與後裔 沅君 國學月刊一卷二號

庾子山哀江南賦集注 李詳 國粹學報七卷四號

賦在中國文學史上的位置 郭紹虞 小說月報十七卷號外

（4）樂府

樂府餘論 宋翔鳳 華國月刊二卷一號

樂府指迷 沈伯時 國粹學報六卷五號

樂府的影響 陸侃如 國學月報二卷二號

漢三大樂歌聲調辨 朱希祖 清華學報四卷二號

漢短簫鐃歌十八曲考釋 孔德 東方雜誌二十三卷九號

白狼慕漢詩歌本語略釋 吳承仕 中大季刊一卷二號

朝野新聲太平樂府校勘記 吳梅 華國月刊二卷九，十，十二號，三卷三號

(5)詩

五言詩發生時期的討論　徐中舒　東方雜誌二十四卷十八號

五言詩起原問題　朱偰　東方雜誌二十三卷二十號

古詩十九首考　徐中舒　立達第一期

古詩十九首詮釋　髯客　學藝二卷四至五號

孔雀東南飛考證　陸侃如　學燈十四年五月份

孔雀東南飛之討論　黃晦聞　陸侃如　學燈十四年五月份

讀孔雀東南飛後的批評　張文昌　學燈十二年十一月份

再論孔雀東南飛　張文昌　學燈十三年三月份

孔雀東南飛辨異　胡雲翼　學燈十三年四月份

研究孔雀東南飛之我見　田楚僑　學燈十三年五月份

孔雀東南飛年代袪疑　張爲騏　國學月報二卷十一號

論孔雀東南飛　伍受眞　現代評論七卷一百八十二期

孔雀東南飛的年代　胡　適　現代評論六卷一百九十四期

論孔雀東南飛致胡適之先生　張爲騏　現代評論七卷一百六十五期

跋張爲騏論孔雀東南飛　胡　適　現代評論七卷一百六十五期

再論孔雀東南飛答胡適之先生　張爲騏　現代評論七卷一百八十期

木蘭從軍時地表考徵　姚大榮　東方雜誌二十二卷二號

木蘭從軍時地補述　姚大榮　東方雜誌二十二卷二十三卷

木蘭歌再考　徐中舒　東方雜誌二十二卷十四號

木蘭歌再考補篇　徐中舒　東方雜誌二十三卷十一號

木蘭詩時代辨疑　張爲騏　國學月報二卷四號

魏晉詩研究　陳延傑　小說月報十七卷號外

闡陶　孫德謙　孔教會雜誌一卷三號

述酒詩箋　古　直　華國月刊二卷七號

曹子建七步詩質疑　張爲騏　國學月報二卷一號

韋莊的秦婦吟 王國維 國學季刊一卷四號

秦婦吟之考證與校釋 張蔭麟譯 LionelGeles原著 燕京學報一卷一號

湘綺樓論唐詩 王壬秋 國粹學報二卷六號

讀全唐詩發微 劉師培 國粹學報四卷九號

唐人五七絕詩之研究 陳斠玄 國學叢刊二卷三號

論唐人七絕 陳延傑 東方雜誌二十二卷十一號

論唐人七言歌行 陳延傑 東方雜誌二十三卷五號

韓詩證選 李詳 國粹學報五卷四至八號

杜詩證選 李詳 國粹學報六卷二號至七卷四號

李杜詩之比較 胡小石 國學叢刊二卷三號

情聖杜甫 梁啓超 晨報副鐫十一年五月份

王昌齡的詩 施章 小說月報十七卷號外

宋詩之派別 陳延傑 小說月報十七卷號外

清代江浙詩派概論 錢萼孫 國學年刊第一期

風懷詩本事表微 姚大榮 東方雜誌二十二卷十三號

李義山錦瑟詩考證 心史 東方雜誌二十三卷一號

論作詩之法 王壬秋 大中華二卷一號

詩與詩體 唐鉞 小說月報十七卷號外 按此文已收入國故新探

中國舊詩篇中的聲調問題 劉大白 小說月報十七卷號外

說中國詩篇中的次第律 劉大白 小說月報十七卷號外

五絕中的女子 朱湘 小說月報十七卷號外

從學理上論中國詩 潘力山 小說月報十七卷號外 全篇分五節(一)詩之意義(二)詩之起源(三)詩之種類及形式(四)詩與音樂及散文之關係(五)詩之特質

今傳是樓詩話 逸塘 國聞週報四卷二十五號至三十三號

西安圍城詩集 吳芳吉 國聞週報四卷十四號十五號

(6)詞

詞的起源 胡適 清華學報一卷二號

詞的界說 周辨明 科學八卷四號

鶴道人論詞書 鄭文焯 國粹學報六卷四號

研究詞集之方法 任二北 東方雜誌二十五卷九號

南唐後主詞 天行 晨報副刊十五年十一月十五，十七日

宋初詞人 臺靜農 小說月報十七卷號外

論北宋慢詞 李冰若 國學叢刊二卷三號

論北宋慢詞 張友仁 小說月報十七卷號外

宋人詞話 西諦 小說月報十七卷號外

南宋詞之音譜拍眼考 二北 東方雜誌二十四卷十二號

詞韻 宣雨蒼 國聞週報三卷八，九，十號

南宋詞人小記 浣君 國學月刊一卷四號 (一)草窗年譜擬稿(二)草窗朋輩考(三)草窗詞學之源淵

南宋詞人小記二則 浣君 國學月刊一卷三號 (一)玉田先生年譜擬稿(二)玉田家世與其詞學(附錄)張鎡傳略

入聲演化和詞曲發達的關係 唐鉞 東方雜誌二十三卷一號

(7)戲曲

原戲 劉師培 國粹學報三卷九號

戲曲考原 王國維 國粹學報四卷十一號至五卷一號 按此書未刊完全書已收入晨風閣叢書

宋大曲考 王國維 國粹學報六卷一至六號

唐宋大曲考 王國維 國學論叢一卷三號

梵劇體例及其在漢劇上底點點滴滴 許地山 小說月報十七卷號外

元代的戲曲 謝婉瑩 燕京學報一卷一號

元劇略說 吳瞿安 小說月報十七卷號外

錄曲餘談 王國維 國粹學報六卷五至七號

曲譜 二北 國聞週報三卷十一至四十二號

小說考證附錄—戲劇考證 蔣瑞藻 東方雜誌十六卷四至七號

兩宋同遼的雜劇及金元院本的結搆考 馮式權 東方雜誌二十卷二十一號

優語錄 王國維 國粹學報六卷一至四號

散曲之研究 任二北 東方雜誌二十三卷七號

散曲研究續 任二北 東方雜誌二十四卷五至六號

中國語言與中國戲劇 楊振聲 晨報副刊十五年七月份

中國詩樂之遷變與戲曲發展之關係 漘實 新民叢報四卷五號

論元曲中的小令和套數 陳斠玄 中大季刊一卷一號

戲劇原理 陸祖鼎 學衡第四十四期

論劇 黄仲蘇 東方雜誌二十二卷五號

中國戲劇略說 張志超 學衡第四十五期

歌劇與樂劇 豐子愷 東方雜誌二十二卷二十二號

引子研究 傅惜華 坦途第十期

中國戲曲的選本 鄭振鐸 小說月報十七卷號外

西廂的批評與考證 張友鸞 小說月報十七卷號外

西廂記的考證問題 謝康 小說月報十七卷號外

西廂劇本考 傅惜華 坦途第二期

吟風閣 朱湘 小說月報十七卷號外

救風塵 朱湘 小說月報十七卷號外

笠翁十種曲 朱湘 小說月報十七卷號外

幽蘭 李濟 清華學報二卷二號

目蓮救母行孝戲文研究 汪馥泉譯（日本倉石武郎著）小說月報十七卷號外

目連戲考 錢南揚 國學月刊一卷六號

清代昇平署戲劇十二種校勘記 劉澄清 國學月刊一卷七八號

九十年前北京戲劇 顧頡剛 晨報副刊十五卷七號二十二號

談二黃戲 歐陽予倩 小說月報十七卷號外

狸貓換太子故事的演變 胡適 現代評論十四卷五期

中國民衆文藝一斑—灘簧 徐傅霖 小說月報十七卷號外

（8）小說

論說部與文學之關係 劉師培 國粹學報三卷十一號

說部流別 劉永濟 學衡第四十期

日本最近發見之中國小說 西諦 小說月報十七卷號外

中國小說概論 君左譯（日本鹽谷溫著）小說月報十七卷號外 按此節譯中國文學概論之一章概論今有節譯本樸社印行

明清小說論 謝旡量 小說月報十七卷號外

宋民間之所謂小說及其後來 魯迅 晨報五週年紀念特刊

小說考證 蔣瑞藻 東方雜誌十三卷七號至十六卷三號

小說考證續編 蔣瑞藻 東方雜誌十六卷八至十二號 按以上兩書均已有單行本由商務印書館出版

敦煌發見唐朝之通俗文及通俗小說 王國維 東方雜誌十七卷八號

宣和遺事考證 汪仲賢 小說月報十七卷號外

明代之短篇平話 西諦 小說月報十七卷號外

今古奇觀之來源 小說月報十七卷號外 按此文轉載日本改造雜誌現代支那號 鹽谷溫的明代之通俗短篇小說的一段

水滸傳之硏究 潘力山 小說月報十七卷號外

魯智深的家庭　西諦　小說月報十七卷號外

武松與其妻賈氏　西諦　小說月報十七卷號外

水滸後傳的著者陳忱　顧頡剛　讀書雜誌十七期

西遊記考證　胡適　讀書雜誌第六期　按已收入胡適文存第二集

讀西遊記考證　董作賓　讀書雜誌第七期

跋紅樓夢考證　胡適　努力週報第一期

紅樓夢辨的修正　俞平伯　現代評論第九期

評胡適紅樓夢考證　黃乃秋　學衡第三十八期

紅樓夢的本子問題質胡適之俞平伯先生　容庚　北大國學週刊五期六期九期十一期

讀紅樓夢剩語　王小隱　新中國二卷四至八號

後三十回的紅樓夢　俞平伯　小說月報十三卷七號

高作後四十回的批評　俞平伯　小說月報十三卷八號

鏡花緣與中國神話　沅君　語絲五十四期

徐霞客遊記 丁文江 小說月報十七卷號外

老殘遊記之作者 頡剛 小說月報十五卷三號

官場現形記之作者 頡剛 小說月報十五卷六號

（9）專著

文心雕龍的研究 楊鴻烈 晨報副鐫十一年十月份

文心雕龍黃注補正 李詳 國粹學報五卷八號至七卷五號

補文心雕龍隱秀篇 黃侃 華國月刊一卷三號

文心雕龍附會篇評 黃侃 新中國一卷三，四號

文心雕龍夸飾篇評 黃侃 新中國一卷二號

文心雕龍札記 黃侃 華國月刊二卷五，六，十號又三卷一，三號

唐寫本文心雕龍殘卷校記 趙萬里 清華學報三卷一號

汪容甫文箋 李詳 國粹學報七卷二至六號

汪容甫先生文箋 古直 華國月刊三卷一，三號

文鏡秘府論校勘記 儲皖峯 國學月報二卷十一號

于湖詞校錄 畢壽頤 國學年刊一卷一號

朝野新聲太平樂府校勘記 吳梅 華國月刊二卷九，十，十二號又三卷三號

清代昇平署戲劇十二種校勘記 劉澄清 國學月刊一卷七八號

九科學

（1）通論

科學之曙光 梁啓超 史地學報三卷六號

科學輸入中國論 劉朝陽 厦大季刊一卷一號

五十年來中國之科學 張凖 最近五十年

中國之科學思想 王璡 科學七卷十號

紀元後二世紀間我國第一位大科學家張衡 張蔭麟 東方雜誌二十一卷二十三號

（2）天文

中國天文學之組織及其起源 飯島忠夫 科學十一卷六號

中國古代天文學考 湛約翰 科學十一卷十二號

中國古代天文學成立之研究 飯島忠夫 科學十一卷十二號

東漢以前中國天文學史大綱 新城新藏 科學十一卷六號

論以歲差定尙書堯典四仲中星之年代 竺可楨 科學十一卷十二號

中國隕石之研究 謝家榮 科學八卷八號九號

中國歷史上氣候之變遷 竺可楨 東方雜誌二十二卷三號

中國歷史上之旱災 竺藕舫 史地學報三卷六號

中央設立觀察所之始末 周景濂 地學雜誌七卷十一號

（3）曆法

古曆管窺 劉師培 國粹學報六卷十二號七卷一號

周歷典 劉師培 中國學報第四期

廢舊歷論 劉師培 中國學報第四期 華國月刊一卷八號

改歷芻議 姚大榮 中國學報(民元)第二，三期

陰曆陽曆校議 吳之英 中國學報(民元)第四期

書陰曆陽曆校誼後 廖平 中國學報(民元)第八期

陰陽曆優劣異同論 竺可楨 科學五卷一號

陽曆便於陰曆說 胡樸安 國學週刊第三十八期

中國宜自定曆法議　王清穆　東方雜誌十九卷七號

論中國當用世界公曆紀年　錢玄同　新青年六卷六號

擬編中西回三曆歲首表意見書　陳垣　晨報六週年紀念特刊

（4）算學

明代算學書志　李儼　圖書館學季刊一卷四號

古算名原　黄節　國粹學報四卷九號十二號

中國數學源流考略　李儼　北大月刊第四期至六期

中國數學源流考略識語　張崧年　北大月刊第四期

中國算學義餘錄　李儼　科學三卷二號

秦以前之數學　劉朝陽　中山大學語歷研究所週刊二卷十九號

中算輸入日本之經過　李儼　東方雜誌二十二卷十八號

中國圓周率略史　茅以昇　科學三卷四號

中國算書中之周率研究　錢寶琮　科學八卷二號三號

九章問題分類考　錢寶琮　學藝三卷一號
方程算法源流考　錢寶琮　學藝三卷二號
百鷄術源流考　錢寶琮　學藝三卷三號
求一術源流考　錢寶琮　學藝三卷四號
記數法源流考　錢寶琮　學藝三卷五號
四元開方釋要　鄭之蕃　清華學報一卷二號
策算淺釋　陳展雲　長報六週年紀念特刊
明清之際西算輸入中國年表　李儼　圖書館學季刊二卷一號
永樂大典算書　李儼　圖書館學季刊二卷二號
敦煌石室算書　李儼　中大季刊一卷二號
易卦與代數之定律　沈仲濤　學燈十三年一月份

(5)醫學

擬重刻古醫書目　馮一梅　華國月刊一卷七號

醫科應用論　沈維鍾　國粹學報三卷四號六號

中醫臟腑經絡學的沿革　謝恩增　科學六卷一號

中華舊醫結核病觀念變遷史　余巖　華國月刊一卷十一號

剛痙柔痙説　桂步瞎　華國月刊二卷五號

釋素問九州九竅之文　汪東　華國月刊一卷二號

歷代舊醫學史評之一——靈素　陳方之　學藝六卷四號

傷寒論單論本題詞　章炳麟　華國月刊一卷六號

（6）動植礦物及其他

與友人論動物學書　孫仲容　國粹學報五卷十三號

今禽經　薛鳳昌　國粹學報五卷七號

毛詩動植物今釋　薛蟄龍　國粹學報四卷至五卷

釋尸鳩　黄侃　華國月刊一卷四號

田鼠化鴽辨　沈維鍾　國粹學報三卷十一號

蟋蟀與促織辨 沈維鍾 國粹學報三卷十二號

說文植物古名今證 科學二卷三號

中國礦業歷史 王寵佑 東方雜誌十六卷五號

中國煤礦業小史 汪胡楨 東方雜誌十八卷一號

中國古代金屬化合物之化學 王璡 科學五卷七號

周代合金成分考 梁津 科學九卷十號

中國用鋅的起源 章鴻釗 科學八卷三號

再述中國用鋅之起源 章鴻釗 科學九卷九號

中國地質史㽞 徐式莊 科學七卷十號

墨經光學新解 抱一 學燈十一年十二月份

中國古代酒精發酵業之一斑 王璡 科學六卷二號

中國古代陶業之科學觀 王璡 科學六卷九號

農學述要 劉登瀛 四存月刊一至十二期

農書一隅集箋注 陳祖同 四存月刊第一，四，五期

十 政治法律學

古代政術史總序 陸紹明 國粹學報二卷六號八號
中國政法史略 胡樸安 國學週刊第七期至六十期 國學彙編第一二集
古政原始論 劉光漢 國粹學報二卷四號至十二號
政治名詞起源考 劉師培 國粹學報三卷五號
典禮爲一切政治學術之總稱考 劉光漢 國粹學報二卷一號
政學原論 陸紹明 國粹學報二卷七號
古政宗論 陸紹明 國粹學報二卷一號至四號
古政述微 歎天子 國粹學報一卷一號二號
歎天廬古政通志 馬叙倫 國粹學報一卷三期至七期
歎天廬政學通議 馬叙倫 國粹學報一卷九號至十二號
論古政歸原於地利 陸紹明 國粹學報一卷十號
古政秘論 陸紹明 國粹學報一卷十一號

傳疑時代的中國政治 曹聚仁 覺悟十一年十月份

君政復古論 劉師培 中國學報第一卷二期

周禮政詮 但燾 華國月刊一卷二號至十二號

周禮合近世國法說 孫乃湛 國學一卷二號

論古政備於周官 陸紹明 國粹學報一卷十號

唐虞政治學發微 夏雲慶 國學年刊第一期

春秋時代的政治及孔子的政治思想 梅思平 民鐸雜誌八卷二號

孔子的政治學說及其演化之形勢 周谷城 民鐸雜誌九卷一號

先秦政治思想 梁啓超 晨報副鐫十一年六月份 改造四卷八號

秦以前之政治思想 周谷城 民鐸雜誌九卷二號

中國歷代政治權力之變遷 常燕生 民鐸雜誌八卷二號

中華之政治史觀 唐大圓 大中華三卷三號

中國法理學發達史論 梁啓超 新民叢報四卷五號至四卷六號

中國專制政體進化史論　梁啓超　新民叢報三卷一號

東漢幾個政治家的思想　容肇祖　中山大學語歷研究所週刊一卷二號

春秋時代地方行政考　劉光漢　國粹學報二卷十號

儒家哲學及其政治思想　梁啓超　學燈十一年十二月份　晨報副鐫十一年十二月份

孔子政治學拾微　馬叙倫　國粹學報二卷一號至三卷一號

陳顧遠墨子政治哲學糾繆　史本直　學燈十四年五月份

莊子的政治觀　汪受益　新中國二卷八號

從鹽鐵論觀察漢人之政見　王覺　學燈十三年一月份

王船山先生之政法思想　束世澂　史地學報三卷四號

論漢代選舉　但燾　華國月刊二卷一號

論歷代中央官制之變遷　劉師培　國粹學報三卷三號至三號

中國内閣制度的沿革　高一涵　社會科學季刊三卷四號　按是書已由商務書館印成單行本作爲國學小叢書之一

中夏代議制度論　但燾　華國月刊二卷七號

春秋時代官制考 劉師培 國粹學報三卷六號至九號

議院古明堂說 陳焯 孔教學會雜誌一卷六至八號

漢官議史 柳詒徵 學衡第一期

漢州郡縣吏制考 强汝詢 中國學報第六期第八期

漢掌故吏考 孫師鄭 國粹學報三卷十三號

大夫考 陸紹明 國學一卷四號

給事中制度論 但燾 華國月刊一卷五號

御史制度論 但燾 華國月刊一卷六號

裁道設府議 但燾 華國月刊一卷八號

中國郵政制度考 楊志章 學林一卷九號

中國法律生於禮 敬庵 亞洲學術雜誌第一期

刑名法術之學歸本於黃老 黃優仕 國學月報二卷五號

法通 但燾 華國月刊一卷四號

原法 金兆鑾 華國月刊一卷十一十二號二卷一號四至十二號三卷三，四號

原法 汪榮寶 甲寅周刊一卷三十三號

法學巵言 但燾 華國月刊一卷七號至二卷一號四號又三卷四號

原刑 龔爾恭 史地學報三卷六號

刑律平議 但燾 華國月刊二卷三號

五十年來中國之法制 江庸 最近五十年

十一經濟學

論中國古代財政國有之弊 劉師培 國粹學報五卷六號

論中國財政學不發達之原因及古代財政學說之一斑 梁啓超 大中華一卷十二號

中國財政史略 徐式圭 學藝三卷八至十號

中國經濟進化史論 吳貫因 大中華一卷四，五號

孔門理財學—國用 陳漢章 孔教會雜誌一卷一號

司馬遷平準書中所含的思想 仰菴 學燈十二年十月份

史記貨殖傳在我國古代思想上之價値 孔慶宗 北大月刊第九號

貨殖傳中之經濟學說及其時代背影 潘文安 學燈十三年二月份

陸宣公之財政學說 陳燦 東方雜誌二十三卷十六號

中國歷代貨弊之沿革 侯厚培 東方雜誌二十卷一號

中國古代之紙幣 朱執信 建設一卷三號

中國幣制考略及近時之改革 王怡柯 東方雜誌十四卷一，二號

清季中國流行之貨幣及其沿革　衞挺生　清華學報一卷二號
周大泉寶貨考　孫詒讓　國粹學報六卷一號
貨幣源流考　吳桂華　北大國學月刊一卷七八合刊
秦代幣制問題　楊文證　現代評論三卷五十八期
前漢貨幣問題之研究　王肇鼎　中山大學語歷研究所週刊一卷七號
明代以前之金銀貨幣　侯厚培　清華學報五卷一期
五十年來中國之財政　賈士毅　最近五十年
中國租稅制度論　張效敏　大中華二卷八九號
中國租稅史略　劉秉麟　太平洋二卷八至十號
我國古代之農荒預防策——平倉義倉和社倉　于樹德　東方雜誌十八卷十四，十五號
中國建築材料發展史　戴嶽　北大月刊第七號
中國漁業史考略　金傳瑢　地學雜誌九卷六，七號
中國染業史　心史　東方雜誌二十三卷六號

顧亭林之工程思想　科學二卷十二號

新疆實業誌　王樹枬　中國學報(民元)第八期

我國國際貿易源流考　陳仲益　東方雜誌二十二卷十號

唐代商業之特點　趙文銳　清華學報三卷二號

五口通商以前我國國際貿易之概況　侯厚培　清華學報四卷一號

十二、社會學

中國古代社會鈎沉　易白沙　東方雜誌十五卷三，四號

文字學上之古代社會觀　張世祿　國學叢刊一卷二號

從文字學上所見初民之習性　陳鐘凡　國學叢刊一卷二號

中國古代之社會政策　吳貫因　大中華一卷二號

易經書中之古代人民的生活　汪震　晨報六週年紀念特刊

老莊哲學中的社會觀　徐紹烈　學燈十二年二月份

儒家主張階級制度之害　吳虞　新青年三卷四號

孟子與社會主義　漢民　建設一卷一號

中國古代之家族　徐益棠　民鐸雜誌七卷一號

中國古代的婚姻制度　悟　學燈十三年八月份

論周代婚制　王煥鑣　學衡第八期

周代喪制概略　汪章才　史地學報三卷五號

中華婦女纏足考　賈伸　史地學報三卷三號

詩經婦女觀　陸淵　學燈十三年二月份

經典上的小老婆　曾友豪　學燈十三年三月份

中國古代的妾　曾友豪　社會學雜誌一卷二號

媵　楊筠如　國學論叢一卷一號

中國奴隸制度　梁啓超　清華學報二卷二期

中國奴婢制度　王世杰　社會科學季刊三卷三號

中國風俗論　張其昀　科學十一卷一，二，十二期

春秋時代的風氣　蔣蔭樓　中山大學語歷研究所週刊二卷二十一期

春秋時代之男女風紀　楊筠如　中山大學語歷研究所週刊二卷十九期

朱熹對於閩南風俗的影響　羅常培　中山大學語歷研究所週刊一卷四期

中國法制史上之適婚年齡　趙鳳喈　現代評論六卷一五四期

中國婚姻制度與習尚之沿革及其相隨的弊害　陳東原　國聞週報三卷三十二，三十三期

儒家對於婚喪祭禮之理論　馮友蘭　燕京學報第三期

清淮風俗雜談　余擇明　國聞週報三卷二十五，二十六期

中國的婚姻習慣　歐陽曦蘭　國聞週報三卷十八期

福州舊曆新年風俗之調查　葉樹坤　燕京學報第一期

瓊崖黎俗志略　李　實　國聞週報三卷四十一，四十二期

十三、教育學

先秦教育制度　盛朗西　民鐸雜誌六卷二號

周代教育之研究　胡士瑩　史地學報三卷一，二號

周朝之大學教育　盛朗西　民鐸雜誌八卷二，四號

宋代學生干政運動考　吳其昌　清華學報三卷二期

宋代之大學教育　盛朗西　民鐸雜誌七卷二至五號

二千年前中國之國立大學　盛朗西　民鐸雜誌五卷一號

五百年前南京之國立大學　柳詒徵　學衡第十三，十四期

北京大學之成立及其沿革　公　時　東方雜誌十六卷三號

中國考試制度　朱　偰　東方雜誌二十四卷二十期

書院制史略　胡　適　東方雜誌二十一卷三號

廬山白鹿洞書院沿革考　陳東原　民鐸雜誌七卷一，二號

書院通徵　王鏡第　國學論叢一卷一號

宋元書院講學制　盛朗西　民鐸雜誌六卷一號　史地學報三卷六號

改革學制私議　但燾　華國月刊一卷七號

中國新教育思想小史　陳啓天　中華教育界十三卷二號

近代學制變遷史　陳寶泉　學術與教育一卷二號按此爲陳先生在北京師大教育研究科之講義內之一章今已印爲單行本

顏李學派與現代教育思潮　梁啓超　東方雜誌二十一卷二號

學記篇裡的教育思想　馬彭年　學燈十三年三月份

大學中庸的教育哲學　程宗潮　民鐸雜誌五卷三號

孟子的教育學說　盛朗西　民鐸雜誌五卷二號

孔子的個性教育　徐家鏞　學燈十三年一月份

王充教育學說舉隅　王衍康　民鐸雜誌九卷二號

禪林的學校制度　陳東原　民鐸雜誌六卷三號

學潮徵故　柳詒徵　學衡第四十二期

十四、宗教

（一）佛教

關於佛法研究之重要書籍　李石岑　民鐸雜誌六卷一號

佛典中所謂藏者　日本常盤大定著　汪友箕譯　大中華二卷二號

釋迦一代教化時地考　呂澂　東方雜誌二十一卷二十二號

佛教之初輸入　梁啓超　改造三卷十二號　按此文已收入梁任公近箸第一輯

佛教東來之史地研究　梁任公　地學雜誌十三卷十二號

述佛教之西漸　陳仲益　東方雜誌二十四卷二十三號

梁氏佛教史評　柳詒徵　學衡第二期　按梁氏中國佛教史尙未成改造所刊佛教之初輸入一文即其第二篇第一章也是文所評只以此爲限

釋迦牟尼之年代　鋼男爵著　尹贊勳譯　哲學第一期

中國古代之翻譯事業（翻譯文學與佛典）　梁啓超　改造三卷十一號

千五百年前之留學生　梁啓超　改造四卷一號　按此文已收入梁任公近箸第一輯

法顯玄奘西行之比較　諸葛麟　史地學報三卷三號至五號

支那內學院精校本玄奘傳書後——關於玄奘年譜之研究　梁啓超　東方雜誌二十一卷七號

書內學院新校慈恩傳後　陳垣　東方雜誌二十一卷十九號　學術與教育一卷二號

說四阿含　梁啓超　哲學第二期

雜阿含經刋定記　呂澂　內學第一輯

雜阿含經頌長行略緊——蘊品　聶耦庚　民鐸雜誌六卷二號

大品經大意　歐陽漸　內學第一輯

大方廣圓覺經的佛法　江紹原　北大月刊七至九號

阿毘達磨俱舍論　歐陽漸　內學第一輯

說大毘婆沙　梁啟超　哲學第六期　按以上三篇均已收入梁任公近著第一輯中卷

唯識敎義闡微　唐大圓　華國月刊一卷十二號

論莊嚴經論與唯識古學　呂澂　內學第一輯

成立唯識義　王恩祥　內學第一輯

楞伽不思議熏變爲現識因義　內學第一輯

眞如作疏所緣緣義　內學第一輯

顯揚聖教論大意　呂澂　內學第一輯

心學大意　歐陽漸　內學第一輯

釋景幼南見相別種未釋之疑　唐大圓　華國月刊二卷六號

難藹漢微言成內色義　歐陽竟無　中大季刊一卷二號

佛教上座部九心輪略釋　湯用彤　學衡第二十六期

大乘起信論考證　梁啟超　東方雜誌十九卷十九號至二十三號　按是書已由商務印書館印爲單行本

掌珍論二量眞似義　內學第一輯

讀異部宗輪論述記　梁啟超　哲學第三期

與人論天台宗性具善惡書　張爾田　學衡第五十四期

再論天台宗性具善惡書答余居士　張爾田　學衡第五十四期

中國禪學考　蒙文通　內學第一輯

佛學叢論　唐大圓　華國月刊一卷一號二卷三，四，七，八號三卷一號

佛學撮要　唐大圓　華國月刊二卷一號

佛法與能證　姚寶賢　民鐸雜誌八卷四號

佛教之無我輪迴論　觀雲　新民叢報三卷十八號至二十四號

開示物質學者以輪回說　唐大圓　華國月刊三卷三號

大乘經之比較讀法　呂澂　內學第一輯

法輪與法印　李石岑　民鐸雜誌六卷五號

東方心理學略談　唐大圓　華國月刊三卷二號

（2）摩尼教

摩尼教入中國考　陳垣　國學季刊第二號

摩尼教流行中國考　王國維　亞洲學術雜誌第二期

摩尼之二宗三際論　許地山　燕京學報第三期

摩尼教殘經一　國學季刊一卷三號　原本出敦煌莫高窟今藏京師圖書館宇字第五十六卷長十九尺五寸此據陳垣校錄本

摩尼教殘經二　國學季刊一卷三號　原本出敦煌莫高窟今歸法國巴黎圖書館前後端缺僅存二十七行此據陳垣校錄本

（3）天主教

唐代西教之東漸　定一　新民叢報三卷七號九號

元也可里温考　陳垣　東方雜誌十五卷二號至五號

開封一賜樂業教考　陳垣　東方雜誌十七卷五號至七號　按以上兩文並有單印本又並印入東方文庫內

元基都教徒之華學　陳垣　東方雜誌二十一卷一號

再論遵主聖範譯本　陳垣　語絲五十三期

三論遵主聖範譯本　張若谷

（4）回教等

回回教入中國史略　陳垣　東方雜誌二十五卷一號　北大國學月刊一卷六號

中國回教史　陳漢章　史學與地學第一期

中國回教傳衍之歷史及各省回教之近況　高勞　東方雜誌十四卷十號

浙江回教考　李晉年　地學雜誌十二卷二號三號

中國之喇嘛教及回回教　君實　東方雜誌十四卷七號八號

回教之十二月祝典　子寬　國聞週報三卷五號

火祆教入中國考　陳垣　國學季刊第一號

馬哥孛羅與道教　陳仲益　國學週刊二十一期

太平道緣起　邵瑞彭　中大季刊一卷一號

長春道教源流　羅浮酥醪洞主　陳教友　亞洲學術雜誌二期至四期

十五、音樂

古樂考略　馬瀛　大中華一卷二十三號

音律淺說　喬棟　國學叢刊一卷三號

律呂概論　査夷平　東方雜誌二十二卷七號

聲律論　沈彭年　華國月刊二卷十二號三卷二號

淮南子的樂律學　楊沒累　民鐸雜誌八卷一號

古律書篇目源流考　張采田（孟劬）　國粹學報四卷十一號五卷七號

中國古代音樂之世界的價值　田邊尚雄講　晨報副鐫十二年五月份　東方雜誌二十卷十號

評王光祈論中國樂律並質田邊尚雄　楊沒累　民鐸雜誌八卷四號

笛律七調釋略　吳梅　國學叢刊一卷一卷

龜茲蘇祇婆琵琶七調考原　向達　學衡第五十四期

琵琶及他種絃樂器之等律定器法　劉復　北大國學週刊第十七期

中國聲律之調停與琴之聲律　査夷平　東方雜誌十九卷八號至九號

從西洋音樂上考察中國音律 豐子愷 東方雜誌二十卷十八號十九號
外國樂曲輸入中國的譯音變化 徐嘉瑞 國學月報二卷十一號
南北曲關於樂器方面一些見解 臻 學燈十二年九月份
音樂教育論 志忞 國民叢報三卷十四期二十期
論卿雲歌不宜爲國歌 朱希祖 學藝二卷一號
三雷琴齋琴話 楊宗稷 庸言二卷四號
中國古代跳舞史 陳文波 清華學報二卷一號
舞法起於祀神考 劉師培 國粹學報三卷四號
琴操補釋 劉師培 國粹學報五卷四號至六號
李恕谷學樂錄 四存月刊第七至十九期

十六、藝術

研究國畫的幾種重要書籍　朱應鵬　覺悟(藝術評論)十二年六月份

海州美術書目志　許嘯廬　國粹學報四卷一號

元破臨安所得故宋書畫目　褚德儀　國粹學報七卷八號

天籟閣珍藏名畫記　國粹學報六卷一至六號

古物陳列所書畫憶錄　顧頡剛　現代評論二十至二十四期

中國美術學變遷論　劉師培　國粹學報三卷五，六號

古今畫學變遷論　劉師培　國粹學報三卷一號

論美術與徵實之學不同　劉師培　國粹學報三卷八號

論美術援地而區　劉師培　國粹學報三卷六號

中國繪畫之源流及其變遷　鄧以蟄　晨報副刊十五年五月份

中國畫學源流之概觀　余紹宋　晨報副刊十五年五月份六月份

夢窗談畫　半夢　坦途二，三，五，六，八，九，十一期

薝蔔閣論畫　陳仁先　坦途三期

古代鏤金學發微　劉師培　國粹學報三卷二號

中國畫史馨香錄　黃賓虹　國學週刊十二至六十期　國學彙編第一，二集

鑒古名畫論略　黃賓虹　東方雜誌二十二卷三，十七，二十一號二十三卷四號

賓虹畫語　黃賓虹　國學週刊第二至五期　國學彙編第一集

濱虹論畫　黃質　國粹學報四卷八至十一號

濱虹羼抹　黃質　國粹學報三卷五號至四卷七號

鮮溪談畫　蒔僑　華國月刊一卷五號

中國人物畫之變遷　陳師曾　東方雜誌十八卷十七號

勝淸畫概　无逸老人　東方雜誌十四卷六號

蘇軾的畫論　朱應鵬　覺悟(藝術評論)十二年七，八月份

石濤的畫論　劉開渠　現代評論四卷九十五期

徐枋的畫　劉開渠　現代評論五卷一百二十期

翟大坤的作風　劉開渠　現代評論六卷一百三十六期

傅山及其藝術　劉開渠　現代評論六卷一百四十六期

書畫鑑　但燾　華國月刊一卷一至四號

畫眼　董其昌　國學一卷五至七號

論中西畫的區別　鄧以蟄　現代評論三卷六十七期

東西藝術之前途　林風眠　東方雜誌二十三卷十號

中國畫的特色　豐子愷　東方雜誌二十四卷十一期

論米芾前卒不及與修宣和書畫譜　姚大榮　中國學報（民元）第一期

論宣和書畫譜均出徽宗御撰　姚大榮　中國學報（民元）第二期

書體考始　馬叙倫　國粹學報三卷四，五號

換凡直指　沈維鍾　國粹學報四卷三，六號

書法分方圓二派考　劉師培　國粹學報三卷七號

傳神秘要　蔣驥　國學一卷五號　按此已收入四庫全書內

夢窗論書法　牛　夢　坦途二卷四至十一期

十七、圖書目錄學

（Ⅰ）圖書館學

全國圖書館計劃書　李小緣　圖書館學季刊二卷二號

論中國宜建藏書樓　劉光漢　國粹學報二卷七號

藏書樓與公共圖書館　李小緣　圖書館學季刊一卷三號

公共圖書館之組織　李小緣　圖書館學季刊一卷四號

中國圖書館學術史　金敏甫　中山大學圖書館週刊二卷二號

中國現代圖書館概況　金敏甫　中山大學圖書館週刊一卷一號至四號

圖書館事業之發展　金敏甫　中山大學圖書館週刊二卷六號

最低限度的中學圖書館　杜定友　中山大學圖書館週刊一卷五號

科學的圖書館建築法　杜定友　東方雜誌二十四卷九號

中國現代圖書館教育述略　金敏甫　中山大學圖書館週刊二卷四號

民國十一年來之圖書館教育　沈祖榮　新教育六卷二號

研究圖書館學之必得　杜定友　中山大學圖書館週刊一卷一號

鮑士偉博士考察中國圖書館後之言論　朱家治　圖書館學季刊一卷一號

中國古人之圖書館　鍾顯謨　民鐸雜誌六卷一號

宋代私家藏書概略　袁同禮　圖書館學季刊二卷二號

明代私家藏書概略　袁同禮　圖書館學季刊二卷一號

清代私家藏書概略　袁同禮　圖書館學季刊一卷一號

清代藏書家考　洪有豐　圖書館學季刊一卷一號至四號二卷一號

清華學校圖書館概況　戴志騫　圖書館學季刊一卷一號

清華圖書館　劉聰强　新教育四卷一號

東南大學圖書館述要　洪有豐　新教育六卷一號

約翰大學圖書館　黄維廉　新教育七卷一號

故宮圖書記　施廷鏞　圖書館學季刊一卷一號

圖書館學書目舉要　中華圖書館協會會報一卷三號

國民自立文藝館議　呂思勉　東方雜誌二十二卷七號

(2)目錄學

(a)編目法附索引法

編製中文書籍目錄的幾個方法　查修　東方雜誌二十卷二十二號二十三號

中文書籍分類法商榷　查修　清華學報二卷一號

中國現在圖書分類法之問題　劉國鈞　圖書館學季刊二卷一號

圖書目錄略說　劉國鈞　圖書館學季刊二卷二號

對於中文舊書分類的感想　吳敬軒　圖書館學季刊一卷三號

圖書館編目之管測　沈祖榮　圖書館學季刊二卷一號

論編書目　胡樸安　國學週刊第七期

中國圖書館目錄應採書本式抑卡片式　沈祖榮　圖書館學季刊一卷三號

西洋圖書館目錄史略　杜定友　圖書館學季刊一卷三號

杜威及其十進分類法　朱家治　圖書館學季刊一卷二號

克特氏及其展開分類法　洪有豐　圖書館學季刊一卷三號

圖書分類原理　沈丹泥譯　原著　圖書館學季刊一卷二號

中國四部書闡原　孫德謙　亞洲學術雜誌第二期

對於改革中國圖書部類之意見　黃文弼　圖書館學季刊一卷二號

四庫分類法之研究　劉國鈞　圖書館學季刊一卷三號

圖書分類法出版以後之討論　杜定友　圖書館學季刊一卷二號

佛家經錄在中國目錄學上之位置　梁啓超　圖書館學季刊一卷一號

圖書索引之一新法　林語堂　圖書館學季刊一卷一號

圖書索引之新法　林語堂　語絲七十六期

漢字索引制說明　林玉堂　新青年四卷二號

論漢字索引制及西洋文學　林玉堂　新青年四卷四號

號碼檢字法　王雲五　東方雜誌二十二卷十二號

四角號碼檢字法　王雲五　東方雜誌二十三卷三號

一個極笨極笨的索引法　劉復　語絲七十八期

單體檢字法　何公敢　東方雜誌二十五卷四號

楷書筆畫分類圖說　陳立夫　東方雜誌二十五卷五號

修正漢字母筆排列法大綱　萬國鼎　圖書館學季刊一卷二號

漢字母筆排列法　萬國鼎　東方雜誌二十三卷二號

(b)目錄

天祿琳琅查存書目　施廷鏞　圖書館學季刊一卷三號

豐順丁氏持靜齋書目　江標　國粹學報六卷四號至九號

南獻遺徵　鄭文焯　國粹學報六卷一，二號

瑞安孫氏玉海樓藏書目錄　陳準　圖書館學季刊一卷三號二卷二號

徵訪明季遺書目　劉世瑗　國粹學報七卷八號

枕碧樓偶存稿　沈家本　中國學報第四，五期

越縵堂讀書記　李慈銘遺著　北海圖書館月刊一卷二號

藏園羣書題記　傅增湘　圖書館學季刊二卷一號

拾經樓羣籍題識　葉啓勳　圖書館學季刊一卷四號二卷一號

續書樓讀書記　倫明　燕京學報第三期按倫君有擬續修四庫全書提要是篇擇取尙書類提要衞古文者毛西河以下十二篇及家語疏證一篇也其說一反閻百詩氏古文尙書疏證

讀道藏記　劉師培　國粹學報七卷一號至五號

關於佛法之重要書籍指南　李石岑　民鐸雜誌六卷一號

雍和宮所藏經典要目　傅芸子　文字同盟第十二號

敦煌石室眞蹟錄　王仁俊　孔教會雜誌一卷一號

敦煌新出唐寫本提要　劉師培　國粹學報七卷一號至八號

倫敦博物館敦煌書目　羅福萇　國學季刊一卷一號

巴黎圖書館敦煌書目　羅福萇　國學季刊一卷四號

海外所存敦煌經籍分類目錄　歷史叢刊一卷一號至三號

旅順關東廳博物館所存敦煌出土之佛教經典　葉恭綽　圖書館學季刊一卷四號

乾隆四十八年九月紅本處查辦應燬書目　王光瑞　北大國學週刊十七期

四書集目　蔣復璁　中華圖書館協會會報二卷四號

論語集目　蔣復璁　中華圖書館協會會報二卷一號

孟子集目　蔣復璁　中華圖書館協會會報二卷二號

清人所著說文之部書目初編草稿　馬叙倫　圖書館學季刊一卷一號

關於詩經研究的重要書籍介紹　鄭振鐸　小說月報十四卷三號

研究詩經的參考書　讀書雜誌第三期

擬彙刻周秦諸子注輯補善本叙錄　王仁俊　中國學報二期至五期

周秦諸子書目　胡樸安　國學週刊四至九號　按已收入樸學齋叢刊

擬重刻古醫書目　馮一梅　華國月刊一卷一號

小說考證　蔣瑞藻　東方雜誌十三卷七號至十六卷二號

小說考證續編　蔣瑞藻　東方雜誌十六卷八號至十二號

中國算學書目彙編　裘冲曼　清華學報三卷一號

李儼所藏中國算學書目錄續編 李儼 科學十卷四號十一卷六號

本校添購舊本算學書目 劉朝陽 中大圖書館週刊二卷三號

古律書篇目源流考 張采田 國粹學報十一卷五號七號

中國音樂書舉要 袁同禮 音樂雜誌一卷一號一卷二號

歷代刑法書存亡考 謝冠生 東方雜誌二十三卷三號

各家後漢書綜述 鄭鶴聲 史學與地學第一期

蕭梁舊史考 朱希祖 國學季刊一卷一號至二號

清閨秀藝文略 錢單士釐 浙江圖書館報第一期

中國文學研究的重要書籍介紹 子汶 小說月報十五卷一號

巴黎國家圖書館中之中國小說與戲曲 鄭振鐸 小說月報十八卷十一號

日本內閣藏小說戲曲書目 董康 國學一卷四號

西諦所藏彈詞目錄 西諦 小說月報十七卷號外

佛曲敘錄 鄭振鐸 小說月報十七卷號外

曲錄初補　北國聞週報三卷四十三期至四十六期四十九期至五十期四卷二期至十一期

日本現存戲曲小說類目錄　日本長澤規矩也　文字同盟第七期

戲劇參考書目　長報副鐫十五年九月份

秦記圖籍考　孫德謙　學衡第三十期

鄭玄著述考　王競　太平洋四卷七號

李後主的著述及其版本　曹雨羣　浙江圖書館報第一期

朱子著述考　吳其昌　國學論叢一卷二號　按此文只載其朱子著述考中之佚書部分

鄭樵著述考　顧頡剛　國學季刊一卷二號至三號

黃宗羲之生平及其著作　馬太玄　中山大學語言歷史研究所週刊二卷十五期

東原著述纂校書目考　梁啓超　晨報副鐫十三年一月份

東原著述考　王競　晨報副鐫十三年二月份

楊惺吾先生著述考　王重民　文字同盟十期十一期

楊惺吾先生著述考補正　岡井愼吾　文字同盟第十三期

王靜安先生著述目錄　趙萬里　國學論叢一卷三號

王靜安先生著作目錄　趙萬里　中華圖書館協會會報二卷五號　文字同盟第四期

王靜安先生著述表　儲皖峯　國學月報專號二卷八九十合刊

王靜安先生手校手批書目　趙萬里　國學論叢一卷三號

王觀堂先生校本批本目錄　趙萬里　國學月報專號二卷八九十合號

清代著述考　顧頡剛　馬太玄　中大圖書館週刊一卷一號至六號二卷一號至六號三卷一號

一個最低限度的國學書目　胡適之　晨報副鐫十二年六月份　東方雜誌二十卷四號　讀書雜誌第七期　按已收入胡適文存二集

國學入門書要目及其讀法　梁啓超　晨報副鐫十二年六月份　學燈十二年五月份　東方雜誌二十卷八號　按附入胡適文存二集

評胡梁二先生所擬國學書目　徐劍緣　學燈十二年十一月份

國學用書撰要　李笠　東方雜誌二十一卷九號十號

讀書舉要　汪國垣　東方雜誌二十三卷十九號

清代學者的門徑書幾種　傅斯年　新潮一卷四號

清華園解題記　錢基博　甲寅週刊一卷三十三號至三十五號

中學國文書目　章炳麟　華國月刊二卷二期

編輯中國圖書志叙例　容肇祖　中大圖書館週刊二卷一號

書目志　容肇祖　中大圖書館週刊三卷一號

國學文選乙集叙目　錢基博　國學輯林一卷一號

粤西十四家詩鈔編輯提要　陳　柱　中山大學語歷研究所週刊二卷十八號

新疆稽古錄　王樹枏　中國學報(民元)第九期(洪元)一至九期

通州博物館徵先輩詩文集書畫及金石古器目錄　張　謇　國粹學報四卷二號

廣倉學會第一次開會陳列金石書畫錄存　廣倉學演説報第四期

元破臨安所得故宋書畫目　褚德儀　國粹學報七卷八號

海州美術書目志　許嘯廬　國粹學報四卷一號

畫法研究參考書目　余紹宋　文字同盟第三期六期八期

古物陳列所書畫憶錄　顧頡剛　現代評論二十至二十四期

(c)版刻

版籍考　黄節　國粹學報四卷十號至十二號

五代監本考　王國維　國學季刊一卷一號

閩本考　葉長青　圖書館學季刊二卷一號

中國書籍制度變遷之研究　馬衡　圖書館學季刊一卷二號

史記版本及參考書　王重民　圖書館學季刊一卷四號

土魯番回鶻人之印刷術　向達譯　加特著　圖書館學季刊一卷四號

高麗之活字印刷術　向達　圖書館學季刊二卷二號

（d）雜考

皕宋樓藏書源流考並購獲本末　島田彦楨　國粹學報四卷七號

記莫利遜氏之藏書　愈之　東方雜誌十四卷十二號

美京國會圖書館中國圖書記　美意　東方雜誌十四卷三號

答瞿子久問兩浙藏書家　陸樹藩　圖書館學季刊一卷三號

嘉業藏書樓記　劉承幹　圖書館學季刊一卷三號

永樂大典考　繆荃孫　國粹學報四卷十二號

永樂大典考　袁同禮　學衡第二十六期

永樂大典現存卷目　袁同禮　中華圖書館協會會報一卷四號

永樂大典現存卷數續目　袁同禮　劉國鈞　中華圖書館協會會報二卷四號

永樂大典考　李正奮　圖書館學季刊一卷二號

古今圖書集成考略　萬國鼎　圖書館學季刊二卷二號

嘉慶二年乾清宮失愼與天祿琳琅　齊念衡　圖書館學季刊一卷三號

四庫全書編纂與其環境　藤塚鄰　文字同盟第十五期

補鈔文瀾閣四庫書記　張宗祥　文字同盟第五期

文津閣四庫全書冊數頁數表　陳垣　文字同盟第十五期

四庫提要校訂　孫德謙　亞洲學術雜誌第四期

孤本四庫全書薈要之發見　陳仲益　中華圖書館協會會報一卷二號　平中半月刊第一期

文淵閣四庫全書缺本之發見　陳仲益　現代評論第十七期

文淵閣四庫全書缺本發見續記　陳仲益　現代評論第二十七期

影印四庫提要原本緣起　尹炎武　文字同盟第十一期

論影印四庫全書不成事　孤桐　國聞週報三卷三十三期

續修四庫全書芻議　倫明　國學一卷四號

內閣大庫檔案訪求記　金梁　東方雜誌二十卷四號

釋書名　胡韞玉　國學一卷一號

書厄述要　錢振東　坦途第四號

現時中文圖書館學書籍評　劉國鈞　圖書館學季刊一卷二號　按所評共六種（一）楊昭悊圖書館學（二）戴志騫圖書館學術講稿（三）顧實圖書館指南（四）蔡瑩圖書館簡說（五）高爾松柏閱覽室概論（六）杜定友圖書分類法

（e）校勘記

讀史方輿紀要校記　陳乃乾　國學一卷二號至四號

文瀾閣丁氏補鈔夾漈遺稿校勘記　康爵　浙江圖書館報一期

唐寫本文心雕龍殘卷校記　趙萬里　清華學報三卷一號

文鏡秘府論校勘記　儲皖峯　國學月報二卷十一號

翁山文外原刻本與新刻本校勘記　徐信符　中大圖書館週刊一卷六號

臨雲集校勘記　李履盦　中山大學語歷研究所週刊二卷二十三號

于湖詞校錄　畢壽頤　國學年刊一卷一號

朝野新聲太平樂府校勘記　吳　梅　華國月刊二卷九號十號十二號三卷三號

清代昇平署戲劇十二種校勘記　劉澄清　國學月刊一卷七八號合刊

（f）序跋

古文周易跋　孫佩南　四存月刊九期

非詩辨妄跋　顧頡剛　北大國學週刊六期

毛詩正韻贊　黃　侃　國民一卷二號

古文尙書跋　孫佩南　四存月刊九期

尙書集注述疏後序　國粹學報五卷四號

尙書大義序　李葆光　四存月刊十三期

周禮正義序 孫詒讓 國粹學報三卷七號
禮經纂疏序 曹元弼 亞洲學術雜誌二號
大戴禮記訓纂序 姚永樸 學衡第四十期
書秦蕙田五禮通考後 章炳麟 華國月刊二卷三號
禮議序 釋 持 亞洲學術雜誌一號
禮運注序 康有爲 不忍雜誌第五期
凌廷堪燕樂考原跋 朱謙之 民鐸雜誌八卷四號
宋本春秋左傳注疏跋 葉德輝 圖書館學季刊一卷一號
左傳眞僞考的譯者引言 陸侃如 國學月報二卷七號
論左傳之眞僞及其性質跋 衞聚賢 北大國學月刊一卷七八合刊
刊布春秋大義微言考題詞 康有爲 不忍雜誌第八期
公羊春秋補證後序 廖 平 國粹學報二卷七號
公羊微言大義自序篇 陳 柱 國學一卷一號

校印孝經讀本序例　姚明輝　孔教會雜誌一卷十二號

六經通義序　劉培極　四存月刊第一期

重印經苑並補刊殘闕序言　張鳳臺　四存月刊十二期

朝鮮銅字本四書五經大全考　邵元冲　東方雜誌二十四卷四號

讀經救國論自序　孫雄　四存月刊六期

讀經救國論後序　孫雄　四存月刊十二期

論語注序　康有爲　不忍雜誌第四期

孟子性情考序　姜忠奎　華國月刊二卷三號

書孟子要略卷一後　劉登瀛　四存月刊第一期

大學注序　康有爲　不忍雜誌第六期

中庸注序　康有爲　不忍雜誌第十期

書辜湯生英譯中庸後　王國維　學衡第四十三期

校印爾雅釋例序　顧實　國學叢刊一卷一號

麻沙本玉篇跋　易培基　中山大學語歷研究所週刊二卷二十二號

許學叢書序　葉昌熾　華國月刊二卷一號

理董許書跋　黃節　文字同盟十一期

說文統釋自序　錢大昭　國學一卷二至四號

說文解字考異訂叙例　王仁俊　中國學報第三期

宋芸子說文部目訂讀序　葉昌熾　華國月刊二卷三號

說文解字通考纂例　奚挺鈞　國學週刊十期十一期　國學彙編第一集

說文解字段氏注摘例序　沈兼士　北大國學週刊第一期

說文解字詁林叙　丁福保　國學輯林一卷一號

說文解字詁林後叙　丁福保　國學輯林一卷一號

說文解字詁林纂例　丁福保　國學輯林一卷一號

說文解字詁林引用書目表跋　丁福保　國學輯林一卷一號

說文外編跋　周雲青　國學輯林一卷一號

說文聲譜自序　劉盼遂　國學論叢一卷二號

名原序　劉師培　國故第二期

名原敘錄　孫仲容　國粹學報五卷五號

古籀拾遺自序　孫詒讓　國粹學報四卷四號

說文古籀補補敘　姚華　學衡第四十三期

古籀餘論序　陳準　圖書館學季刊二卷二號

唐人寫一切經音義殘卷跋　吳檢齋　國學週刊四十九期

一切經音義彙編序　胡樸安　國學週刊三十六期

一切經音義彙編提要　胡樸安　國學週刊第十四期

一切經音義通檢序　陳可圜　四存月刊十三卷

書內府所藏王仁昫切韻後　王國維　國學論叢一卷二號

唐寫本切韵殘卷跋　丁山　北大國學週刊十四期

書式古堂書畫彙考所錄唐韵後　王國維　國學季刊一卷四號

廣韻跋 五則 楊守敬 圖書館學季刊一卷三號 按已收入日本訪書志

廣韻聲系叙及凡例 沈兼士 北大月刊第八號

校印切韻指掌圖序 顧實 國學叢刊一卷一號

書司馬溫公切韻指南後 釋持 亞洲學術雜誌第四期

重刻韻鏡序 顧實 國學叢刊一卷一號

重刻四聲等子序 顧實 國學叢刊一卷一號

反切求蒙跋 荔垣 亞洲學術雜誌二期

高郵王懷祖先生訓詁音韻書稿序錄 王國維 國學季刊一卷三號

合音例證跋 張鴻來 文字同盟九期

華長忠的韻籟 魏建功 國學週刊九期

書康熙字典後 蟫魂 大中華一卷五號

五經文字九經字樣校本序 岡井愼吾 文字同盟第一期

釋文偶義序 吳傳綺 四存月刊五期

中國文字問題序　劉申叔　甲寅第二期　按此書廖平弟子資陽李堯勳撰共三十論

中國文字學自序　顧實　國學輯林一卷一號

漢字之新系統序例　楊樹達　中華教育界十一卷二號

中華大字典序文　大中華一卷一至三號　按序文共八篇序者姓氏爲廖平　陸費逵　林紓　熊希齡　梁啓超　王寵惠　歐陽溥存　李家駒　八家

國語學草創序　章炳麟　國故第一期

國音沿革序　吳稚暉　東方雜誌二十一卷二十號

波爾中國語與蘇米爾語述評　潘尊行　浙江圖書館報一期

中國語言文字學參考書要目序　丁山　中山大學語歷研究所週刊二卷十三號

評容庚金文編　戴家祥　文學副刊二十八期

答戴家祥君評金文編　容庚　文學副刊三十一期

史記新校注自序　張森楷　中國學報四卷五期

史記訂補自序　李笠　國學叢刊二卷二號

史記訂補叙例 李笠 東方雜誌二十二卷六號
古寫本河渠書殘卷跋 楊守敬 圖書館學季刊一卷四號
評史記五帝本紀 梁勁 中山大學語歷研究所週刊二卷十六期
漢書律歷志補注訂誤自序 周正權 學衡第八期
跋後漢書集解 楊樹達 清華學報四卷一號
題易培基三國志校義序 章炳麟 圖書館學季刊一卷一號 國學叢刊一卷二號
三國志校義跋 易培基 圖書館學季刊一卷一號
晋書斠注序（代劉承幹） 網齋 坦途六號七號
清史樂志序 張爾田 亞洲學術雜誌第四期
清史后妃傳序 陳敬第 學衡第四十九期
清史后妃傳序 張爾田 學衡第四十三期
評清史稿 燕雛 文學副刊二十期
校漢紀書後 傅增湘 圖書館學季刊一卷一號

通鑑紀事本末書後　陳衍　厦大季刊一卷一號

蒙文元朝秘史跋　王國維　學衡第四十九期

勝朝粤東遺民錄序　吳道鎔　亞洲學術雜誌第四期

蒙古史導言並序　何炳松　東方雜誌二十二卷十五號

兩漢地方行政史自序　黃綬　國學月報二卷一號

唐代地方行政史自序　黃綬　國學月報二卷七號

顧亭林先生學侶考序　謝國楨　國學論叢一卷一號

東原學案序　劉光漢　國粹學報一卷五號

星槎勝覽校後記　容肇祖　中大圖書館週刊三卷一號

明季史籍五種跋文　朱希祖　燕京學報三期（1）崇禎長編殘本（2）弘光實錄鈔（3）守鄖紀事（4）守襄紀略（5）蘄黃四十八砦紀事

水經注跋尾　王國維　清華學報二卷一號

重刻洪氏元史西北地理附錄釋地序　劉光漢　國粹學報一卷二號

河套新編序　金天翮　國學叢刊一卷四號

紀年經緯考序 姚名達 國學月報二卷五號

九通彙編序 杜定友 圖書館學季刊一卷四號

書歷代史表後 仲濬 大中華二卷一號

馬哥孛羅遊記導言序 柳翼謀 史地學報三卷三號

讀王船山先生讀通鑑論宋論 鄭鶴聲 史地學報三卷七號

太平天國志序 高景憲 國學叢刊一卷四號

介紹幾部新出的史學書 胡適 現代評論四卷九十一號九十二號 (1)二十史朔閏表 (2)古史辨

評李泰棻西周史徵 素癡 文學副刊三期

漢書藝文志舉例序 張爾田 亞洲學術雜誌二期

漢書藝文志講疏序例 顧實 國學叢刊一卷一號

金史補藝文志叙 鄭文焯 國粹學報五卷二號

跋後漢書注引書考 王重民 中華圖書館協會會報二卷六號

四庫目略引言 楊立誠 浙江圖書館報第一期

四庫全書纂修考跋　金梁　東方雜誌二十一卷九號

四庫全書總目索引評　劉純　圖書館學季刊一卷四號

跋古文舊書考　黄紹基　國粹學報五卷四號

禁書目錄四種合刻跋　鄧實　國粹學報四卷一號

評書目長編　袁同禮　圖書館月刊一卷一號

温州經籍志叙例　孫詒讓　國粹學報五卷五號

賁園書庫目錄輯略　劉國鈞　圖書館學季刊一卷四號

論修史籍考要略　章學誠　中國學報第六七期　按標題爲章實齋遺著此書稿本國人以爲久佚而今忽於美國國會圖書館中發見

諸子通考序　孫德謙　亞洲學術雜誌第一期

讀諸子札記序　劉師培　文字同盟五期

張仲香子概序　張其淦　亞洲學術雜誌三期

管子集注序　陳諡　華國月刊三卷二號

管子集注跋　陳諡　圖書館學季刊一卷三號

管子校釋叙錄　郭大癡　學衡第四十九期
老子斠補自序　劉師培　國學叢刊二卷二號
老子斠補題辭　劉師培　中國學報第二期
老子韻表自序　劍師培　國學叢刊二卷二號
陶瘧石老莊札記跋　孫人和　文字同盟七期
評陶鴻慶老莊札記　蠡舟　文學副刊二十五期
奚侗莊子補注書後　孤桐　國聞週報三卷三十一期
跋郎兆玉刻本墨子　胡適　北大國學週刊四期
定本墨子閒詁校補叙　李笠　學衡第二十一期
定本墨子閒詁補正自叙　陳柱　國學一卷二號
墨子閒詁補正自叙(附凡例)　陳柱　國學輯林一卷一號
墨辨注自叙　葉瀚　文字同盟十三期
墨子札記叙　陳鐘凡　國學叢刊一卷二號

墨子大取釋義序　章炳麟　華國月刊一卷六號
題王晉卿注墨子　吳摯甫　四存月刊九期
新考正墨經注叙　張之銳　四存月刊十八期
墨學十論序　陳柱尊　國學年刊一期
荀子補釋自序　劉師培　國學叢刊二卷二號
呂氏春秋斠補自序　劉師培　國粹學報五卷十一號
穆天子傳書後　釋　持　亞洲學術雜誌第三期
鹽鐵論校注自序　楊樹達　國學週刊第四十期　國學彙編第二集
漢魏樂府風箋序　黃　節　學衡第四十一期
黃晦聞鮑參軍詩注序　張爾田　學衡第二十七期
謝康樂詩注序　黃　節　學衡第三十九期
方成珪韓文箋正跋　陳　準　中山大學圖書館週刊一卷六號　圖書館學季刊一卷四號
校訂昌谷集作談　田北湖　國粹學報四卷六號

唐三藏取經詩話跋 王國維 國學月報專號二卷八九十合號
舊刻元明雜劇二十七種序錄 趙萬里 清華學報二卷二號
吳山三婦人合評還魂記跋 葉德輝 甲寅(甲寅年)第六期
有相夫人生天因緣曲跋 陳寅恪 國學論叢一卷二號
新編南詞定律 馬太玄 中山大學圖書館週刊二卷四號
詞壇趣韻跋 儲皖峰 國學月報二卷四號
曲海總目提要序 萓康 圖書館學季刊一卷四號
古代詩史自序 陸侃如 國學月報二卷一號
顧黃合斠文心雕龍序 陳準 圖書館學季刊二卷二號 中山大學圖書館週刊二卷三號
金文編序 容庚 國學季刊一卷四號
雁蕩金石志序 劉光漢 國粹學報一卷八號
宋元學案補遺四十二卷本跋 胡適 圖書館學季刊一卷三號
宋元學案補遺四十二卷本跋 單不广 圖書館學季刊一卷三號

元刻困學記聞書後　傅增湘　圖書館學季刊一卷三號

易氏過錄嚴校宋本初學記跋　葉德輝　圖書館學季刊一卷一號　按謂易培基過錄嚴鐵橋校本也

裛香樓斠輯宋儒佚書序目　吳其昌　國學年刊一期

北山錄敘目　邵瑞彭　中大季刊一卷一號

玉歷通政經舊抄本識語　邵瑞彭　中大季刊一卷一號

釣璜堂存稿跋　姚光　國學一卷四號

校宋殘本草堂詩箋跋　傅增湘　圖書館學季刊一卷三號

跋補鈔文瀾閣書六種　單不庵　國學季刊一卷三號　(一)明黃道周易象正　(二)明張次仲待軒詩記　(三)芮長恤綱目分注拾遺　(四)宋岳珂金陀續編　(五)宋朱翌猗覺寮雜記　(六)清閻若璩潛丘劄記

永樂大典七皆臺字韻殘帙跋　趙萬里　中山大學語歷研究所週刊二卷二十三期

大乘稻芊經隨聽疏跋　陳寅恪　國學論叢一卷二號

燉煌掇瑣序　蔡元培　語絲二十九期

燉煌掇瑣敘目　劉復　北大國學週刊三期

唐弘文館令史任道寫經跋　羅振玉　國粹學報五卷十三號
館藏諸佛菩薩聖像贊跋　于道泉譯　圖書館月刊一卷一號
懺悔滅罪金光明經冥報傳跋　陳寅恪　圖書館月刊一卷二號
梵文典序　劉師培　國粹學報四卷七號
梵文典序　章絳　國粹學報四卷六號
雷峯塔藏寶篋印陀羅尼經跋　莊嚴　圖書館學季刊一卷二號
童受喻鬘論梵文殘本跋　陳寅恪　清華學報四卷二號
日本孝謙天皇及其所印百萬卷經咒　向達　圖書館學季刊二卷一號
頻伽精舍校刊大藏經序　章炳麟　庸言一卷三號
大寶積經迦葉品梵藏漢文六種合刻序　梁啓超　東方雜誌二十一卷十號
刊阿密理多軍荼利注序　大村西崖　國學叢刊一卷二號
古寫一乘佛性究竟論跋　大村西崖　國學叢刊一卷一號
書法指南序　丁丙　圖書館學季刊一卷四號

續齊魯古印攈序　宋書升　華國月刊三卷三號

桐鄉徐氏印譜序　王國維　國學論叢一卷一號

古泉共賞錄書後　袁舜琴　國學輯林一卷一號

跋集古印譜　鄒敬栻　浙江圖書館報一期

跋陛蓮館印存　鄒敬栻　浙江圖書館報一期

論商務印書館出版之四部叢刊　讝舟　文學副刊十二號

讀漢學商兌書後　康率鞏　甲寅雜誌第二期

讀筆生花雜記　沅君　北大國學月刊一卷二號

重印天工開物記　丁文江　讀書雜誌第五期

千字文院本之前後　錢南陽　國學月刊一卷二號

讀栢梘山房集　但燾　華國月刊二卷一至二號

讀煙霞草堂遺書記　胡樸安　國學週刊第一期

跋羅田周國瑞仲煊仿金刻李賀歌詩集　治薌　坦途二期

思齋遺集跋　王易　學衡第五十四期
書煙霞萬古樓集後　林損　學衡第五十二期
跋李長吉詩評注　吳䦨生　四存月刊十二期
跋姚惜抱尺牘後　王樹枏　四存月刊十五十六期
評吳芳吉詩集　陳銓　文學副刊三十期
評亡友王然父思齋遺稿　胡先驌　學衡第五十一期
詞選序　胡適　小說月報十八卷一號
詞選箋自序　陸侃如　國學月刊一卷四號
重印何典序　劉半農　語絲七十三期
岐路燈序　馮友蘭　現代評論六卷一百三十五期
西行日記序　顧頡剛　晨報副刊十五年七月份
吳歌甲集序　沈兼士　北大國學週刊十一期
龔定盦紅禪室詞　劉大白　浙江圖書館報一期

讀耒𦙵集　菊農　晨報副刊十五年十二月份
文選類詁述　周雲青　國學輯林一卷一號
讀文心雕龍　陳延傑　東方雜誌二十三卷十八號
讀詩品　陳延傑　東方雜誌二十三卷二十三號
評陳延傑詩品注　蠡舟　文學副刊二十七期
跋古曆冰𢈔靖節年譜　陸侃如　國學論叢一卷一號
王文成公全書題辭（附後序）　章炳麟　華國月刊二卷一號
沭學題詞　汪榮寶　華國月刊二卷五號
介紹越縵堂日記　陳文波　清華學報三卷二號
楊宗稷琴學叢書　劉異　甲寅一卷二十七號
荷牖叢談　馬太玄　中山大學圖書館週刊一卷五號
大唐類要　馬太玄　中山大學圖書館週刊一卷二號
熬波圖　朱佩弦　小說月報十八卷二號

評胡適之中國哲學史大綱　梁啓超　晨報副鐫十一年三月份　按已收入梁任公學術講演集第二集

重考古今僞書考自序　顧實　國學輯林一卷一號

重考古今僞書考序　蔣維喬　國學輯林一卷一號　國學一卷一號

任和聲論理學彙編序　顧實　國學輯林一卷一號

倫書序　王澹　亞洲學術雜誌三期

章氏遺書序　張爾田　亞洲學術雜誌二期

章實齋遺書敍目　姚名達　國學月報二卷三號

章氏遺書序例　劉承幹　亞洲學術雜誌四期

孫氏遺書總序　宋慈褒　華國月刊二卷四號

陳介石先生遺書序　林損　中大季刊一卷一號

讀越縵堂筆記　陳漢章　中國學報第七期

書段若膺明世宗非禮論　章炳麟　華國月刊二卷六號

評趙景深中國文學小史　譫舟　文學副刊三十五期

後記

此國學論文索引之編纂，開始於民國十四年夏。爾時黎劭西先生在教育部編審處，以年來出版雜誌甚多，擬編索引以綱領之。適余方知作學問，欲將近二三十年之國學作品涉獵一過，遂『懷鉛秉槧』徧訪北平各圖書館，歷四閱月，見雜誌五十九種。每閱一文，輒記其題目，作者，與雜誌之卷數號數，間或附贅數語，撮其文意大要。斷自十四年七月，清錄稿共得五厚冊。唯以搜羅猶有未備，故不敢以不完整的工具獻人。十七年適中華圖書館協會有編纂雜誌索引之擬議，欲聯合國內圖書館界分任之。北平北海圖書館允任國學與文學兩索引。余適服役館中，因出舊稿，賡繼前志，所未見者補之，十四年七月以後者續之。斷自十七年七月，前後共得雜誌八十二種，論文三千數百十篇。此外雖未見之雜誌尚多，而關於國學之重要雜誌大概已備。因即排列成編，付諸手民。餘者與十七年七月以後者隨時補苴，再為二編焉。十八年一月十五日王重民記。

勘誤表

頁數	行數	誤字	改正
三八	一〇	聲調譜闡說	宜入文學通論
四八	一二	(5)	(6)
五五	一〇	超元任	趙元任
一四四	一二	謝眺	謝朓

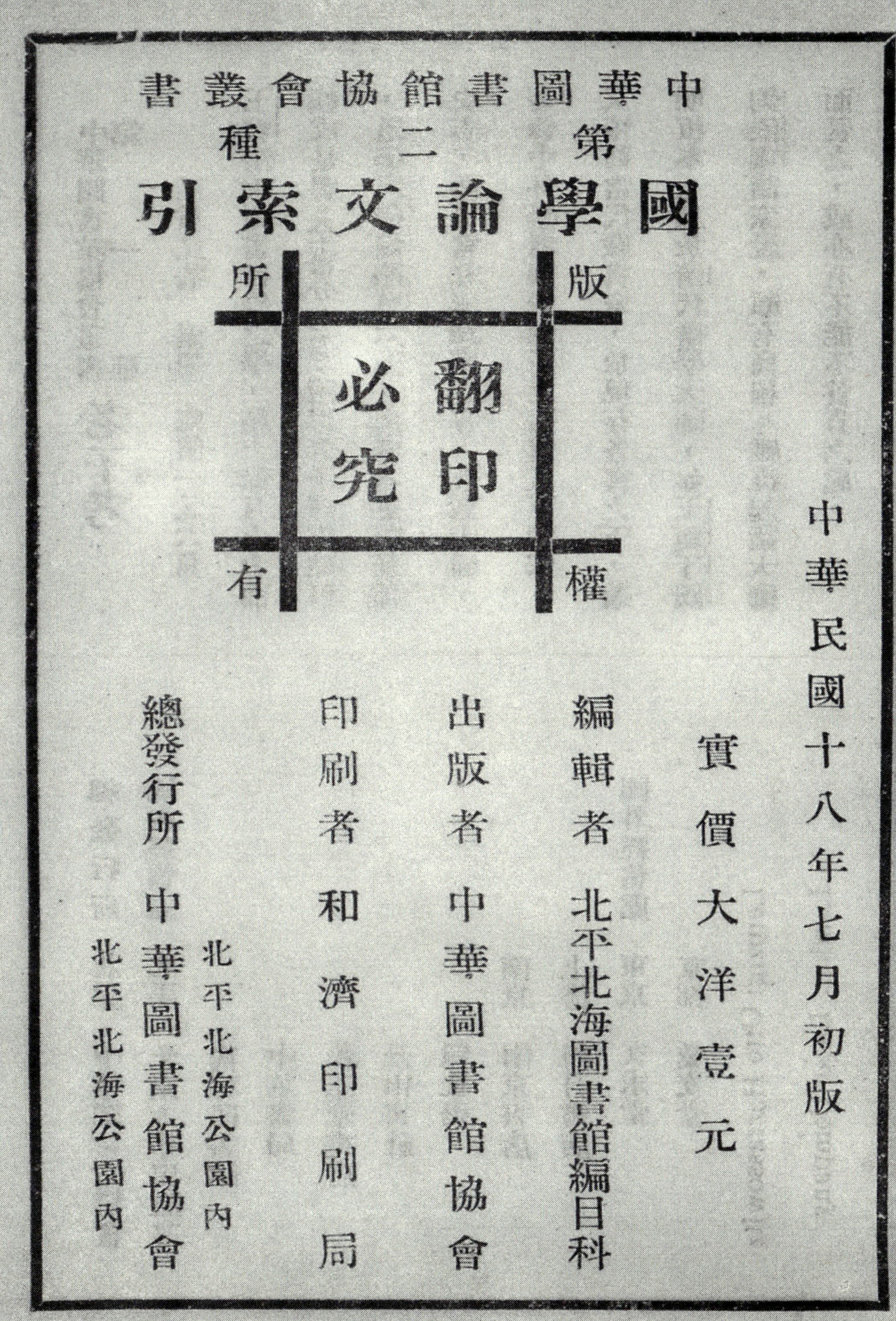
中華圖書館協會叢書
第二種
國學論文索引
版權所有
翻印必究
中華民國十八年七月初版
實價大洋壹元
編輯者 北平北海圖書館編目科
出版者 中華圖書館協會
印刷者 和濟印刷局 北平北海公園內
總發行所 中華圖書館協會 北平北海公園內

中華圖書館協會叢書第一種 老子考

王重民著 兩冊 定價一元六角

王君潛攻圖書目錄之學，積十餘月之力而輯成是書。全書分七卷，附以老子譯書略目，道德經碑幢略目六種。所參考史志及補史志，與夫官私家藏書志等，百數十種，著錄中外學者關於老子之著述五百餘家。又博訪當代藏書家，於現存各書之下，著明板本。且於清代樸學大師，如王昶丁國鈞侯康諸家說，頗有商榷。雖復起諸大師而質之，或亦有不能不首肯之處。

總發行所 北平 中華圖書館協會

國內經售處 北平 北京大學出版部

商務印書館

中華書局

藻玉堂書店

景山書社

佩文齋

南京 南京書店

上海 新月書店

國外經售處 東京 文求堂

京都 彙文堂

Leipzig: Otto Harrassowitz

London: Luzac Company

北平圖書館編纂部索引組　編

國學論文索引續編

北平：中華圖書館協會 1931 年 7 月鉛印本

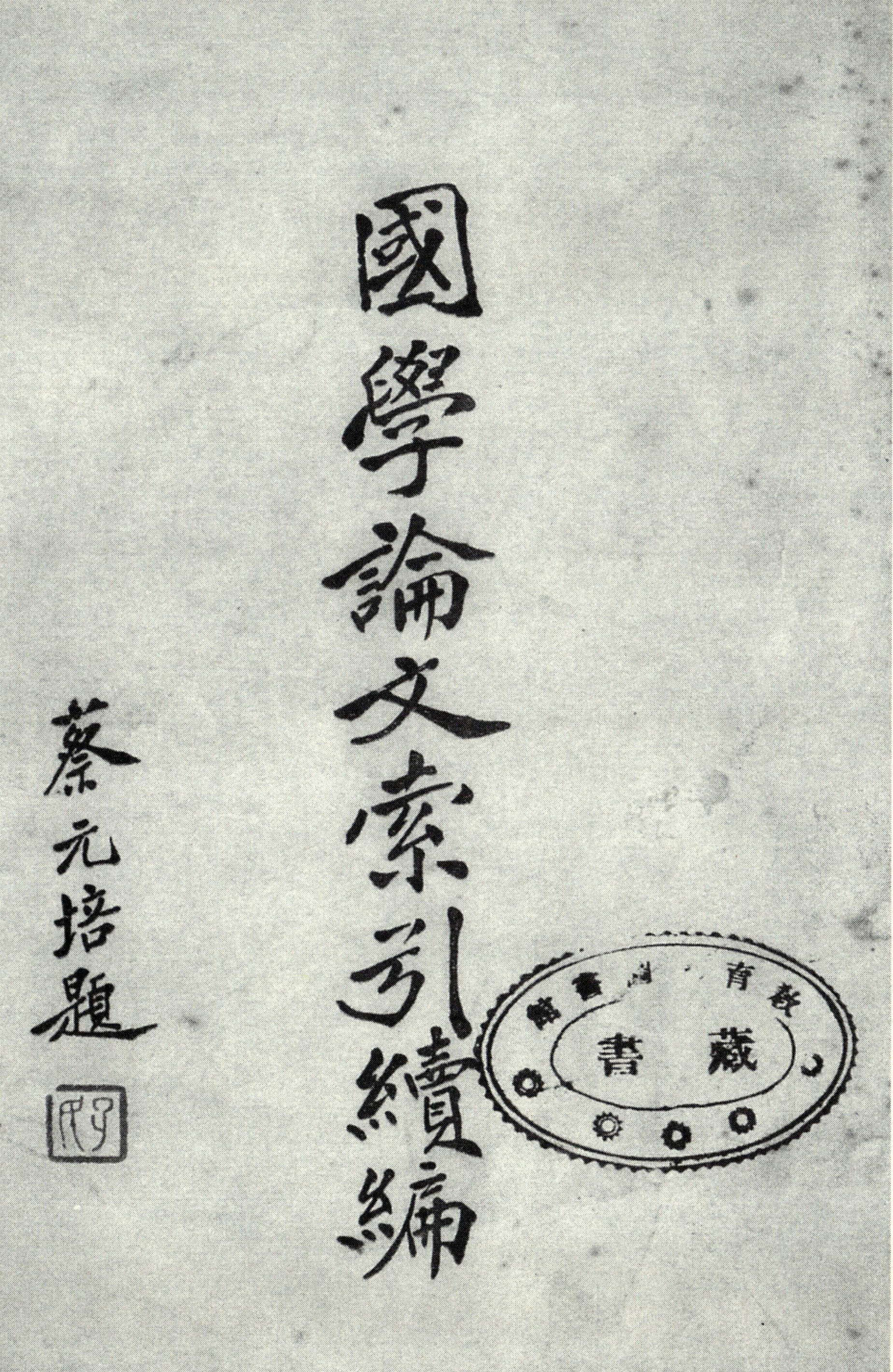
國學論文索引續編
蔡元培題
藏書

本書所收雜誌卷數號數一覽

一畫

一般　一般雜誌社編輯。上海開明書店發行。收一卷一號至六卷三，四，五期。

三畫

小說月報　續前編。收至二十一卷十號，十三卷以前待補。

小說林　上海小說林社編輯。光緒三十三年六月創刊。收第一期至第十期。

女師大學術季刊　北平大學女子師範學院編輯。民國十九年三月創刊。收一至四期。

大公報文學副刊　民國十七年一月一日創刊。隨天津大公報發行，每星期出版一次，側重批評與介紹。收自第一期至九十期，又一百四十六至一百五十二期。

大中華　續前編。收至二卷十二號。

四畫

文華圖書館科季刊　武昌文華大學圖書館科編輯。收一卷一期至二卷二期。

文學週報　上海文學週報社編輯。收第四卷全份，又九卷一至五期。

文藝雜誌　上海掃葉山房出版。曹元忠莊本禮等撰稿。收一至十二期。

文獻叢編　故宫博物院文獻館編輯。民國十九年三月創刊。收第一至第六輯。

內學　續前編。收至第三輯。

中山大學語言歷史學研究所週刊　續前編。收至十一集三四合期，又百期紀念號一冊。

中央研究院歷史語言研究所集刊　北平中央研究院歷史語言研究所集刊編輯部編輯。民國十七年創刊。收第一本第一分至第二本第一分。全本共有四分，中有第一本第三四分，因印刷關係，尚未出版。

中央大學半月刊　南京中央大學月刊部編輯。爲該校教職員學生發表言論之刊物。收一卷一期至二卷四期。

中央大學國學圖書館年刊　中央大學國學圖書館年刊部編輯。收第一年刊至第三年刊。自十八年十月起，該館即與中大脫離，故第三年刊即定名爲江蘇省立國學圖書館年刊。

中國公學大學部中國文學季刊　中國公學大學部中國文學系編輯。收一卷一期。

中國營造學社彙刊　中國營造學社編輯。不定期刊。收一卷一冊至二冊。

中山大學圖書館週刊　續前編收至七卷五期。

中華圖書館協會會報　續前編收至六卷一期。

中華教育界　續前編收至十八卷三期。（八卷以前待補。）

中華小說界　中華書局出版收第一年至第二年。

五畫

北大圖書部月刊　北京大學圖書部編輯民國十八年六月創刊。收一卷一期至二卷一，二合刊。

北平圖書館館刊　北平國立北平圖書館編輯。收至四卷五號（前爲月刊。四卷一號以後，改名館刊。兩月出一期。）

北大社會科學季刊　北京大學社會科學研究會編輯。續以前研究所出版之社會科學季刊。前編收至三卷訖，續收至五卷一，二合刊。

北新半月刊　北新書局出版。民國十五年創刊。收一卷一期至四卷十期。

史料旬刊　故宮博物院文獻館編輯。與文獻叢編相輔而行。收一至十九期。

史學雜誌　南京中國史學會編輯。民國十八年創刊。收一卷一期至二卷三四合期。

史學年報　北平燕京大學史學系編輯。民國十八年創刊。收第一期。

民鐸雜誌　續前編。收至九卷五號，又十卷五號，（第一卷仍缺。）

六畫

成大史學雜誌　成都大學史學研究會編輯。民國十八年七月創刊。收第一，二期。

地理雜誌　南京中央大學地學系編輯並出版。收一卷一期至三卷四期。

地學雜誌　北平團城中國地學會編輯。按中國地學會原在後門外雜誌刊行於宣統二年，此編仍續前號。收至十八年四期。

江蘇蘇州圖書館館刊　江蘇蘇州圖書館編輯。民國十八年十一月創刊。收一至二冊。

七畫

武大社會科學季刊　武昌武漢大學社會學系編輯。收第一卷一期。

努力學報　北平師範大學努力學社編輯。收一卷一期。

吳淞月刊　上海中國公學出版。收一至四期。

八畫

東方雜誌　續前編收至二十七卷十八號，十二卷以前仍待補。

東北大學週刊　東北大學學生會編輯。收一至一〇九期。

東北叢鐫　遼甯教育廳編輯。多關於東北文化及學術著作。收一至十期。

金陵光　南京金陵大學出版。收十七卷一期。

九畫

音樂雜誌　北平北京大學出版。收一卷至二卷。

音樂雜誌　中華音樂改進社編輯。北平王府井大街中華樂社代售。收一卷一期至七期。

科學雜誌　續前編。收十四卷十一號。一卷仍缺。

南開週刊　天津南開大學學生會編輯。收七期至九十期。

十畫

哲學月刊　中國大學哲教研究會編輯。收二卷。

哲學雜誌　續前編。收至第八期。

哲學評論　北平尙志學會編輯。收一卷一期至二卷五期。

師大國學叢刊　北平師範大學國文學會編輯。民國十九年十一月出版。收一卷一期。

十一畫

雅言　上海雅言雜誌社編輯。民國二年十二月二十五日創刊。收一卷一期至十二期。唐遨窪主編，撰稿者爲章太炎黃侃劉申叔等。

國語旬刊　北平中國大辭典編纂處編輯。收一卷一期至十三期。

國學叢刊　續前編。收至二卷四期。

國學論叢　續前編。收至一卷第四期。

國學　繼前編。仍至第七期。前編失收之第三，五等期，已補完。

船山學報　湖南長沙船山學社編輯。民國四年八月創刊。收三至五期。

國學季刊　續前編。收至二卷三期。

國聞週報　續前編。收至八卷三期。三卷以前仍缺。

淸華週刊　淸華大學學生會編輯。收至三十二卷十期。

清執學報　續前編。收至六卷二期。

國學月報彙刊　述學社編輯。彙刊月刊論文爲門集，月刊前編已收。

教育雜誌　續前編。收至二十一卷九號。以前仍缺。

海潮音　海潮音雜誌社編輯。民國十七年十月十日創刊。收第一年一期至十一年五期。

十二畫

廈門大學季刊　續前編。收至一卷三號。

掌故叢編　北平故宮博物院圖書館掌故部編輯。民國十七年一月創刊。收自第一輯至第三輯。

十三畫

齊大月刊　山東齊魯大學編輯。民國十九年十月十日創刊。收一卷二期。

新晨報副刊　北平新晨報副刊編輯。收自十六年六月至十八年十二月。

新月月刊　上海新月社編輯。新月書店出版。收一卷一期至二卷十期，又三卷一，二期。

十四畫

語絲　續前編。收至第五卷。

圖書館學季刊　續前編。收至三卷四期。

輔仁學誌　北平輔仁大學編輯。民國十八年一月一日創刊。收一卷一期至二卷一期。

認識週刊　清華大學認識週社編輯。收一卷一期至四期。

十五畫

樂藝　上海商務印書館出版。民國十九年四月創刊。收第一期。

遼寧省立圖書館館刊　遼寧省立圖書館編輯。民國十九年九月出版。收一卷一期。

十六畫

學報　何天柱編輯。光緒三十三年一月初一日創刊。日本出版。收一至十期。

學衡　續前編。收至六十六期。

學藝　續前編。收至十卷五期第一卷待補。

燕京學報　續前編。收至第七期。

十九畫

藝林　南京中央大學藝林旬刊社編輯。收第一期。

國學論文索引讀編目錄

頁數

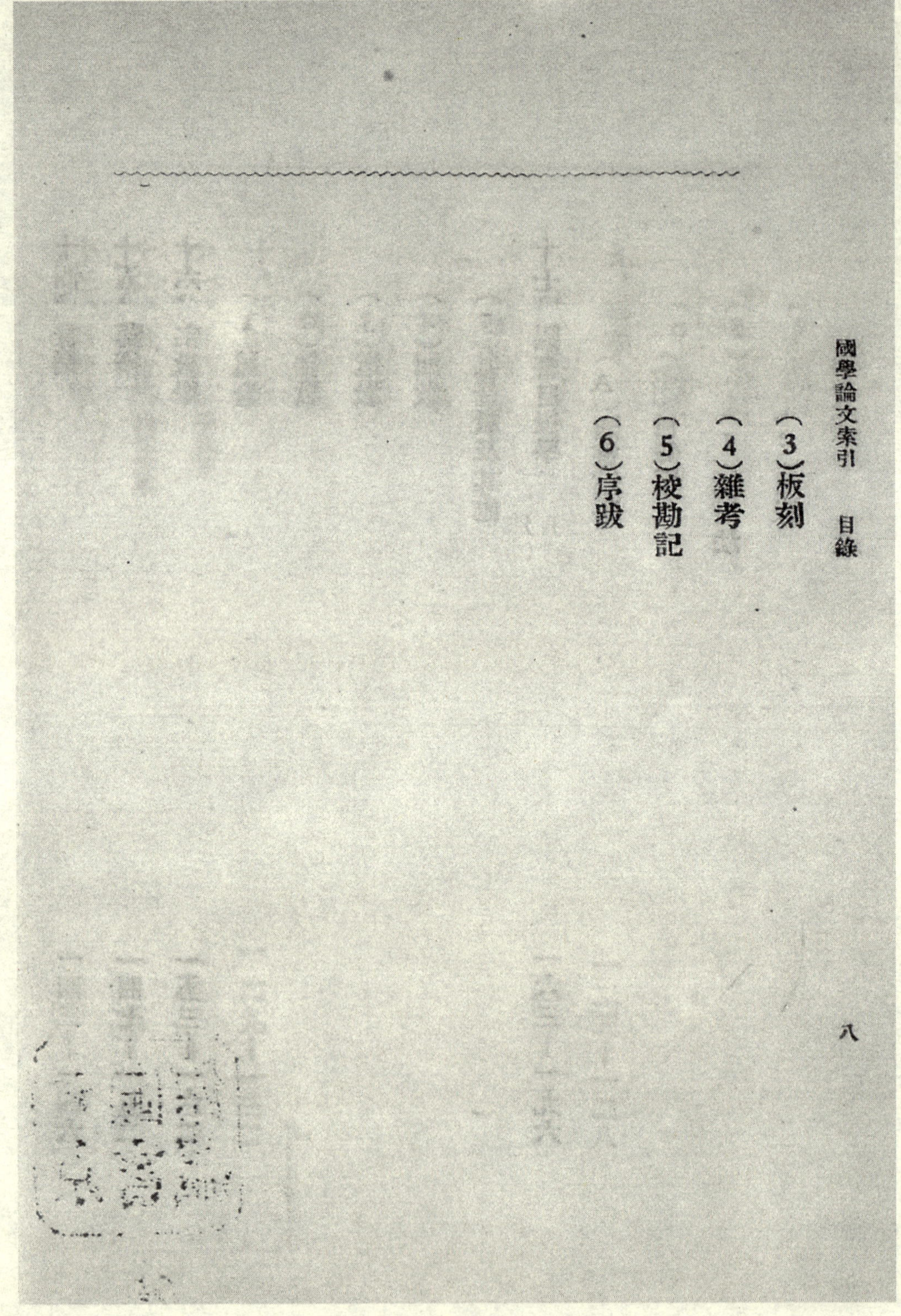

國學論文索引續編

一　總論

中國學術研究的總成績　安部執筆　汪馥泉譯　語絲五卷四十一期（史林雜誌十四卷二號東洋史之一部分）

近三十年中國學問上之新發現　王國維講　方壯猷記　女師大學術季刊一卷四期

論所謂「國學」　何炳松　小說月報二十卷一號

且慢談所謂「國學」　鄭振鐸　小說月報二十卷一號

國學雜述　胡遠濬　中央大學半月刊一卷十一期

應用統計方法整理國學　衛聚賢　東方雜誌二十六卷十四號

中國國學博大優美有益於人類說　陳啓彤　國學雜誌一卷三期

國學在世界文化的位置　楊鴻烈　南開週刊四十四期　四十五期

國學之研究　陶明濬　東北大學週刊第四十一號

國學闡微　張仲如　海潮音第七年九期

學術概要　魏運五　東北大學週刊第四十七號　四十八號

治學的方法與材料　胡　適　新月月刊一卷九期　小說月報二十一卷一號

先正讀書訣　清周永年輯　國學雜誌一卷六期

論古籍之難讀及讀古籍之方法　許炳離　齊大月刊一卷一期

讀書法　唐擘黃講　鄒振甫記　清華週刊二十八卷八號

經史辨　袁　菖　中央大學半月刊一卷十一期

中國文化史　柳詒徵　學衡五十五期，五十六期，五十八期，六十一期，六十二期，六十三期，六十四期。

中國人種及文化之由來　金兆梓　東方雜誌二十六卷二十四號

中國文明之傳播　遠　公　學報第一年一，二號

中國病根在文化辨　杭立武　金陵大學金陵光十七卷一期

論中國語言之足用及中國無哲學系統之故　素癡譯　大公報文學副刊六十四期

校讎新義　杜定友　中山大學圖書館週刊三卷二期

校讎學雜述　范希曾　史學雜誌一卷一期

二 羣經

(1)通論

古文今文釋名 金毓黻 東北叢鐫三期

經學抉原處違論 蒙文通 史學雜誌第二卷三，四合刊

劉子駿移讓太常博士書疏証 金毓黻 東北叢鐫四期

論秦焚書與古文佚經 蒙文通 中央大學半月刊一卷十二期

鄭學通論 王永豐 東北大學週刊八十期 八十一期

漢唐學論 黃侃 中山大學季刊一卷四號

經典釋文撰述時代攷 吳承仕 北平圖書館月刊二卷二號

駁皮錫瑞六經出於孔子說 時父 東北大學週刊第一〇三期

(2)石經

漢熹平石經周易殘字跋 馬衡 北大圖書部月刊一卷二期

熹平石經後記眞僞攷 陳子怡 女師大學術季刊一期

漢石經殘字跋尾　羅振玉　北平圖書館月刊三卷二期，三期

漢石經魯詩小雅二石讀校記　方國瑜　師大國學叢刊一卷一期

集拓新出漢魏石經殘字目　馬衡編次　新晨報文化特刊十七年十月十四，十一月二十五，十二月三十日。

洛陽石經考　陳子怡　女師大學術季刊第一期

蜀石經攷異敍錄　吳檢齋　努力學報第一期

石經考文提要　顧公　文藝雜誌二期（瀨窩雲筆記之七）

（3）易

周易孔義　高攀龍　國學雜誌一卷四，五，六期。（無錫圖書館藏版）

易經研究　錢穆　中山大學語言歷史學研究所週刊七卷八十三，八十四期（轉載蘇中校刊十七，十八期合刊）

推論古聖伏羲始畫八卦之哲理　高景憲　金陵光十七卷一期

周易的時代背景與精神生產　杜衎　東方雜誌二十五卷二十一號

易原窺餘　王岷源遺著　東北大學季刊第二期

周易的作者及其思想觀　魏先簡　哲學月刊二卷二期

易卦爻辭時代及其作者 余永梁 中央研究院歷史語言研究所集刊第一本第一分

周易卦爻辭中的故事 顧頡剛 燕京學報第六期

魏晋清談時期之王弼易學 畢無方 哲學月刊二卷二期

讀漢石經周易殘字而論及今文易的篇數問題 錢玄同 北大圖書部月刊一卷二期

釋巫 瞿兌之 燕京學報第七期

占卜的源流 容肇祖 中央研究院歷史語言研究所集刊第一本第一分

（4）書

尚書引義 船山 船山學報第二，三，四期

尚書覈詁 楊筠如 中山大學語言歷史學研究所週刊 五集五十三，五十四合刊，五十五期，五十七，五十八合刊，五十九，六十期合刊。

尚書篇目異同考 魏應麒 中大語歷學研究所週刊九集一〇四期

僞古文尚書案之反控與再鞫 張蔭麟 燕京學報第五期

僞古文尚書之論語化 鄭澤 中山大學語歷研究所週刊四集四十期

尚書的文法及其年代 何定生 中大語歷研究所週刊五集四十九，五十，五十一合刊。

讀何定生君尚書文法研究專號 楊筠如 中大語歷研究所週刊六集七十二期

漢以前的尚書 方書林 中大語歷週刊六集六十九期

尚書中所謂「天意」與「民意」 楊維嶓 東北大學週刊一百〇二期

從天文歷法推測堯典之編成年代 劉朝陽 燕京學報第七期

從漢書郊祀志所載巡狩封禪的事實來證明堯典作自秦漢的時代 何德讓 中大語歷研究所週刊七集七十五期

駁堯典四仲中星說及論堯典與堯舜禪讓之非僞 吳貫因 東北大學週刊一〇八期；一〇九期

唐寫本尚書舜典釋文箋 吳承仕 北平圖書館月刊一卷六號

禹貢考 衛聚賢 中山大學語言歷史學研究所週刊四集三十八期

讀衛聚賢禹貢考 鍾國樓 中山大學語歷研究所週刊七集七十七期

答讀禹貢考的鍾先生 衛聚賢 中山大學語言歷史學研究所週刊八集九十一期

周書略說 劉申叔 雅言雜誌一卷六期

洪範五行傳出伏生辨 繆鳳林 史學雜誌二卷一號

金縢辨僞 衞聚賢 國學月報二卷十二期

釋佚書武觀文二條 黄侃 雅言一卷十一期

讀書偶識二則 孟引 東北大學週刊四十七號 五十一號

書序考 吳恩裕 東北大學週刊五十六號

(5)詩

詩經學史目錄説明書 白之藩 國學月報彙刊一集

詩經製作時代考 陳鐘凡 學藝十卷一號

三百篇究竟是什麼 蔣善國 晨報副刊十六年六月份

三百篇之文學觀 張壽林 晨報副刊十六年九月份

三百篇所表現的時代背景及思想 張壽林 晨報副刊十七年四月份

删詩「疑」 林之棠 國學月報彙刊一集

三百篇修詞之研究 唐圭璋 國學叢刊二卷四期

毛詩謰語釋例 姜亮夫 中山大學語言歷史學研究所週刊八集八十八期 民鐸雜誌十卷五期

詩經重言字釋例　林之棠　國學月報二集十二號

毛詩叚借字考　方秋士　國學雜誌一卷五期（續四期）

毛詩本字考　蕭和宣　東北大學週刊第四十七，四十八，四十九，五十一，五十二，五十三，五十五，五十六，五十七，五十八；五十九，六十，六十一，六十二，六十三，六十四，六十五號。

詩經語詞表　李孟楚　中山大學語言歷史學研究所週刊十一集一二三，一二四期。

詩經對舉字釋例　林之棠　國學月報二卷十二號

三百篇用韵之研究　徐家齊　國學叢刊二卷四期

詩經音釋例言　林之棠　國學月報彙刊一集

詩經毛傳改字釋例　陳鐘凡　中山大學語言歷史學研究所週刊八集九十二，三合刊

詩六義說略　高明　藝林第一期

什麼是賦比興　王晴濟女士　新晨副刊十七年十月四，五，六，七日

賦比興的研究　楊次道　學藝九卷八號

國風新評　謝焜　中央大學半月刊九期

葺芷繚衡室讀詩雜說——邶風谷風　俞平伯　小說月報十九卷一號

凱風的我見　衞聚賢　中山大學語言歷史學研究所週刊三集三十三期

采芑時代的質疑　黎昔非　中國公學大學部中國文學季刊一卷一期

大小雅的研究　陸侃如　小說月報十九卷九號

三頌研究　陸侃如　國學月報彙刊一集

周頌說　傅斯年　中央研究院歷史語言研究所集刊第一本第一分　附論魯南兩地與詩書之來源

訂周頌說　錢堃新　史學雜誌一卷六期

大東小東說　傅斯年　中央研究院歷史語言研究所集刊第二本第一分　兼論魯燕齊初封在成周後乃東遷

常武瞻卬的時代　丁强漢　中國公學大學部中國文學季刊一卷一期

常武的時代考　劉宇　中國公學大學部中國文學季刊一卷一期

商頌時代的僞證　胡潤修　中國公學大學部中國文學季刊一卷一期

寄胡適書　陸侃如　國學月報彙刊一集

說詩序　居祥麟　中央大學半月刊一卷十五期

詩序作者考證　黃優仕　國學月報彙刊一集

毛詩序之背景與旨趣　顧頡剛　中山大學語言歷史學研究所週刊十集一二〇期

關於詩經通論及詩的起興　何定生　中山大學語言歷史學研究所週刊九集九十七期

（6）禮

周禮司法制度考　魏運五　東北大學週刊二十六號　二十七號

周禮上之鄉遂自治制度考　魏運五　東北大學週刊第五十七，五十八，五十九，六十號

春官七史徵文　洽民　東北大學週刊七十七，七十八，七十九期

讀考工記　曹佐熙　船山學報四期

儀禮喪服斬衰三年章通義　鍾秀崎　東北大學週刊七十五期

冠禮之研究　鍾秀崎　東北大學週刊六十八期

三代祭藏義　次　新晨副刊十七年十月三日

甲骨中殷商廟制徵　劉盼遂　女師大學術季刊第一期

夏用靑說　章太炎　雅言一卷九期

阮元明堂論 顧頡剛 中山大學語言歷史學研究所週刊十一集一二一期

明堂通考 楊宗震 女師大學術季刊二期

明堂略述 謝興堯 新晨報副刊十八年六月廿八，廿九日

學記教學誼 佟松蔭 東北大學週刊二十一，二十二號

零星記 鄭晉生 東北大學週刊八十三號 讀禮記的札記

白虎通義源流考 劉申叔 雅言一卷四期

(7)春秋

春秋孔義 明高攀龍 國學雜誌一卷六期

左氏兵法 魏禧輯 國學雜誌一卷三期

春秋無事書時說 彭煒棠 中山大學語言歷史學研究所週刊六集七十二期

從春秋經中求出當時史官所注意之事實範圍 何德讓 中山大學語言歷史學研究所週刊六集六十九期

從春秋經中推考春秋時代事勢之變遷 劉君棻 中山大學語言歷史學研究所週刊七集七十六期

春秋孟氏學 柳毗生 中央大學半月刊一卷五期

春秋研究課旨趣書　顧頡剛　中山大學語言歷史學研究所週刊五集五十七，五十八期合刊。

春秋左氏傳凡例探源　李審用　東北大學週刊八十七，八十八期。

論左傳與國語的異點　馮沅君　新月月刊一卷七期

讀論左傳與國語異點以後　衛聚賢　新月月刊一卷九期

左丘明之姓氏　黃仲琴　中山大學語歷研究所週刊七集八十二期

公羊徐疏考　吳承仕　師大國學叢刊一卷一期

（8）孝經

孝經本夏法說　太炎　雅言一卷十期

（9）四書　附孔教

四書授義　船山　船山學報二，三，四期

論語三歸解　楊維蟠　東北大學週刊第一〇九期（按即論語八佾篇管氏三歸之解釋）

論語詩經裏面的君子　徐式圭　學藝九卷十號

讀孟子札記　羅澤南　國學雜誌一卷三期，五期

孟子哲學 馮友蘭 哲學評論三卷二期
孟子言性新論 唐毅伯 中央大學半月刊一卷六期
孟子言性善語索隱 曹樹鈞 東北大學週刊七號
孟子之辯論術 段凌辰 中山大學語言歷史學週刊十集一一〇期
讀大學 曹佐熙 船山學報四期
大學述要 唐大定 海潮音七年十二期

孔教

論中國今日不宜以孔學爲國教 補滄 大中華二卷十號
駁建立孔教議 章太炎 雅言一卷一期
孔學非宗教議 孤翔 雅言一卷一期
孔子之思想 闞健南 南開七十四期
孔子在中國歷史中的地位 馮友蘭 燕京學報第二期
孔子周遊列國傳說的演變 方書林 中山大學語歷研究所週刊六集七十期

眞孔子的史料 鄭澤　中山大學語歷研究所週刊六集七十一期

孔子研究課旨趣書 顧頡剛　中山大學語歷研究所週刊五集五十七，五十八合刊

三 語言文字

(1)通論

由反切推求史前中國語 潘遵行 新月月刊二卷二期

原始中國語爲變化語說 瑞典喀爾格樸著 馮承鈞譯 東方雜誌二十六卷五號

中國文字之起源 吳貫因 庸言十四，十五號

漢字起源考 丁山 中山大學語言歷史學研究所週刊四集四十四，五合刊

芬諾羅薩論中國文字之優點 張蔭麟譯 學衡五十六期

珂羅倔倫諧聲原則與中國學者研究古聲母之結論 朱芳圃 東方雜誌二十六卷二十一號

評珂羅倔倫 Karlgren 中國古韵研究之根本思想 朱芳圃譯 中山大學語言歷史學研究所週刊六集六十七，八合刊

中國文字學是什麼 聞宥 中山大學語言歷史學研究所週刊九集一百〇一期

中國文字議 陳培琛 庸言二十號二十二號

中國文字學之歷史觀與今後研究之新途徑 趙煥文 師大國學叢刊一卷一期

（2）形義

從古器物款識上推尋六書以前之文字畫　沈兼士　輔仁學誌一卷一期

甲骨文字學史　馮宗麟　中央大學半月刊一卷二期

甲骨學之過去與將來　聞宥　民鐸雜誌九卷五期

殷虛文字攷　商承祚　國學叢刊二卷四期

殷虛文字續考　余永梁　國學論叢一卷四期

甲骨中殷商廟制徵　劉盼遂　女師大學術季刊第一期

甲骨文地名考　聞宥　中山大學語言歷史學研究所週刊九集一〇四，一〇五期

殷虛甲骨文之發現及其著錄與研究　蕭炳實　東方雜誌二十五卷十五號

研究甲骨文字的兩條新路　聞宥　中山大學語言歷史研究所週刊百期紀念號

殷虛文字用點之研究　商承祚　中山大學語歷研究所週刊十一集一二五至一二八期合刊

新獲卜辭寫後記　董作賓　新晨報文化特刊十八年三月十七，四月七日，五月十二，六月十五，七月二十一，八月二十五日

甲骨文字中叉文之研究　聞宥　中山大學語言歷史學研究所週刊文字學專號十一集一二五至一二八期

芝加哥博物館般契攝影記　葉玉森　中大語言歷史學研究所週刊十一集一二五至一二八期合刊

金文略例　鮑鼎　東方雜誌二十七卷二號

周金文中所見代名詞釋例　容庚　燕京學報第六期

聯綿字概說　朱芳圃　民鐸雜誌九卷五號

訓詁釋例　朱芳圃　民鐸雜誌九卷三號

古書疑義舉例再補　張岱年　努力學報第一期

滿州字義考　寗恩承　東北叢鐫第一期

（3）聲韻

音韻略論　金毓黻　東北叢鐫第八期

聲韻通例　黃侃　東北大學週刊四十五號

潘耒音論　朱芳圃　中山大學語言歷史學研究所週刊六集七十一期

古陰陽入三聲考　魏建功　國學季刊二卷二期

古陰陽入三聲攷　魏建功　國語旬刊一卷三期（國音沿革研究）

入聲攷 胡適 新月月刊一卷十一期

國語中入聲的演化 白滌洲 國語旬刊一卷六，七期（國音沿革研究）

從日本譯音研究入聲韻尾的變化 張世祿 中山大學語言歷史學研究所週刊九集九十九期

古音中已遺失之聲母商榷 葉光球 藝林第一期

封漢論韻二則 汪東 藝林第一期

喻母古讀考 曾運乾 東北大學季刊第二期

ㄐㄑ广ㄒ古讀考 葛毅卿 中山大學語言歷史學研究所週刊八集八十五，六，七期合刊

古聲類說 吳甌 東北叢鐫第十期

審音通說 黎錦熙 女師大學術季刊第三期

章太炎古雙聲說釋疑 鄭大洲 東北叢鐫第九，十期

雙聲疊韻說 羅常培 中大語言歷史學研究所週刊四卷四十一期

上下平說 陳鈍 中山大學語歷學研究所週刊三卷二十五，六，七期合刊

古代濁聲攷 敖士英 輔仁學誌二卷一期

古輔音通轉舉例　吳其昌　南開七十五，七十六期

今聲聽講錄　余蕊墨　藝林第一期

戴氏聲類表蠡測　趙邦彥　國學論叢一卷四號

戴東原對於古音學的貢献　馬裕藻　國學季刊二卷二期

從五音六律說到三百六十律　劉復　輔仁學誌二卷一期

從滿洲語對音上論中國音韻問題　鄧永齡　中央大學半月刊一卷十六期

釋康熙字典內含四聲音韵圖的唱　陳雲路　女師大學術季刊第二期

（4）方言

評林語堂先生的「左傳眞僞與上古方音」　衞聚賢　新月月刊一卷七期

關中漢代方言之研究　劉文錦　中山大學語言歷史學週刊八集八十五，六，七合刊

中國近代語研究提議　黎錦熙　國語旬刊一卷二期

沐陽方言攷　錢文晉　中央大學半月刊第一卷六期

秦中方言　劉文錦　中大語言歷史學研究所週刊八集八十五，六，七合刊

山西聞喜縣之方言　崔盈科　中大語言歷史研究所週刊九集一〇六期

南京音系　趙元任　科學十三卷八期

討究西南方音及西南民族歷史語言之管見　鄧永齡　中央大學半月刊第一卷五期

粤音與國音的比較　戴仲傑　中大語言歷史學研究所週刊八集八十五，六，七合刊

歐化的廣州方言　陳鈍　中大語言歷史學研究所週刊八集八十五，六，七合刊

海南音拼音字母　馮茂松　中大語言歷史學研究所週刊八集八十五，六，七合刊

閩粤方言之來源　林語堂　中大語言歷史學週刊八集八十五，六，七期合刊

閩南方言考　邱立　中大語言歷史研究所週刊八集八十五，六，七期合刊

閩南方音與十五音　葉國慶　中大語言歷史學研究所週刊八集八十五，六，七合刊

十五音與漳泉讀書音　薛澄清　中大語言歷史學研究所週刊八集八十五，六，七合刊

閩北方言述　翁國樑　中大語言歷史學研究所週刊十集一一〇期

述客方言之研究者　古直　中大語言歷史學研究所週刊八集八十五，六，七期合刊

廣西猺語的研究　丁文江　科學十四卷一期

記猓玀音　史祿國　中央研究院歷史語言研究所集刊第一本第二分

羅羅文的起源及其內容一般　楊志成　中大語言歷史學研究所週刊十一集一二五至一二八期合刊

三種古西域語之發見及其考釋　方壯猷　女師大學術季刊一卷第四期

乙種吐火羅語即龜茲國語考　馮承鈞譯　女師大學術季刊一卷第四期

龜茲國語及其研究之端緒　方壯猷譯　女師大學術季刊一卷第四期

所謂東伊蘭語即于闐國語考　方壯猷譯　女師大學術季刊一卷第四期

窣利語字母之研究　馮承鈞譯　女師大學術季刊一卷第四期

關於西域語之討論　馮承鈞　女師大學洲季刊一卷四期

（5）專著

（A）說文

說文集釋　陶惟坻　江蘇蘇州圖書館館刊第一，二號

讀說文記　方秋士　國學雜誌一卷五期（續第四期）

說文句讀校記　柳詒徵　中央大學國學圖書館年刊第二期

說文解字部首刪正　何大定　中大語言歷史學研究所週刊九集一〇五期

說文疑例舉例　金毓黻　東北叢鐫第九期

說文解字所用字體說　董衆　東北叢鐫第一期

說文讀若字研究　劉秀生　中大語言歷史學研究所週刊四集四十一期

說文雙聲疊韵聯語攷釋　吳庭讓　東北大學週刊第五十三，五十四，五十五，五十六，五十七，五十八，五十九，六十，六十一，六十二，六十三，六十四號

答四川國學學校諸生問說文書五通　劉師培　雅言一卷八，九期

說文解字考異稿本　馬太玄　中山大學圖書館館刊三卷三，四期合刊

關於姚文田說文考異稿本　中山大學語言歷史學研究所週刊五集五十六期

說文叙小箋　金毓黻　東北叢鐫第七期

說文重文疏叙　劉盼遂　學文第一期

(B)爾雅

爾雅釋獸詁　徐孚吉　國學雜誌一卷三期（續第一期）

爾雅釋親宗族考　于鬯著　國學雜誌一卷五期

釋爾雅釋鳥　章星垣　國學雜誌一卷三期

觀堂雅例訂　夏清貽　東北叢鐫第五期

（C）切韻

切韻年表　董作賓　中大語言歷史學研究所週刊三集二十五，六，七期合刊

切韻逸文考　丁山　中大語言歷史學研究所週刊三集二十五，六，七期合刊

陸法言切韻逸文補輯　汪宗衍　中大歷史語言學研究所週刊六集六十一期

切韻晉殘　馬太玄　中大語歷研究所週刊三集二十五，六，七期合刊

跋唐寫本切韻殘卷　董作賓　中央研究院歷史語言研究所集刊第一本第一分

唐寫本切韻殘卷跋　丁山（轉載北大國學週刊）中大語歷研究所週刊三集二十五，六，七期合刊

唐寫本切韻殘卷續跋　丁山　中大語歷學研究所週刊三集二十五，六，七期合刊

切韻探頤　羅常培　中山大學語言歷史學週刊三集二十五，六，七期合刊

切韻非吳音說　丁山　中大語歷學研究所週刊三集二十五，六，七期合刊

討論切韻的韵部與聲紐 黃淬伯 中大語歷學研究所週刊六集六十一期

切韻序校釋 羅常培 中大語歷學研究所週刊三集二十五，六，七期合刊

李舟切韻考 次 新晨報副刊十八年三月六日

王存文切韻考 次 新晨報副刊十八年二月七日

慧琳一切經音義反切聲類考 黃淬伯 中央研究院歷史語言研究所集刊第一本第二分

切韻外篇初印本的異文 容肇祖 中大語歷學研究所週刊三集二十五，六，七期合刊

（D）廣韻

廣韻釋例 金毓黻 東北叢鐫第八期

廣韵四十六母標音 疑古玄同 國語旬刊一卷九期

論廣韵分部 楊亮工 中國公學大學部中國文學季刊一卷一期

（6）字說

㑪 劉朝陽 中山大學語言歷史學研究所週刊三集二十八期

說出㚔 丁山 中央研究院歷史語言研究所週刊第一本第二分 附釋非，釋㚔，釋蒙。

說稽　章太炎　雅言一卷八期
釋醜　汪東　雅言一卷十一期
釋誠　傅銅　哲學第七期
釋中　王愿生　東北大學週刊第十二號
釋丙　邵履祥　中大語歷學研究所週刊十集一一七期
釋丵　胡吉宣　中大語歷學研究所週刊十集一一三期
釋爭　金毓黻　東北叢鐫第八期（三篇）
釋讀　聞欣　雅言一卷一期
釋身　何士驥　女師大學術季刊第二期
釋皀　戴家祥　國學論叢一卷四號
釋朱　商承祚　中央研究院歷史語言研究所週刊第一本第一分
釋甫　戴家祥　國學論叢一卷四號
釋百　戴家祥　國學論叢一卷四號

釋干 戴家祥 國學論叢一卷四號

釋午 魏建功 輔仁學誌二卷一期

釋良 顧廷龍 中大語歷學研究所週刊四集四十二期

釋克 顧廷龍 中大語歷學研究所週刊四集四十二期

釋侊 朱芳圃 中山大學語言歷史學研究所週刊六集七十期

字說 方國喻 師大國學叢刊一卷一期

也母考 孤桐 東方雜誌二十七卷三號

叟字說 戴家祥（商周字例五易例附錄） 中山大學語言歷史學研究所週刊十集一一一期

哭字說 戴家祥 中大語歷學研究所週刊十一集一二五至一二八期合刊

殷栔亡文說 丁山 中央研究院歷史語言研究所集刊第一本第一分

立字質疑 商承祚 中大語言歷史學研究所週刊十一集一二五至一二八期合刊

數名古誼 丁山 中央研究院歷史語言研究所集刊第一本第一分

三百篇之『之』 黎錦熙 燕京學報第六期

說「相」「廝」　魏建功　國語旬刊一卷二期（國音沿革研究）

再說「相」「廝」　魏建功　國語旬刊一卷十三期（國語沿革研究）

釋唱喏　孫楷弟　國語旬刊一卷十三期（國語詞類研究）

說甚麼　吳承仕　中國大學季刊四號

賓柴說　太炎　雅言一卷十期

釋齊𪗾　何士驥　女師大學術季刊第一期

釋蔡殺　胡吉宣　中央大學半月刊一卷十一期　中山大學語言歷史學研究所週刊十集一一四期

釋若者　黃侃　雅言一卷十一期

釋怒子　黃侃　雅言一卷十一期

說渠門　章太炎　雅言一卷九期

鞠躬解　劉師培　雅言一卷七期

嫦娥考　劉盼遂　學文第一期

釋干支　陳啓彤　雅言一卷三，四期

(7)國語問題

改革漢字的一個提議　楊端六　現代評論八卷一九四期

(8)文法與修辭

漢以前的文法研究　何定生　中山大學語言歷史學研究所週刊三集三十一，三十二，三十三期

關於古文法的通信　衛聚賢　何定生　中大語歷學研究所週刊五集五十二期又五十三，五十四合期

國語中複合詞的歧義和偏義　黎錦熙　女師大學術季刊第一期

複合詞構成方式簡譜　黎錦熙　國語旬刊一卷十二期

國文中之倒裝賓語　楊樹達　清華學報六卷一期

與劉濟書　劉樸　東北大學週刊十，十一，十二號（駁胡適國語文法概論之第二篇國語的進化一文）

字表　陳承澤遺著　學藝八卷六，八，十號，九卷一，二，三號

國文法草創活用外錄　c p　學藝八卷三號

四　考古學

（1）通論

中國之銅器時代　馬衡　史學雜誌第一卷第三期（轉錄考古學論叢）

評馬衡中國之銅器時代　繆鳳林　史學雜誌一卷三期

中國古代鐵兵考　陳漢章　史學雜誌一卷四期

關於古代鐵製兵器先行於南方考之討論　朱希祖　大公報文學副刊三十九，四十，四十一期（曾載新晨報）

答朱希祖君　大公報文學副刊三十二，三十三，三十四期。（附來書）（本文係關於中國鐵製兵器先行於南方考一文的辯論）

關於「中國古代鐵製兵器先行於南方考」之又一討論　紹來　新晨報副刊十八年一月十一日，十二日，十四日

就紹來君討論中國古代鐵兵問題後之所感　章鴻釗　新晨報副刊十八年一月二十四，二十五，二十六，二十八日

結論中國古代鐵兵問題並答章鴻釗君　紹來　新晨副刊十八年二月一，二，四，五日

就文副對於鐵兵問題之結論申述所見　章鴻釗　新晨報副刊十八年二月八日

評近人研究中國古代先用鐵兵之地點　陸懋德　新晨報副刊十八年二月二十七日

關於「中國古代鐵製兵器先行於南方考」之討論　朱希祖　新晨報副刊十八年三月九日，十一日（五致大公報文

副編輯並答章鴻釗紹來陸懋德三君）

略論中國鐵器時代之開始　曆陽　新晨副刊十八年三月廿一，廿二，廿三日

關於古代鐵製兵器先行於南方考之討論　朱希祖　新晨報副刊十七年九月十七，十八，十九，二十，廿一，二十二日

（再致大公報文學副刊編者）

關於「古代鐵製兵器先行於南方考」之討論　章鴻釗　新晨報副刊十七年十二月廿一日，廿二日，廿三日，廿四日（就朱希祖君古代鐵製兵器先行於南方考及其與大公報文學副刊往來辯論書敬貢一言）

中國上古銅兵考　陸懋德　國學季刊二卷二期（上篇）

戈戟之研究　馬衡　燕京學報第五期

王國維先生考古學上之貢獻　容庚　燕京學報第二期

從考古學上看的中日文化底交涉　原田淑人講　錢稻孫譯　清華週刊三十三卷七至八期

（2）新發掘

中國最近發現之新史料　李濟先生講　余永梁筆述　中大語歷學研究所週刊五集五十七，五十八合刊

新石器時代遺址發現的經過和見解　衞聚賢　東方雜誌二十六卷四號

中國猿人化石之發現 裴文中 科學十四卷八期

周口店之骨化石堆積 楊鍾健 科學十四卷八期

中國新得一「人類原始亞洲」的實證 哲生 東方雜誌二十六卷十一號

南京發現新石器時代遺址 衛聚賢 東方雜誌二十七卷一號

殷虛甲骨之新發現 大公報文學副刊五十九期

樂浪郡之遺跡 日本關野貞著 邵蘊璞譯 地學雜誌十八年一期

張優鎮有秦時遺跡 姚光 文藝雜誌第八期(懷舊樓叢錄)

燕下都考古記 傅振倫 地學雜誌十八年四期

燕下都武陽城故址考 傅振倫 新晨報文化特刊十八年十二月二十二日

蒙新考古報告 黃文弼 地學雜誌十八年三期

漢汾陰后土祠遺址的發現 東方雜誌二十六卷十九號

調查員村鄉發現晉代古冢始末記 商承祚 中大語歷學研究所週刊三集三十期

關於葛洪古冢的通信 黃仲琴，傅斯年，顧頡剛 中大語歷學研究所週刊三集二十八期

甯波市新出土甎石考　馮貞羣　中大語歷學研究所週刊四集四十四，五合刊

青天白日石刻的發現及其他　魏應麒　中大語歷學研究所週刊六集七十二期

南京明故宮發掘古物記　繆鳳林　史學雜誌一卷六期

斯坦因甘新考古輯要　孫守先　地學雜誌十六卷一期

西北科學團在新疆考古情形　黃文弼　女師大學術季刊一卷四期

泉州考古記　張星烺　地學雜誌十六卷一期

雅言錄　汪康年　文藝雜誌十一，十二期（內多關於考古學之文字，如：法人掘獲新疆古物，日本人得新疆古物，墓刻古器優劣評等）

（3）金石

（A）吉金　附玉器

齊楚古金表　胡光煒　圖書館學季刊二卷三期

西淸金文眞僞存佚表　容庚　燕京學報第五期

宋代金文著錄表　王國維原輯　容庚重編　北平圖書館月刊一卷五號

金文地名考　余永梁　中大語歷學研究所週刊五集五十三，五十四合刊

金文地名表　謝彥華　中大語歷學研究所週刊七集八十一期

鼎與鬲　日本濱田耕作　東方雜誌二十六卷三號

散盤釋彙　夏清貽　東北叢鐫一期

散盤今釋　黃葆戊　東方雜誌二十七卷二號

散盤今釋跋尾　陳寶琛，陳衍，楮德彝，吳士鑑　東方雜誌二十七卷二號

散盤句讀　方國瑜　東北叢鐫第五期

毛公鼎銘考　日本林泰輔著　明朝譯，中大語歷學研究所週刊十集一一六期

周公子明兩器釋文　柯昌泗　輔仁學誌一卷二期

莽量考　王國維　學衡五十八期

新嘉量之校量及推算　劉復　輔仁學誌一卷一期

攈古錄釋文訂　沙孟海　（係金文著錄的考訂）　中大語歷學研究所週刊九集一〇二期

宋宣和博古錄　商承祚　中大語歷學研究所週刊十一集一二二期

東武王氏商盉堂金石叢話　王維樸　東方雜誌二十七卷二號

泉譜　羲抱　國學雜誌一卷三期

周玉刀釋文　楊調元　國學雜誌一卷三期

明永曆帝玉璽拓本跋　容肇祖　中大圖書館週刊四卷四期

（B）石刻　附泥塑

鴛鴦七誌齋藏石目錄　于右任　東方雜誌二十七卷二號

四十九石山房刻石　夏廷棫　中山大學圖書館週刊七卷四期

本所藏古物器物書畫目錄　中大語歷學研究所週刊六集六十二，三，四期合刊

寰宇貞石圖目錄　沈勤廬，陳子彝　蘇州圖書館館刊第二號

雪雲莊知見古銅印譜目錄　一藏輯　新晨報副刊文化特刊十八年七月廿一日

幢目　葉恭夔遺著　北平圖書館月刊三卷三，四號

再補金石學錄　王謇　江蘇蘇州圖書館館刊第一期

貞元石齋讀書錄　趙鴻謙　史學雜誌一卷六號

吳中金石記　王謇　蘇州圖書館館刊第一，二號

本館所藏秦漢碑刻提要　胡鎏稜　中山大學圖書館週刊七卷一，二，三，四期

石鼓文地名考　古華山農　國學雜誌一卷三期

記瑯琊台秦刻石東面釋文　林鈞　中山大學語歷學研究所週刊百期紀念號

漢孟琁殘碑跋尾　吳其昌　北平圖書館館刊四卷五號

清敦煌太守裴岑破北匈奴紀功碑跋尾　吳其昌　國學季刊二卷二期

魏毋丘儉丸都山紀功刊石跋尾　吳其昌　北平圖書館月刊三卷三期

校補韓蘄王碑　柳詒徵　史學雜誌一卷三期

金門明監國魯王墓　黃仲琴，夏廷棫　中大語歷學研究所週刊六集六十九期

跋秦朗碑　黃仲琴　中大圖書館週刊三卷三，四期合刊

跋玉壘山碑　黃仲琴　中大圖書館週刊三卷三，四期合刊

闞特勤碑跋　三多　文藝雜誌第八期

闞特勤碑　黃仲琴　中山大學語歷學研究所週刊百期紀念號

再談闞特勤碑　黃仲琴　中大語歷學研究所週刊十集一二〇期

唐玄宗第五女墓誌　顧燮光　文藝雜誌第十二期（䵷堪墨話之一）

襄陽張氏墓誌　汪康年　文藝雜誌第十二期（雅言錄之一）

宋尙書禮部郎中上護軍范陽縣開國伯祖士衡墓誌銘　柯昌泗　輔仁學誌二卷一期

宋宵玉清萬壽宮碑　黃仲琴　中大語歷學研究所週刊十集一一八期

遼彭城郡王劉繼文墓誌銘　奉寬　燕京學報第七期

女眞國書碑跋尾　羅福成　北平圖書館月刊三卷四號

拜城摶者克拉格溝摩崖　黃文弼　女師大學術季刊一卷四期

重建大聖寺靈瑞塔碑記校正　商承祚　中大語歷學研究所週刊五集五十二期

元王傅風堂記碑　遯盦　新晨報文化特刊十七年一月二日

䵷堪墨話　顧燮光　文藝雜誌第九，十，十一，期（內有鄭君殘碑之誤，張與墓誌之誤，劉仲擧墓誌之作僞，北朝造像諸碑名稱，譚復堂考證金石學，麟見亭宴臺訪碑圖考證，陝西新出土小子碑，洛陽新出土古碑，張茅鎭石橋上柱刻，肇縣石窟寺金石，重陽宮元碑，秉廣禪師碑，河陰縣新出土隋唐墓志，猶太挑經教碑，毛子林考訂金石著作，金石書價値之昂。）

焦山石刻　秉衡居士　文藝雜誌第五期（荷香館瑣言之一）

雅言錄 汪康年 文藝雜誌第十一期（惠秋部集帖目，唐拓順陵碑）
龍門造像雜記 許同莘 地學雜誌第十七年一期
陝西邠縣之造像 崔盈科 中大語歷學研究所週刊五集五十六期
洛陽龍門之造像 崔盈科 中大語歷學研究所週刊五集五十五期
塑述 英天一 東方雜誌二十七卷二號
唐楊惠之塑像考 沈勤廬 蘇州圖書館館刊第二號
甪里觀塑記 熊適逸 東方雜誌二十七卷第二號
甪里觀塑記 陳子彝 蘇州圖書館館刊第二號
四記楊惠之塑像 顧頡剛 中大語歷學研究所週刊十集一一七期
五記楊惠之塑像 顧頡剛 中大語歷學研究所週刊十集一一八期
大同雲岡石窟志略 兌之 國聞週報六卷四十二，四十三期
雲岡石窟 嬰行 東方雜誌二十七卷二號
攝山石刻補記 向達 東方雜誌二十六卷六號

(C)印章

古印概論　黃賓虹　東方雜誌二十七卷二號

印學概論　沙孟海　東方雜誌二十七卷二號

東西印章之歷史及其品性之變遷　吳貫因　東北大學週刊紀念增刊

漢官印跋四篇　柯昌泗　輔仁學誌二卷一期

秋夢盦藏畏吾文印識語　珏廬　新晨報文化特刊十七年十月十四日

元帥監軍之印考　秋夢　新晨報文化特刊十八年五月十二日

與莊莊上人釋蒙古文昌平路印篆書　珏廬　新晨報文化特刊十七年十一月廿五日

蒙文四印考音寫後記　天行　新晨報文化特刊十八年九月廿二日

蒙文四印考音　天行　新晨報文化特刊十八年八月廿五，九月廿二日

呂世宜所用的幾個篆章　薛澄清　中大語歷學研究所週刊六集六十七，八期合刊（十八世紀中國南的一個小學家—呂世宜）中之一段

呂世宜幾個篆章補　謝雲聲　中大語歷學研究所週刊九集一〇六期

藍水書塾筆記　何則賢　文藝雜誌第十，十二期（內有正乙眞人印，辛稼軒印，印章流派。）

（D）雜考

商代失國霾卜考　陳邦福　中大語歷學研究所週刊三集三十期

九鼎考　孫蜀丞　努力學報第一期

模製考工記車制記　羅庸　中大語歷學研究所週刊四集四十八期

中國歷代之尺度　王國維　學衡五十七期

西漢黃腸木刻考　汪宗衍　中大語歷學研究所週刊四集三十八期

中國的羅盤針考　蔣蔭樓譯　中大語言歷史學研究所週刊三集二十九期（按此文譯自F. Hirth的The Ancient History of China一文）

殷人服象及象之南遷　徐仲舒　中央研究院歷史語言研究所集刊第二本第一分

汲冢竹書考　黎光明　中大語歷學研究所週刊三集三十一，三十二，三十三期

簡書發現考　容肇祖　中大語言歷史研究所概刊百期紀念號

考支那古典之年代　新城新藏著　錢稻孫譯　北大圖書部月刊一卷二期

皮蛋文獻考　王兆澄　學藝九卷六號

蔗糖考　劉朝陽譯　中大語言歷史學研究所週刊三集三十三期

外洋傳入閩中的物產　葉國慶　中大語歷學研究所週刊六集六十六期

瓦木類之古文字　林歐齋　文藝雜誌第十一期（榕陰談屑之一）

五　史學

（Ｉ）通論

史與史字之解釋　鄭鶴聲　史學雜誌一卷五期

薤史　船山　船山學報二，三，四期

歷史研究法　梁任公講　周傳儒記　清華週刊廿六卷十一期，廿九卷一，二期

某氏歷史研究法正誤　陳漢章　中央大學半月刊第一卷五期

歷史研究法　何炳松　民鐸雜誌十卷一號

整理中國史籍之必要及其方法　傅振倫　學文第一期

中國史料的整理　陳垣　史學年報第一期

徵集史料意見書　陳功甫　中大語歷學研究所週刊三集三十四期

劉知幾與章實齋之史料蒐集法及鑑別法　張壽林　長報副刊十六年七月份

劉知幾學術思想之淵源　傅振倫　新晨報副刊十八年五月六，八，九，十，十一日

章學誠史藉考體例之評論　傅振倫　北大圖書部月刊一卷一期

語史　吳恩裕　東北大學週刊六十七，七十，七十一，七十五期

中國史前之遺存　繆鳳林　東方雜誌二十五卷十一號

中國最近發現之新史料　李濟先生講余永梁筆記　中大語歷學研究所週刊五卷五十七，五十八期合刊

論歷史學之過去與未來　張蔭麟　學衡六十二期

中國史學家研究中國古史的成績　Arthur W. Hummel著　王師韞譯　中大語言歷史學研究所週刊九集一〇一期

古史研究之過去與現在　繆鳳林　史學雜誌一卷六期

周秦史學　陳競　中國大學季刊一卷四號

正史總論　鄭鶴聲　史學雜誌一卷二期

通史例上　陳鼎忠　曾運乾　東北大學週刊第二期

讀史微言　繆鳳林　東北大學週刊第一，二，三，四，五，六，七期

論先秦傳述古史分三派不同　蒙文通　成大史學雜誌第一期

中國三大史家思想之異同　傅振倫　新晨報副刊十七年十一月廿六，廿七，廿八，廿九日

編制上行歷史的提案　魏應麒　中大語歷學研究所週刊九集一〇三期（卽編排歷史的事實，由現在而過去，詳今而略古。）

論康有爲辨僞的成績 顧頡剛 中大語歷學研究所週刊十一集一二三，四期

史諱舉例 陳垣 燕京學報第四期

古史官考略 鄭鶴聲 史學雜誌二卷一期

中國開化於東方考 蒙文通 中央大學半月刊第一卷三期

古史甄微 蒙文通 史學雜誌一卷四，五，六期，二卷一期。

古史甄微質疑 張崟 史學雜誌二卷三，四合期

古史甄微質疑 張鄤 中央大學半月刊一卷十二期

三代文化論 蒙文通 史學雜誌二卷三，四合期（按此爲蒙君古史甄微新作之補篇）

徵信論 章太炎 雅言一卷五期

荄茲堪考古脞錄 李岳瑞 雅言一卷八期

（２）專著

尚書中史蹟之疑案 吳貫因 東北大學週刊第一百〇一期，第一百〇二期

三史考 李光季 成大史學雜誌第二期，史學雜誌二卷三、四合期

史記名稱之由來及其體例之商榷　靳德峻　師大國學叢刊一卷一期

史記三家注補正　瞿方梅　學衡五十五，五十七，五十八期

史記天官書之研究　劉朝陽　中大語歷學研究所週刊七卷七十三，四合刊

史記天官書大部分爲司馬遷原作之考證　劉朝陽　中大語歷學研究所週刊八集九十四，五，六期合刊

史記觀讀釋例　靳德峻　努力學報第一期

從史記本書考史記本原　羅根澤　北平圖書館月刊四卷二期

讀史偶識　高步瀛　努力學報第一期　師大國學叢刊一卷一期

史記太史公自序箋證　高步瀛　女師大學術季刊第一期

史記文學之研究　袁菖　中央大學半月刊一卷十三期

關於司馬遷生年之一新說　韓悅譯　大公報文學副刊一百〇七期

史漢研究緒言　鄭鶴聲　史學雜誌二卷二號

漢書五行志凡例　繆鳳林　史學雜誌一卷二號

讀漢書藝文志拾遺　王重民　北平圖書館月刊三卷三號

讀漢書藝文志 錢文晉 藝林第一期

魏書源流考 李正奮 國學季刊二卷二期

讀北史雜記 胡適 中國公學大學部中國文學季刊一卷一期

五代史記題解 夏承燾 民鐸雜誌五卷四號

陶氏「五代史記注」校補後紀 夏廷棫 中山大學語言歷史學研究所週刊九集一〇一期

薛氏舊五代史之冥求 陳登元 東方雜誌二十七卷十四號

後梁書敍傳 毛乃庸 史學雜誌一卷四期

述宋史質 柳詒徵 史學雜誌一卷一期

明史抉微 陳守實 國學論叢一卷四號

讀清史稿述臆 王柏祥 民鐸雜誌十卷一號

評清史稿邦交志 蔣廷黻 北平圖書館月刊二卷六號，三卷一號

與大公報文學副刊編者書 張爾田 學衡第六十六期（內係討論：（一）論清史稿欒志體例，（二）論史例，（三）論清史稿藝文志作法。）

清史稿目錄　中華圖書館協會會報三卷五期

史通補釋　陳漢章　史學雜誌一卷五，六期，二卷三，四合期

讀史通　王永豐　東北大學週刊七十七，七十八期

五代闕史稿之一　魏應麒　中大語言歷史學研究所週刊七集七十五，七十六，七十七，七十八期

編纂五代闕史引言　魏應麒　中大語言歷史學研究所週刊七集七十五期

(3)歷代史料

三皇五帝說源流考略　周維權　成大史學雜誌第一卷二期

三皇五帝傳說由來的蠡測　孫正容　中央大學半月刊一卷十三期

三皇五帝說探源　蒙文通　繆鳳林　史學雜誌一卷五期

皇帝事蹟演變考　陳槃　中大語言歷史學研究所週刊三集二十八期

駁堯典四仲中星說及論堯舜禪讓之非僞　吳貫因　東北大學週刊一〇八期，一〇九期

堯舜禪讓問題　蔣應榮　中大語言歷史學研究所週刊四集三十七期

堯舜的傳說　楊筠如　中大語言歷史學研究所週刊五集五十九，六十合刊，六集六十一期

鯀的罪狀的討論 李隆光 中大語言歷史學研究所週刊五集五十三，五十四合刊

關於鯀禹罪狀的討論 丁學賢 中大語歷學研究所週刊七集八十一期

夏禹考 吳恩裕 東北大學週刊五十五期

禹在中國西南部之傳說及與杜宇傳說之比較 黃仲琴 中大語歷學研究所週刊五集五十九，六十合刊

墨子所見禹之事蹟考 吳恩裕 東北大學週刊五十八號

由天問證竹書紀年益干啟位啟殺益事 劉盼遂 中大語歷學研究所週刊三集三十二期

對於太康失位的懷疑 蔣應榮 中大語言歷史學研究所週刊四集四十三期

中國古史答問 劉掞黎 成大史學雜誌第一卷二期

中國上古史實習課旨趣書 顧頡剛 中大語歷學研究所週刊五集五十七，五十八合刊

關於「九州」之討論 于鶴年 中大語言歷史學研究所週刊三集二十八期（按此論肇自大公報文學副刊駁顧頡剛之秦漢統一之由來及戰國時代對于世界的想像一文，此則轉載于鶴年致大公報文學副刊函及答函也。）

讀中國歷史的上帝觀 丙尊 一般一卷四期

論帝王出身傳說 趙景深 北新二卷十四號

殷商制度考　束世徵　中央大學半月刊二卷四期（（一）商之建國，（二）商之設官，（三）商之授時，（四）商之施政。）

商民族的經濟生活之推測　程憬　新月月刊一卷四期

商民族的氏族社會　程憬　中大語言歷史學研究所週刊四集三十九，四十，四十二期

湯征之始地考　張靈瑞　中大語歷學研究所週刊十集一一九期

周公事跡的傳疑　楊筠如　中大語言歷史學研究所週刊八集九十一期

周召二南與文王之化　陳槃　中大語歷學週刊四集三十七期

周初統制之法先後異術遠近異制考　蒙文通　中央大學半月刊一卷九期

九鼎周亡論　趙德成　東北大學週刊第八十九期

從春秋經中求出當時史所注意之事實範圍　何德讓　中大語歷學研究所週刊六集六十九期

從春秋經中推考春秋時代事勢之變遷　劉君奭　中大語歷學研究所週刊七集七十六期

原始的齊國與太公的人格　陳子怡　女師大學術季刊第三期

春秋初年齊國首稱大國的原因　楊筠如　中大語歷學研究所週刊八集九十二，三合刊

春秋時代異族之華化　李光季　成大史學雜誌第一卷一期

春秋時異族華化廣證 婁景斐 成大史學雜誌第一卷一期

孔子周遊列國傳說的演變 方書林 中大語歷學研究所週刊六集七十期

眞孔子的史料 鄭澤 中大語歷學研究所週刊六集七十一期

曹沫事輯並考證 袁菖 中央大學半月刊第一卷八期

論秦及漢初之攻取(上) 蒙文通 成大史學雜誌第一卷一期

張騫與西域 張仲和 成大史學雜誌一卷二期

前漢之經營西域 曾問吾 中央大學半月刊第一卷八期

樓蘭與漢代之關係 黃文弼講 浒支記 地學雜誌十八年四期

漢唐之和親政策 王桐齡 史學年報第一期

晉惠帝時代漢族之大流徙 劉掞黎 成大史學雜誌第一期

唐方鎮年表 吳廷燮(卷之一，二) 東北叢鐫第九，十期

岳飛班師辨 市村瓚次郎著 陳裕青譯 史學雜誌一卷四期

元行省丞相平章事年表 吳廷燮 東北叢鐫第二，三，五，六期

蒙古史發凡　柯勞斯教授著　從吾譯並著　輔仁學誌一卷二期

元氏氏族考　孔德　中大語歷學研究所週刊五集五十六期

吐蕃彝泰贊普名號年代考　陳寅恪　中央研究院歷史語言研究所集刊第二本第一分（蒙古源流研究之一）

耶律楚材父子之異趣　陳垣　燕京學報第六期

皇明末造錄　舊京孤臣金鐘編輯　國學雜誌一卷三期（續第二期）

建文遜國傳說的演變　胡適　中央研究院歷史語言研究所集刊第一本第一分（跋崇禎本遜國逸書殘本）

永曆大獄十八先生史料評　朱希祖　國學季刊二卷二期

明季流寇之成因　束世徵　史學雜誌第一卷三期

南京教案始末　張維華　齊大月刊一卷二，三期

甯南侯左良玉舉兵東下請誅馬阮疏　江陰繆氏藏　文藝雜誌第七期（傳鈔本）

左甯侯請除君側奸惡檄文　江陰繆氏藏　文藝雜誌第七期

常熟縣民張漢儒控錢謙益瞿式耜呈詞　江陰繆氏藏　文藝雜誌八期

臺灣鄭氏大事年表　周勝皋　中大語歷學研究所週刊四集四十一期

廣陽雜記中之鄭成功事跡　梁廖．中大語歷學研究所週刊四集四十一期

鄭成功遺跡略述　蘇贅予　謝雲聲　中大語歷學研究所週刊七集七十七期

康熙建儲案　文獻叢編第四輯

聖祖諭旨　掌故叢編第一輯，二輯

康熙四十八年廣東督撫奏西洋人進貢摺（一）趙弘燦范時崇摺五，（二）趙弘燦摺三，（三）諭西洋人哆囉禁用五爪龍邊史料旬刊第三期

西洋人進貢案　郎廷極摺二　史料旬刊第十一期

康熙已未會試科場案　史料旬刊第一期（原藏三所）

蘇魯國貢使回國案（一）李有國摺，（二）新柱摺，史料旬刊八期（原藏三所）

徐乾學等被控案　文獻叢編第四，五輯（康熙二十九年至三十一年）

康熙時關於噶爾丹文書　文獻叢編第六輯

清世祖諭旨　掌故叢編第三輯

趙開心參李若琳本　掌故叢編第三輯

李若琳被趙開心參求罷職本　掌故叢編第三輯

莊憲祖題爲綸扉重地宜簡賢良本　掌故叢編第三輯

刑部覆莊憲祖參王昌胤等議罪本　掌故叢編第三輯

洪承疇病目本　掌故叢編第三輯

洪承疇請守制本　掌故叢編第三輯

乾隆朝文字獄　吳文世雲氏草案，馮王孫五經簡詠案，王仲儒西齋集案，劉義刷賣聖諱實錄，沈大章案　文獻叢編第一，二，三，四，五，六輯

臺灣黃教案　史料旬刊第十一，十二，十五，十六期

羅教案　史料旬刊第二期，十二期

河南桐柏縣天主教案　阿思哈摺三，史料旬刊第十二期

湖南省傳抄謠詞案　史料旬刊第十二期

江浙長生教案　史料旬刊第十三，十五期（彰寶摺，永德摺二）

深州民張福恒出首楊永先等謀判案　史料旬刊第十三期

傅毓俊誣諂張天重謀叛案　史料旬刊十六期

直隸總督楊廷璋奏審擬紅陽教餘孽摺　史料旬刊十六期

安南請查莫氏後裔案　史料旬刊第十四期

江蘇大乘無爲二教案　史料旬刊十五期

暹羅國入貢案　史料旬刊十四期

乾隆朝京外王公大臣官員等懇請造無量壽佛案　英廉漢拉遜摺史料旬刊十七期，十八期（原藏三所）

清乾隆頒發各廟宇西番字蒙古字楞嚴經案　史料旬刊十六期（原藏三所）

安南土官韋福琯滋擾諒山案　史料旬刊十六期

雲南野夷猓猓殺焚搶掠案　史料旬刊第十七期，十八期

雲南整欠景海兩土目進貢案　史料旬刊第十七期

慈寧宮改建大殿案　史料旬刊十六期（原藏三所）

臺灣彰化縣奸民聚衆豎旗案　史料旬刊十六期

福建古田縣蕭日安製旗聚衆案　史料旬刊第十六期

潮州王朝柱究子僞造印札案　史料旬刊十九期（原件藏三所）

查禁寬永錢文及私鑄案　史料旬刊第十四期

安南夷人陳廷瞻阮文富薙髮改裝私越隘口案 史料旬刊十八期（原藏三所）

準噶爾夷人進貢案 史料旬刊十九期（原藏三所）

安南進貢案 史料旬刊第十八期（原藏三所）

剳辦案（一）富尼漢摺五・（二）廷寄一至三十四（三）方觀承摺四（四）軍機處奏片（五）諭旨一至三（六）劉統勳等摺六（七）彰寶摺六（八）阿思哈摺二（九）傅恒等摺二（十）永德摺四（十一）劉統勳等片二（十二）高晉摺（十三）馮鈐摺三（十四）託恩多等摺（十五）夾片（十六）阿里袞摺（十七）岳濬摺（十八）楊錫紱摺（十九）福彭摺 高斌摺（二十）圖爾炳阿摺 史料旬刊第五，六，七，八，十，十一，十八期

奏覆嚴禁優伶蓄髮除江蘇等處加意體察外可否敕令閩省一體禁約以端風俗摺 史料旬刊十九期

雲貴總督李侍堯等奏爲審明軍犯張振奇等謀財害命分別定罪擬摺 史料旬刊第十三期

安南夷民披竹毀柵案 史料旬刊第十，十三期（原藏三所）

清乾隆修建各處殿宇工程案 史料旬刊第十四期，十五期（原藏三所）

武英殿遺失經板案 史料旬刊十三期（原藏三所）

內務奏清查武英殿修書處餘書請將監告司庫等官員議處摺 史料旬刊第四期

高樸私鬻玉石案 史料旬刊十九期（原件藏三所）

江西巡撫胡寶瑔奏參都昌縣顧綱摺 史料旬刊第十二期

山東巡撫鄂容奏參原任建昌道王柔摺 史料旬刊第十二期

陝甘總督明山奏覆查明鳳翔八觀現存湮沒情形摺 史料旬刊第十二期

關于莊史案的材料 夏廷棫 中大語歷學研究所旬刊三集三十二期

王錫侯字貫案 掌故叢編一輯，二輯，三輯

記王錫侯字貫案 柳詒徵 史學雜誌一卷二期

成造中和樂器案 史料旬刊第十五期

托恩多奏覆乾隆二十四年粵海關收稅短少摺 史料旬刊第三期

奉天府尹鄂寶奏報乾隆十七年奉省戶口米穀數目摺 史料旬刊十九期（原藏三所）

陝甘總督黃廷桂奏審擬涇州生員朱紹愷等首告甘普妖言聚衆謀爲大逆一案摺 史料旬刊第十四期

廓爾喀王初次原稟　文獻叢編第三輯

允禩允禟案　文獻叢編第一，二，三輯

蔡懷璽投書允禵書　文獻叢編第一輯

盧宗漢案　文獻叢編第三輯

戴鐸奏摺　文獻叢編第三輯

戴鐸口供　文獻叢編第四輯

王鴻緒密繕小摺　文獻叢編第二，三輯

張倬投書案　文獻叢編第一，二輯

浙江巡撫永貴奏覆杭城旗民鬥毆情形摺　史料旬刊第十五期

僧人覺圓等結盟散旗案　史料旬刊十九期（原件藏三所）

山西巡撫阿思哈奏覆大同等州縣查無長陵遺跡摺　史料旬刊第十五期

英使馬戛爾尼來聘案　掌故叢編第一，二，三輯

宮中現行則例四卷　掌故叢編第一，二，三輯

中正殿等處應需光祿寺奶子款目 史料旬刊第三期

福州將軍新柱奏訪訊外番呂宋與蘇祿國彼此搆兵情形摺 史料旬刊第十七期（原藏三所）

雍正朝外交案 孔毓珣摺一至五 史料旬刊第七期

雍正安南勘界案（一）高其倬摺二，（二）阿克敦摺四，（三）杭奕祿摺，（四）諭安南國王，（五）南天祥摺二，（六）阿克敦摺六，（七）移安南國稿，（八）鄂爾泰摺一至九，（九）抄錄咨會安南國稿，（十）孔毓珣摺二，（十一）尹繼善摺，（十二）張應宗摺，（十三）鄂爾泰咨安南國王稿二，（十四）安南國來柬四，（十五）阿克敦摺五。史料旬刊第二，四，五期

古州苗案 尹繼善摺二 史料旬刊第十一期

安徽壄天三乘二會案 趙弘恩趙國麟摺三 史料旬刊第十一期

汪景祺西征筆記 掌故叢編第一，二，三輯

鄂爾泰論石哈禮李衛摺 掌故叢編第三輯

湖南巡撫王國棟奏覆詢明押解發遣廣西八犯之官弁兵役中途未聞揑造悖逆之言摺 史料旬刊第十一期

直隸總督李衛奏遵旨覆奏並附陳拿獲匪犯訊出邪教在辦理緣由摺 史料旬刊第十七期（原藏三所）

福建水師提督王郡奏報客民偷渡過臺情形並嚴拿客頭窩引之人治罪摺　史料旬刊第十七期（原藏三所）

年羹堯奏摺　文獻叢編第五，六輯

王原折上年羹堯書　史料旬刊第一期（原藏三所）

道光十一年查禁鴉片煙案　（一）馮贊勳摺，（二）刑部摺，（三）阮元等摺，（四）李鴻賓朱桂楨摺，（五）吳榮光摺，（六）李鴻賓等摺，（七）訥爾經額摺，（八）嵩溥摺，（九）祁𡎴摺，（十）鄂山摺，（十一）覺羅瑞福等摺，（十二）內務府摺，（十三）瞿溶摺，（十四）史譜摺，（十五）鄧廷楨摺，（十六）盧坤摺，（十七）琦善摺，（十八）保昌摺，（十九）楊國楨摺，（二十）吳榮光摺，（二十一）陶澍等摺，（二十二）阿勒清阿摺。史料旬刊第三，四，五，六，九期

英吉利佔領廣州之役史料　夏廷棫　中大語言歷史學研究所週刊十集一一〇期

嘉慶誅和坤案　「（一）上諭九，（二）軍機處奏二，（三）胡季堂摺，（四）慶桂等摺，（五）綿恩等摺，（六）永瑆等摺，（七）兆麟口供，（八）台斐蔭口供，（十）延寄。……」史料旬刊第六，七，八，十四期

嘉慶朝軍機處議駁江蘇監生周玠條奏案　史料旬刊第十二期

嘉慶二年乾清宮失火案　（一）上諭三，（二）內務府摺，（三）軍機處扎二　史料旬刊第七期

清高宗裕陵殿宇油畫見新工程案 史料旬刊第十三期

李侍堯奏拿李伯舉等私藏符書窖文摺 史料旬刊第三期

俄羅斯國喇嘛學生案 史料旬刊第二期（原件藏三所）

李禧洩漏密旨案 允祿摺 史料旬刊第八期（原件藏三所）

台灣諸羅縣奸民插旗案 （蘇明良摺二）史料旬刊第九期（原件藏大高殿）

山西澤州妖言聚衆案 （一）高成齡摺，（二）高其佩摺，（三）高其佩等摺，（四）田文鏡摺 史料旬刊第九期（原件藏大高殿）

廣東肇高道李濱自刎案 （一）傷文乾摺，（二）尹繼善摺 史料旬刊第九期（原件藏三所）

易州僧人廣輿等賣符售藥案 周元理摺 史料旬刊第十期（原件藏三所。）

福隆安等奏估修寧壽宮摺 史料旬刊第五期

浙江德清縣造橋石匠埋煞案 （一）永德摺，（二）彰寶摺 史料旬刊第十期（原藏三所）

唐孫鎬揭帖案 （一）唐繼祖摺，（二）唐孫鎬揭帖 史料旬刊第五期

湖北荊門孫大有何佩玉等課爲不軌案 （一）定長摺（二）上諭二，（三）廷寄，（四）鄂寶摺，（五）牛天畀摺，（六）定長鄂寶摺，（七）定長程燾摺 史料旬刊第六，七期

散佈僞劄犯口供摺　高成齡　蔣泂奏　史料旬刊第一期（原件藏三所）

焦祈年奏拿獲散佈僞劄犯摺　史料旬刊第一期（原藏三所）

趙弘恩趙國麟奏禁止邪教摺　史料旬刊第一期（原藏三所）

朱三太子案　趙弘燮摺三　史料旬刊第二期（原藏三所）

許英賢賣藥案　（一）王國棟摺二，（二）邁柱摺，（三）陳璋摺，（四）沈廷正摺，（五）趙弘恩摺　史料旬刊第二期

李樹德奏審僧成脈情形摺　史料旬刊第二期（原藏三所）

李梅等散佈僞劄案　（一）郝玉麟摺三，（二）傅泰摺，（三）金鉷摺四，（四）沈廷正摺，（五）高其倬摺，（六）鄂爾達摺　史料旬刊第一期（原件藏三所）

容美土司田旻如案　（一）邁柱摺七，（二）田旻如摺三，（三）黃廷桂等摺，（四）王柔摺，（五）軍機處片　史料旬刊第八期（原件藏三所）

福建生員李冠春獻策被誅案　（一）新柱摺，（二）汪廷璵摺，（三）喀爾長善鐘音摺　史料旬刊第九期

福建巡撫潘思榘奏陳外番南洋諸國構釁愼重邊防摺　史料旬刊第十期（原藏三所）

閩贛邊界散劄案　（一）胡寶瑔摺，（二）鐘音摺，史料旬刊第十期（原藏大高殿）

娛萱室隨筆 涵秋 文藝雜誌第八期（內有關於清季之史料如：嘉慶初兩宮之嫌疑，乾隆帝與同女之寫眞，李恭勤公遺事，顧亭林黃梨洲王船山三先生之從祀記。）

中法戰爭文件彙輯 陳裕青 史學雜誌一卷五期，二卷二期

爝火錄 清李天根 國學雜誌一卷五，六期（續第四期）

悔逸齋筆乘 悔逸 雅言一卷九期（（一）獨行謠詩事，—係解釋王湘綺詩集中獨行謠三十章之背景—（二）孝欽與肅順齟齬之始。）

述近出太平天國史料三種 佛馱耶舍 史學雜誌第一卷二期

太平天國史料 陳玉成致張洛行書，陳玉成致梁成富等書，陳玉成致馬融等喻，陳炳文張學明陶金會投誠禀李秀成告上海松江人民文，李秀成諭劉肇均文。文獻叢編第一輯，第二輯，第五輯，

太平天國之宗教政治 陳訓慈 史學雜誌一卷六期，二卷一期

李秀成給李昭壽文 掌故叢編第一輯

石達開日記之研究 李崇惠 史學年報第一期

捻匪事二則 秉衡居士 文藝雜誌第九期（荷香館瑣言之一）

拳匪事變之分析 昭坤 清華週刊三十二卷二，三期

猥禍始末記　閑雲　中華小說界二年七期

有清末次之郵典　涵秋　文藝雜誌第十一期（娛萱室隨筆五則之一）

悔逸齋筆乘　李文忠軼事，熊襄愍死事異聞，紀歸安朱侍郎直言事，清宮秘事瑣記，記董膩祥遺事，馮莘亭少保軼事，紀惠陵末命異聞，孫子授侍郎軼事。　雅言一卷一，二，三，四，七期

記趙爾豐釀蜀變事　（廛居雜記之一）　雅言一卷四期

威海威問題　張匯文　清華週刊二十七卷十三，十四期

「五九」國恥紀念聲中的二十一條問題　盛法庵　新晨報副刊十八年五月十四，十五，十六日

（4）中外史料　舊所謂四裔附內

東西交通後文化之交換與融和　鍾秀崎　東北叢鐫第七期

由寶石所得古代東西交通觀　章鴻釗　地學雜誌十八年一期

西學來華時外國人之武斷態度　陳登元　東方雜誌二十七卷八號

契丹民族攷　方壯猷　女師大學術季刊第二期，第三期

漢唐間西域及海南諸國地理書輯佚　佛馱耶舍　史學雜誌一卷第一期

元以前亞洲民族侵入歐洲考　聶崇岐　地學雜誌十六卷第一期

中國歷代文化與東西之交通　鍾聲　學報一年八號

滿洲西北部及使鹿通古斯族　林德潤女士　E. J. Lindgren 著　李城九譯　地學雜誌十八年二期

古巴蜀攷略　吳致華　成大史學雜誌第二期

三國志曹冲華陀傳與印度故事　陳寅恪　清華學報六卷一期

唐代華化蕃胡考　馮承鈞　東方雜誌二十七卷十七號

唐時非洲黑奴入中國考　張星烺　輔仁學誌一卷一期

黑車子室韋考　王國維遺著　學衡第六十期

阻卜非韃靼辨　徐炳昶　女師大學術季刊第一期

阻卜年表　徐炳昶　女師大學術季刊第二期

蒲壽庚兄弟遺族及其遺跡　黃仲琴　中山大學語言歷史學研究所週刊九集一〇五期

元西域人華化考　陳垣　燕京學報第二期（按此稿上半部載北京大學國學季刊第一卷第四期）

安得思蒙疆考古記　李書春　地學雜誌十六卷第二期

最近新疆適化調查記略　問天　東方雜誌二十六卷三號

斯文赫定穿行亞洲述要　聶崇岐　地學雜誌第十六年二期，十七年一，二期

中國與波斯　劉朝陽　中山大學語言歷史學研究所週刊五集五十五期

阿賴帕米爾調查記　W.R.Reckmers著　李書春譯　地學雜誌十八年第一期

亞洲腹地之商路　owen Latimore著　田嘉績譯　地學雜誌十七年第一，二期

戎狄蠻夷考　孟世傑　史學年報第一期

歷代四夷事鑑　倪義抱　國學雜誌一卷三期（續第一期）

中俄國界史地考　翁文灝　地學雜誌十六卷第一期

利瑪竇東來之前後　國安　清華週刊三十二卷一期

乾隆朝外洋通商案「（一）武進陞摺二，（二）喀爾吉善周人驥摺二，（三）新
陳鳴夏摺，（四）楊應琚摺四，（五）李有用摺，（六）
柱摺（七）鐘音摺，楊應琚鶴年摺……」史料旬刊第十期，第十二期，第十
四期，第十六期，第十七期

荷蘭國交聘案　文獻叢編第五輯

暎咭唎國交聘案　文獻叢編第五輯

乾隆二十四年暎咭唎通商案（一）羅英劾摺，（二）莊有恭摺四，（三）方觀承摺，（四）李侍堯摺三，（五）楊廷璋摺三，（六）新柱等摺四，（七）新柱等摺五一八 史料旬刊第三，四，五，六期

嘉慶朝暎咭唎通商案（一）軍機處片五，（二）嘉慶十四年四月二十九日諭旨及十四年五月初二日諭旨，（三）嘉慶十四年四月二十九日廷寄及十四年四月三十日廷寄。 史料旬刊第三期

道光朝俄羅斯私入哈薩克邊界建房案（一）慶祥摺，（二）松筠摺，（三）托津摺 史料旬刊第四期

鴉片問題與中外條約 培之，清華週刊二十八卷七號

俄租旅順大連時李鴻章張陰桓受賄之證據 唐際清 南開週刊第四十八期

道光朝外洋通商案 史料旬刊四，五，六，八，九，十，十一，十三，十五，十七期，十九期（遞摺人數衆多，不及一一列舉，請查書可也）

漢及漢以前中國人關於日本之智識 曹倫宇 東方雜誌二十六卷七號

五百年前中日交涉之一幕 鄭鶴聲 東方雜誌二十五卷十三號

中國正史之日本 張鄧 中央大學半月刊一卷十六期

日本中國現代之思想 大公報文學副刊第一期

粟特國考 日本白鳥庫吉著 錢稻孫譯 女師大學術季刊一卷四期

印度釋名　吳其昌　燕京學報第四期

評中西交通史料彙編　馮承鈞　地學雜誌十八年四期

答馮承鈞評中西交通史料匯編　張星烺　地學雜誌十八年四期

（5）民族

中國民族由來論　繆鳳林　史學雜誌二卷二期及三四合期

中國之民族及民族問題　陶希聖　東方雜誌二十六卷二十號

中國人種中印度日耳曼種分子　張星烺　輔仁學誌一卷二期

歷史上漢民族之特性　王桐齡　庸言二十三，二十四號

姜原　傅斯年　中央研究院歷史語言研究所集刊第二本第一分

契丹民族考　方壯猷　女師大學術季刊第二期，第三期

滿洲西北部及使鹿通古斯族　林德潤女士（E.J.Lindgren）李城九譯　地學雜誌十八年第二期

歷史上東北民族之研究　卞鴻儒　東北叢鐫第二期

西南民族起源的神話—槃瓠　余永梁　中山大學語言歷史學研究所週刊三集三十五，六合刊

「西南民族起源的神話—槃瓠」書後 鍾敬文 中山大學語言歷史學研究所週刊三集三十五，六合刊

單騎調查西南民族述略 楊志成 中山大學語言歷史研究所週刊十集一一八期

雲南民族調查報告 楊志成著 中山大學語言歷史學研究所週刊十一集一二九至一三二期合刊

貴州民族概略 安健 中大語歷學研究所週刊四集四十四，五合刊

苗族的名稱區別及地理上的分佈與神話 楊志成譯 中大語歷學研究所週刊三集三十五，六合刊（按，本文係譯自日人苗族調查報告）

苗族考略 段順泌 成大史學雜誌第一期

黔省苗族概略 黃曼儂 中山大學語言歷史學研究所週刊三集三十五，六合刊

苗族之特點 張數榮 清華週刊二十八卷十二號

四川西南之異族 鄧志福 成大史學雜誌第二期

滇省西南的夷族 招北恩 中大語歷學研究所週刊三集三十五，六合刊

猓玀述略 夏廷棫 中大語歷學研究所週刊三集三十五，六合刊

獞民考略 鍾敬文 中大語歷學研究所週刊三集三十五，六合刊

猺山記遊　任國榮　中大語歷學研究所週刊三集三十五，六合刊

猺民訪問記　陳錫襄　中大語歷學研究所週刊三集三十五，六合刊

猺山調查記　辛樹幟　石聲漢　中大語歷學研究所週刊四集四十二期

猺山兩月視察記　任國榮　中大語歷學研究所週刊四集四十六，七合刊

獞人調查　石兆棠　中太語言歷史學研究所週刊三集三十五，六合刊

鄞南的墮民　德恩　北新二卷五期

韶州調查日記　容肇祖　中大語言歷史學研究所週刊四集三十九期

之黔日記　清章貽燕撰　國學雜誌一卷五期

回回雜居考　容子　雅言一卷二期

中國民族史序論　繆鳳林　中央大學半月刊一卷十五期　史學雜誌二卷三，四合期

(6)年譜傳記　文學家評傳入文學類

年譜考略　梁廷燦　北平圖書館月刊三卷一，二，三，四，五號

召穆公傳　丁山　中央研究院歷史語言研究所集刊第二本第一分

惠施傳　郝立權　廈大季刊一卷二號

方言學家楊雄年譜　董作賓　中大語言歷史學研究所週刊八集八十五，六，七合刊

劉向歆父子年譜　錢穆　燕京學報第七期

班孟堅年譜　鄭鶴聲　史學雜誌一卷一期（按著者註云此文爲班固年譜之一章，全文另有專書俟刊。）

東漢講師表　王永祥　東北叢鎸第一期

藝術家的蔡邕　沙孟海　中大語歷學研究所週刊十集一一二期

阮步兵年譜　董衆　東北叢鎸第三期

陸法言傳略　丁山　中大語言歷史學研究所週刊三集二十五，六，七合刊

杜甫　聞一多　新月月刊一卷六期

唐玄奘法師年譜　劉汝霖　女師大學術季刊第三期

唐玄奘法師生年及西遊年代考　劉澤民　南開八十一期

唐元次山世系表　孔德　中大語歷學研究所週刊五集五十六期

劉子玄年譜　劉漢　努力學報第一期

李明仲八百二十週忌之紀念　中國營造學社彙刊一卷一期（後並附錄李明仲畫像之意匠，祭文，徵求宋李明仲逸書遺蹟啓事。）

李明仲先生墓誌銘　中國營造學社彙刊一卷一期

曾南豐先生年譜　王煥鑣　江蘇國學圖書館第三年刊

吳夢窗年齒與姜石帚　梁啓超遺著　圖書館學季刊三卷三期

辛稼軒先生年譜　陳思　東北叢鐫第七，八期

楊仁山先生年表　沈彭齡　東北叢鐫第八期

沈萬三　柳詒徵　史學雜誌一卷二期

宋芷灣先生年譜初稿　張靈瑞　中大語言歷史學研究所週刊九集一〇三期（一個客族的詩學家）

十八世紀中閩南的一個小學家—呂世宜　薛澄清　中大語言歷史學研究所週刊六集六十五期

馮文毅公年譜　毛奇齡　國學雜誌一卷五期

陳士元先生年譜　胡鳴盛　北平圖書館月刊三卷五號

納蘭成德傳　素癡　大公報文學副刊第七十七，七十八，七十九期

毛西河　張尙　文藝雜誌第十期（環山閣隨筆之一）

顏元的生平及其思想 容肇祖 中大語言歷史學研究所週刊三集三十四期
萬斯同之生平及其著述 馬太玄 中大語言歷史學研究所週刊三集二十八期
盧抱經先生年譜 柳詒徵 中央大學國學圖書館年刊第一期
王石渠先生年譜 劉盼遂 女師大學術季刊第三期
黃蕘圃先生年譜補 王大隆 蘇州圖書館館刊第一期
史學工具書努力者汪輝祖年譜 陳讓 輔仁學誌第一卷二期
林則徐先生年譜中一個小問題 魏應騏 中山大學語言歷史學研究所週刊七集七十九期
李文忠公鴻章年譜 李書春 史學年報第一期
陳東塾先生年譜稿 汪宗衍 中山大學語言歷史學研究所週刊八集九十二，三合刊
石隱山人自訂年譜 朱駿聲遺著 北平圖書館月刊三卷五期
嘉興沈寐叟先生年譜初稿 王遽常 東方雜誌二十六卷十五，十六號
嘉興沈乙盦先生學案小識 王蘧常 史學雜誌一卷四號
蘇曼殊年譜 柳無忌 清華週刊二十七卷十二，十三期

蘇曼殊年譜後記　亞子　北新半月刊三卷一號

陳墨莊先生傳　林紓　大中華二卷十一號

高先生墓誌銘　莊禮本　文藝雜誌第十二期　高近齋

康君季羣墓誌銘　劉申叔　雅言一卷一期

江都王君墓誌　馬浮　雅言一卷五期　王鍾麒

祥符周昫叔傳　金武祥　文藝雜誌第十期

費鑑清先生墓誌銘　林紓　文藝雜誌第九期

費鑑清家傳　嚴復　文藝雜誌第九期

費君鑑清小傳　李詳　雅言一卷八期

順德張鳳篪先生行狀　劉復禮　學衡第五十六期

亡弟胡明復的略傳　胡彬復　科學十三卷第六期

胡明復博士傳略　曹惠羣　科學十三卷六期

王靜安先生逝世週年紀念　編者　大公報文學副刊第二十二期

王靜安先生之考證學　鑑舟　大公報文學副刊第二十四期
王靜安先生與晚清思想界　素癡　大公報文學副刊第二十二期
王靜安先生之文學批評　穀永　大公報文學副刊二十三期
悼辜鴻銘先生　大公報文學副刊十八期
梁任公先生事略　劉盼遂　圖書館學季刊三卷一號至二號
悼梁卓如先生　繆鳳林　學衡第六十七期
悼梁任公先生　張其昀　史學雜誌一卷五期
近代中國學術史上之梁任公先生　素癡　大公報文學副刊第五十七期
悼江山劉毓盤先生　大公報文學副刊第四十三期
讀悼江山劉毓盤先生　李維　大公報文學副刊第四十七期
環天詩人逝世　大公報文學副刊一百零三期
溧水鄭府君墓誌銘　鍾廣生　東北叢鐫第九期
世仁甫先生墓誌銘　陳濟然　東北叢鐫第九期

吳淞呂君墓誌銘　劉樸　東北大學週刊第六十八期

釋迦牟尼佛傳　世晉編譯　慧圓校訂　海潮音二年十一，十二期，三年一期

大唐西域記撰人辯機　陳垣　中央研究院歷史語言研究所集刊第二本第一分

大勇阿闍黎傳　孫厚在　海潮音十一卷四期

讀趙氏宗譜　柳詒徵　史學雜誌二卷三，四合期

(7)雜攷

蜀中掌故攷　蔣唯心　國聞週報六卷四十四期

顏墓考　沈彭齡　東北叢鐫第五期

遼金舊墓記　金毓黻　東北叢鐫第七期

歷代創統君主爵里都邑考略　任嶧　中央大學半月刊一卷十一期

中國田產稅制問題　周培智　國聞週報六卷九，十，十一，十七，十八，十九，二十期

井田制研究引論　潘渭年　北新半月刊三卷十七號

盧盧山夫子墓表　鍾莘　國學叢刊二卷四號

唐代白氏爲蕃姓之史料二事　劉盼遂　女師大學術季刊一卷四期

李唐爲蕃姓考　劉盼遂　女師大學術季刊一卷四期

建德入海考　黃仲琴　中山大學語言歷史學研究所週刊四集四十三期

中俄界碑表　魏聲龢　東北叢鐫第七期

蘇洵的辨姦　胡適　吳淞月刊第一期

六　地學

（I）通論

古代地理研究課旨趣書　顧頡剛　中大語言歷史學研究所週刊五集五十七，五十八合刊

漢唐間西域及海南諸國地理書輯佚　佛馱耶舍　史學雜誌一卷一期

中國地理學中之幾個錯誤的原則　翁文灝　科學十三卷一期

沙漠變沃土說　康耀辰　雅言一卷二期（地學叢譚之）

地圖之研究　黃國璋先生講　汪淩漢記　地理雜誌第二卷二期

清初測繪地圖攷　翁文灝　地學雜誌十八年第三期

近年來我國政治地理之變遷　陸為震　東方雜誌十六卷二十二號

禹域交通大勢　玉濤　學報一年八，九，十號

同名異域之例　章鴻釗　地學雜誌第十七年一期

甲骨文地名攷　聞宥　中大語言歷史學研究所週刊九集一〇四，一〇五期

金文地名表　謝彥華　中大語言歷史學研究所週刊七集八十一期

金文地名考　余永果　中大語言歷史學研究所週刊五集五十三，五十四合刊

靈州寧夏榆林三城譯名考　陳寅恪　中央研究院歷史語言研究所集刊第一本第二分（蒙古源流研究之二）

風土小識　无齋　國學雜誌一卷三期（續二期）

中西古代地理之比較　張怡　地理雜誌二卷五期

東北文化發展論　卞鴻儒　東北叢鐫第五期

研究東北文獻之重要及其方法　金毓黻　東北叢鐫第五期

江浙二省人文地理之比較　張其昀　地理雜誌三卷一期

江浙文化之鳥瞰　鄭鶴聲　中央大學半月刊第一卷六，九，十二期

日本人研究中國地理學之近狀　桑鎬譯　地理雜誌三卷三期

（2）疆域

歷代疆域建置攷略　庸庸　國學雜誌一卷三期

周初統制之法先後異術遠近異制考　蒙文通　中央大學半月刊第一卷九期

古代五服之地理觀　余祖廉　中山大學語言歷史學研究所週刊七集八十期

近代二十四藩建撤考略 白眉初 地學雜誌十八年三期，四期

最近地方建置沿革表 庸庸 國學雜誌一卷三期

東北輿地釋略卷一 景方昶 東北叢鐫第二，三，四，五期

雲霄之地理 淪波 地學雜誌十八年一期（閩省西南之一縣）

首都之地理環境 張其昀 地理雜誌三卷二，三，四期

雲南鶴慶縣 張宗栻 地理雜誌二卷四期

四川開江縣 曾繁雙 地理雜誌二卷四期

福建永定縣 闕鎬曾 地理雜誌二卷四期

福建永定縣撫溪村 蘇汝堯 地理雜誌二卷四期

滿洲發達史 楊成能譯 稻葉君山著 東北叢鐫第四，五，六，七，八，九期

滿蒙考誌 金長佑 東北大學週刊紀念增刊

滿洲移民的歷史和現狀 朱偰 東方雜誌二十五卷十二號

附錄天山南路大沙漠探險談 黃文弼 女師大學術季刊第三期

東陵風水禁地林墾狀況踏查記　H. F. C.　國聞週報八卷一號，二號

（3）河流

中國古代沿海交通史記　王庸　中山大學語言歷史學研究所週刊六集六十六期

柳河徵故　趙德咸　東北大學週刊第七十二，七十三，七十五・七十六期

說淮　遠公　學報一年二號

淮河上游之現狀　黃瑞采　金陵光第十七卷一期

三江口視察記　乃一　國聞週報六卷四十五期

黑龍江沿邊調查記　尉遲正榮　國聞週報七卷三十五期

嫩江流域近狀　尉遲正榮　地學雜誌十八年二期

居延海考　黃文弼　女師大學術季刊一卷四期

寧古塔鏡泊湖踏查記　誠蓀　地學雜誌十八年一期

東方大港工作概況　徐渭三　中央大學半月刊一卷五期

（4）省縣志及其他

江蘇通志增輯族望志議 潘光旦 東方雜誌二十七卷六號

續修浙江省志提議 蔣夢麟 中山大學語言歷史學研究所週刊七集八十一期

中國都市小史 梁啓超 晨報七週紀念增刊

寧波都市概觀 顧永寧 地理雜誌二卷四期

中世紀泉州狀況 張星烺 史學年報第一期

元代馬哥孛羅諸外國人所見之杭州 向達 東方雜誌二十六卷十號

靈州寧夏榆林三城譯名考 陳寅恪 中山大學語言歷史學研究所週刊八集九十二，三合刊

片馬考 白眉初 地學雜誌十六年二期，十七年一，二期，十八年一，二期

北邊長城考 徐琚清 史學年報第一期

燕京故城考 奉寬 燕京學報第五期

諸葛亮出師六次路綫考略 白眉初 地學雜誌十八年四期（附圖）

南懷仁韃靼旅行記述要 冉琴舫 遼寧圖書館館刊第一卷

故宮紀略 劉雅齋 新晨文化特刊 十七年一月二日，十四日，十八年三月十七日

圍城舊聞錄　秋夢輯　新晨報文化特刊十八年五月十二，七月廿一日

湯山温泉　趙德仁　地理雜誌三卷三期

西湖風景史　張其昀　東方雜誌二十六卷十號

清咸豐十年英法兵入京焚毀圓明園案　史料旬刊十七，十八期（原藏大高殿）

圓明園記　黄凱鈞　文藝雜誌第四期

圓明園罹刼七十年紀念述聞　覺明　大公文學副刊第五十一，五十二期

從頤和園到圓明園　傅繼良　新晨報副刊十八年四月十九，二十，廿二，廿三日

游金陵諸山記　王之渝　中央大學半月刊一卷十一期

福州遊記　美亨丁敦著　周光倬譯　地理雜誌三卷二期

京東攬勝記　祝光信　藝林第一期

昌圖建城記　陳震　文藝雜誌第三期

游温德亭山記　金毓黻　東北叢鐫第九期

陳氏安瀾園記　陳瑾卿　文藝雜誌第四期

太白山紀游　僞道人　地學雜誌十八年一期

瓊游筆記　夏壽華　船山學報第二，三，四期

回蘇日記　清章貽燕　國學雜誌一卷六期

廬山游記　胡適　新月月刊一卷三期（本文現另印有單行本）

嵩洛紀游　許同莘　地學雜誌十六卷第一，二期

汕頭厦門游記　陳訓慈譯　地學雜誌二卷一期

遊華嶽記　袁希濤　文藝雜誌第四期

遊南陽諸葛草廬記　顧燮光　文藝雜誌第十二期（襟堪墨話之一）

七　諸子

（I）通論

諸子繫年考略　錢穆　史學雜誌二卷二號

先秦諸子繫年考辨略論　錢穆　史學雜誌二卷三，四合期

歷代諸子略抄　楊維皤　東北大學週刊一〇三期

周末社會之蛻變與儒法兩家思想上的鬥爭　稽文甫講　新晨報副刊十八年十二月十一；十二日

儒林道學同異論　章奎森　國學雜誌一卷三期

儒墨「非戰」之研究　王德生　東北大學週刊一百〇二期

儒墨關於「仁愛」的研究　王德生　東北大學週刊一百〇三期

說老與儒　胡遠濬　中央大學半月刊一卷第九期

儒老異同問答　胡遠濬　中央大學半月刊一卷九期

老孔學說與黑格爾馬克思學說之比較　胡遠濬瓊記　中央大學半月刊二卷四期附哲學

東周以前的哲學思想　吳康　哲學雜誌第五期

先秦歷史哲學管窺　齊思和　史學年報第一期

（２）周秦諸子

（A）儒家

「儒」的意義　張壽林　晨報副刊十七年三月份

先秦儒家之學派　李雲鵠　中山大學語言歷史學研究所週刊七集八十三，四期

讀晏子春秋　曹佐熙　船山學報第四期

荀子哲學之中心點　魏世珍　學藝十卷一號

論孟荀學術之異同　鍾秀崎　東北大學週刊第六十九期

論孟荀學術異同及學者應取之途徑　治民　東北大學週刊第七十三號

荀子名學之定義及現代論理學之內容　何兆清　中央大學半月刊一卷十三期

荀學導言　邱彬　哲學月刊二卷六期

大學爲荀學說　馮友蘭　燕京學報第七期

（B）法家

答德國顏復禮博士問管子輕重書 張爾田 史學雜誌一卷六期

讀韓非子札記 孫楷第 北平圖書館月刊三卷六號

讀韓非子初見秦篇 容肇祖 中山大學語言歷史學研究所週刊五集五十九，六十合刊

韓非子初見秦篇及存韓篇商確 汪玉笙 新晨報副刊十八年八月卅一，九月二日

(C)道家

鬻子釋義 船山學報第二，三期

讀老子札記 陶鴻慶 國學叢刊二卷四期

老子異文訂 譚禪生 民鐸雜誌十卷二，三，四，五號

老子第五章解釋 僧映佛 哲學月刊二卷二期

老子探原 胡翼謀 安徽省立圖書館季刊一卷一，二期

老子年代之考證 黄方剛 哲學評論二卷二期

老子思想發生之私見 鄧深澤 學藝八卷五號

闡老 陳柱 東方雜誌二十七卷十八號

老子哲學 梁啓超　哲學雜誌一卷一，二期

老子哲學 馮友蘭　清華週刊第三十二卷四期

老子人生哲學 王永祥　東北叢鐫第八期

老子雜談 安文溥　東北大學週刊第二十二，二十三號

老子道德經出於儒後考 張壽林　晨報副刊十六年十一月份

「無」非老子最高觀念 僧映佛　哲學月刊二卷一期

黃老 陳啓彤　雅言一卷十一期

史記老子列傳辯證 徐震　中央大學半月刊一卷十六期「內分：（一）緒說，（二）駁汪中老子攷異，（三）老子事跡考，（四）孔子見老子考。）

敦煌石室老子義疏殘卷本劉進喜疏證 李孟楚　中大語言歷史學研究所週刊十集一二〇期

舊鈔本老子河上公注跋 狩野直喜　中山大學語言歷史學研究所週刊十集一一三期

老子述義例言 胡遠濬　中央大學半月刊一卷三期

列子校釋 王重民　北平圖書館月刊二卷六號，三卷一，二號

關於列子　張亦同　晨報副刊十七年三月份

列子書中之宇宙觀　傅銅　哲學雜誌一卷二期

楊朱爲戰國時人楊朱不即是莊周考　黄文弼　哲學月刊二卷一期

楊朱與老子思想上之關係及異同　小工　新晨報副刊十八年八月十三，十四日

莊子校補　劉師培　雅言一卷七，八，九期

莊子闕誤　重　學文第一期

莊子哲學　施章　中央大學半月刊第一卷九期

莊子哲學　羅根澤　哲學評論三卷二期

藝術家的莊子　熊廷柱　中央大學半月刊一卷十期

釋莊的我見　胡遠濬　中央大學半月刊一卷十六期

由新興文學之立場評判莊子文學之價値　施章　中央大學半月刊一卷十期

（D）墨家

墨家鉅子制及鉅子姓名言行考略　治民　東北大學週刊第八十一期

墨學傳佈考　李孟楚　中山大學語言歷史學研究所週刊十集一一八期

墨翟續辯　胡懷琛　東方雜誌二十五卷十六號

爲墨子國籍致胡懷琛君　陳登元　一般九卷四號

墨子老子是印度人的考證　衞聚賢　認識週報第二期

墨翟爲印度人辨駁議　鄭師許　東方雜誌二十五卷十六號

正胡懷琛的墨翟爲印度人辨　吳進修　東方雜誌二十五卷十六號

墨翟非印度人辨　鍾鍾山　中山大學語言歷史學研究所週刊六集六十七，八合刊

墨子與穆勒是否中國人的問題　靜因　文學週報八卷七號

墨子神仙考　次　新晨報副刊十七年十一月十五日

墨學不出於夏禹亦不出于三王說　王德生　東北大學週刊七十五，七十六期

從墨翟說到楊王孫　許炳離　齊大月刊第二期

墨學研究　徐誦光　厦大季刊一卷二號

墨子大取篇釋義　張之銳　哲學第七期

墨子小取篇解 胡國鈺 哲學第七期

應用數學釋墨 關五玉 東北大學週刊第四十七號

墨經注緒論 張之銳 哲學第七期

墨經通解叙 梁啓超 國學論叢一卷四號

讀梁任公墨經校釋 欒調甫 哲學第七期

(E)雜家

愼懋賞本愼子辨僞 羅根澤 燕京學報第六期

鶡冠子校正 孫人和 北平圖書館月刊三卷二期

尹文子哲學通論 張西堂 哲學月刊二卷五期

公孫龍哲學 馮友蘭 清華學報六卷一期

子莫魏牟非一考 羅根澤 國學論叢一卷四號

魏牟年代學術考 齊思和 南開週刊第四十一期

呂氏春秋舉正 孫人和 北平圖書館月刊一卷四，五，六號・二卷一，五，六號

燕丹太子眞僞年代考　羅根澤　中山大學語言歷史學研究所週刊七集七十八期

（F）陰陽五行

五德終始說下的政治和歷史　顧頡剛　清華學報六卷一號

緯書釋名　次　新長報副刊十七年十月二日

（3）漢魏和漢魏以後諸子

西漢思想概要　劉澤民　南開週刊八十四，八十五期

陸賈新語考　胡適　北平圖書館月刊四卷一號

陸賈新語考證　羅根澤　學文第一期

說苑斠補　趙萬里　國學論叢一卷四號

論衡註刪要　劉盼遂　北平圖書館月刊二卷四號

王充刺孟駁論　楊維嶓　東北大學週刊一〇四期，一〇五期

王符哲學　甘蟄仙　哲學月刊二卷二期

仲長統　白庭桂　南開週刊第三十四期

劉晝新論舉疋 孫楷弟 北平圖書館月刊三卷三，四，五期

劉劭人物志舉正 孫人和 北平圖書館月刊三卷一號

魏晋玄學小史 劉汝霖 努力學報第一期

郭象的哲學 馮友蘭 哲學評論第一卷一期

讀郭象論嵇紹文 章太炎 雅言一卷七期

述阮籍嵇康的思想 容肇祖 中山大學語言歷史學研究所週刊三集二十九期

齊民要術解題 萬國鼎 圖書館學季刊二卷三期

顏氏家訓校箋 劉盼遂 女師大學術季刊第二期

兩宋思想述評 陳鐘凡 學藝十卷五號

宋代思想家之論證法 陳鐘凡 中山大學語言歷史學研究所週刊八集九十一期

二程子的哲學 程憬 中山大學語言歷史學研究所週刊五集五十六期

伊川學說研究 楊筠如 國學叢刊二卷四期

程伊川之宇宙觀 兩不 哲學雜誌第三期

程朱辨異 何炳松 東方雜誌二十七卷九，十，十一，十二號

朱子治學方法考 吳其昌 大公文副第一百四十九期，一百五十期

朱熹的哲學 黃子通 燕京學報第二期

朱子之根本精神——即物窮理 吳其昌 大公文副第一百四十六期

朱熹哲學述評 周予同 民鐸雜誌十卷二號

關於朱熹太極說之討論 素癡 大公文副一百四十八期

晦菴學說平議 黎羣鐸 國學叢刊二卷四期

朱熹與黑格爾太極說之比較觀 賀麟 大公文副一百四十七期

朱子學派與陽明學派之大別 陳復光 清華週報二十七卷十，十五號

明代學術概略 紉一 南開六十一期

闡性 許恩洲 東北大學週刊等六十五期

良知說 倪羲抱 國學雜誌一卷三期

清代學術思想變遷論 大涗 雅言一卷三期

清代漢學家之眞精神 張國人 中華教育界十六卷十二期

淸儒惠戴二系之異同 鍾秀崎 東北大學週刊第八十，八十一期

王船山的道德進化論 徐炳昶 宗錫鈞 哲學雜誌第五期

永嘉學派通論 林損 東北大學季刊第二期

論兩浙學派 來裕恂 國學雜誌一卷六期

(4)雜著

研究中國哲學所應注意之一點 唐毅伯 中央大學半月刊一卷十六期

古代中國倫理學上權力與自由之衝突 美國德效騫撰 梁敬思譯 國聞週報六卷四十四期

中國聖學 劉雍和 國聞週報六卷五，八，九，十六，二十一，二十四，二十五期

五常解 孤常 東方雜誌二十六卷十三號

讀孤桐君『五常解』 趙石溪 東北大學週刊紀念增刊

再論禮教問題 徐炳昶 猛進第二十六，二十七，二十八，三十期

性具善惡之辨正 瞻風子 海潮音八年一期

答龍君問性具善惡疑義書　張爾田　學衡第五十六期

正名論　李思純　學衡第六十期

名理微　陳啓彤　哲學月刊第二卷一期，二期，三期，四期，五期，六期。

辨學古遺　高元　大中華二卷十號

名學引端　周谷城　民鐸雜誌九卷四號

倫理正名論　林損　東北大學季刊第二期

名教　胡適　新月月刊一卷五期

記俞初理倫理學說　王永祥　東北叢鐫第二期

記孔云亭之學　鍾鍾山　中山大學語言歷史學研究所週刊七集八十期

記東林點將錄　劉咸炘　成大史學雜誌第一期

述幾社　夏廷棫　中山大學語言歷史學研究所週刊第三集三十一期

明季桐城中之江社考　朱倓　中央研究院歷史語言研究所集刊第一本第二分

曾文正公語錄　曹佐熙　船山學報第二，三，四期

大同書　康有爲　海潮音八年四，五期　未完

蒿庵集　張稷若遺著　雅言一卷一，二，三，四，五期

譚嗣同仁學之批評　胡遠濬　中央大學半月刊二卷一期

廮居雜記　雅言一卷一期（中有論廖氏一篇，按廖卽廖平。）

國學會聽講日記　金毓黻　東北叢鐫第七期

成均摭言　金毓黻　東北叢鐫第四，五，六期

悔逸齋筆乘　悔逸　雅言一卷五期（章實齋之斥袁子才，錢南園之劾畢秋帆。）

晉胡譚薈　徐凌霄　徐一士　國聞週報六卷二十六，二十七，二十九，三十，三十一，三十二，三十三，三十四，三十五期

凌霄一士隨筆　徐凌霄，徐一士　國聞週報六卷二十六，二十八，二十九，三十，三十一，三十二，三十三，三十四，三十五，三十六，三十七期，八卷一，二期，三期

八 文學

（I）通論

文章組織論 施畸 學藝第九卷四，五，九號

文學評議 金毓黻 東北叢鐫第二期

論文瑣言 章廷華 國學雜誌一卷三期

中國文學在世界上的地位 傅彥長 文學週報第四卷

中國文學不能健全發展之原因 雁冰 文學週報第四卷

中國文學史綱要 劉永濟 學衡第六十五期

中國文學史上的幾個重要問題 胡小石 中央大學半月刊一卷七期 新晨報副刊十八年九月十一，十二日（在北平師大講演）

「中國文學史」之歷史觀 靳德峻 新晨副刊十八年十月二十一，二十二日

所謂傳統的文學觀 郭紹虞 東方雜誌二十五卷二十四號

中國古代神話之研究 馮永鈞 國聞週報六卷九，十，十一，十二，十四，十六，十七期

駢體文的新評價 錢振東 新晨報副刊十八年九月二十日

文章體變及韵文的流衍　徐瑞玢　東北大學週刊第三期

八股文的沿革和它的形式　日本鈴木虎雄著　鄭師許譯　中山大學語言歷史研究所週刊九集一〇二期

論賦之封略　段凌辰　中山大學語言歷史研究所週刊九集一〇六期（賦之封略，不能依題目而定。凡用韵之文，其行文用賦體者，均可以賦視之。）

史記文學之研究　袁菖　中央大學半月刊一卷十三期（一）導言，（二）司馬遷在史記中所表現的人生觀，（三）史記文學的特質。）

論文人之淪落　胡雲翼　北新半月刊第十一，十二合刊（中國文學雜誌之一）

論苦吟　胡雲翼　北新半月刊一卷四十一，二合刊（中國文學雜誌之一）

論無名作家　胡雲翼　北新半月刊四十七，八合刊（中國文學雜誌之一）

藝文雜話　周作人　中華小說界一年第二期

中國文學批評史上之神氣說　郭紹虞　小說月報十九卷一號

儒道二家論「神」與文學批評之關係　郭紹虞　燕京學報第四期

文氣的辨析　郭紹虞　小說月報二十卷一號

文理與文氣　何兆清　中央大學半月刊第一卷六期

中國修辭學上的幾個根本問題 何爵三 努力學報第一期

論中國文學上的誇飾 張壽林 晨報副刊十六年十一月份

中國文學裏的模擬影響與創作 胡雲翼 北新半月刊二卷三號

文以載道的問題 雪林女士 現代評論八卷二〇六，七，八合刊

古文家的文論 任維焜 師大國學叢刊一卷一期

古文之研究 鍾秀崎 東北大學週刊第七十三號

建安諸子文學的通性 錢振東 師大國學叢刊一卷一期

魏晉風度及文章與藥及酒之關係 魯迅 北新半月刊二卷二期

梁代之文學批評 姚卿雲 藝林第一期

敦煌的俗文學 鄭振鐸 小說月報二十卷第三號

佛典文學敘論 唐大圓 海潮音十一卷一期

五代文學 鄭振鐸 小說月報二十卷五號

吾人眼中之新舊文學觀 吳芳吉 東北大學週刊第四十二號

上海語應該是文學之用語的說明　傅彥長　文學週報第四卷

闢文學分貴族平民之謬　劉樸　東北大學週刊第二十四，二十五號

文學與樸學　王易　藝林第一期

桐城三家論文書牘集錄　徐彥寬　國學雜誌一卷六期

曾滌生復陳右銘書書後　黃侃　雅言一卷三期

與廖笏堂論學書　兪兆慶　船山學報第三期

與說難論文學書　康逕窅　雅言一卷四期

與康逕窅書　謝無量　雅言一卷二期

復黃季剛書　容子　雅言一卷二期

與尤瑩問答記　章太炎　雅言一卷五期

黃季剛與金靜庵論學書　黃侃　金毓黻　東北叢鐫第三期

（2）評傳

曹子建的文學研究　錢振東　新晨報副刊十八年七月十七，十八，十九，二十，二十二，二十三日

陶公生卒考　陸侃如　國學月報彙刊第一集

陶公的一千五百年周忌　陸侃如　國學月報彙刊第一集

陶潛年紀辯疑　游國恩　國學月報彙刊第一集

陶淵明的人生觀　楊鴻烈　國學月報彙刊第一集

一千五百年前的大詩人陶潛　游國恩　國學月報彙刊第一集

陶淵明之文學　何聯奎　國學月報彙刊第一集

陶淵明與儲光儀　儲皖峯　國學月報彙刊第一集

陶淵明和酒和李白　袁以涵　中央大學半月刊第一卷八，九期

中國田園詩人陶潛　徐嘉瑞　國學月報彙刊第一集

桃花源記釋疑　張爲騏　國學月報彙刊第一集

阮嗣宗評傳　錢振東　新晨報副刊十八年十二月二十五，二十六，二十七，二十八，三十日

詩人吳均　朱東潤　新月月刊二卷九號

唐代田園詩人儲光儀之研究　施章　藝林第一期

元稹白居易的文學主張　胡適之　新月月刊一卷二期

韋莊評傳　何壽慈　中國公學大學部中國文學季刊第一卷一期

王荆公的詩　雪林　北新半月刊第四十五，六期（歷代名家詩論之一）

歐陽修的兩次獄事　胡適　吳淞月刊第一期

陸放翁評傳　蔡增杰　南開週刊第八十九至九十期

愛國尙武的詩人陸放翁　雪林女士　新月月刊二卷二期

唐伯虎　朱聚之　新晨報副刊十八年十二月六，七，九日

文叔問與其作品　開國新　晨報副刊十六年九月份

顧亭林的詩　張大東　國聞週刊四卷四十六，四十七期

詩人袁枚的自狀　朱聚之　新晨報副刊十八年七月二十九日

袁枚的文學論戰　錢文晉　中央大學半月刊一卷第二期

邊塞詩人吳漢槎評傳　任維焜　新晨副刊十九年三月十九日

黃景仁及其戀愛詩歌　邱竹師　新月月刊二卷第十期

文學革命先鋒龔定庵 朱聚之 新晨副刊十八年八月十二，十三日

中國六大文豪 謝無量 大中華二卷第十號

（3）辭賦

楚辭的起源 游國恩 國學月報彙刊第一集

楚辭與文學 郁立檽 中山大學語言歷史學研究所週刊七集七十八期

楚辭研究 周幹庭 齊大月刊一卷三期

離騷研究 游國恩 國學月報彙刊第一集

離騷文例 胡光煒 國學叢刊二卷四期

離騷的成分問題 張靈瑞 中山大學語言歷史學研究所週刊九集九十八期

關於離騷的一封通信 陳槃 顧頡剛 中山大學語言歷史學研究所週刊五集五十五期

讀騷樓偶識 陸侃如 吳淞月刊第二期

什麼是九歌 陸侃如 國學月報彙刊第一集

楚辭九歌與河神祭典的關係 雪林女士 現代評論八卷二〇四，二〇五，二〇六期

九章的眞僞談 方書林 中山大學語言歷史學研究所週刊四集四十三期
橘頌的商榷 鍾少祥 中國公學大學部中國文學季刊一卷一期
天問 顧頡剛 中山大學語言歷史學研究所週刊十一集一二二期
天問研究 游國恩 國學月報彙刊一集
五月五日 陸侃如 國學月報彙刊一集

(4)樂府

樂府詩中之征人怨 壬秋 晨報副刊十六年十二月份
古詩明月皎夜光辨譌 張爲騏 東方雜誌二十六卷二十二號
孔雀東南飛之討論 黃節 陸侃如 國學月報彙刊一集
孔雀東南飛考證 陸侃如 國學月報彙刊一集
「孔雀東南飛」年代的討論 胡適 張爲騏 國學月報二卷十二號
班倢伃怨歌行辨證 古直 中山大學語言歷史學研究所週刊四集四十一期
隴西行新釋 朱芳圃 清華週刊二十七卷十號

古歌謠與樂府 梁任公遺著 清華週刊三十二卷一期(序論)

陽關曲考 王秋 晨報副刊十六年九月份

關於粤謳及其作者 招勉之 北新半月刊二卷九號

(5)詩

中國詩學之演進 一束 南開週刊第七期

詩之流別 陳柱 學藝十卷一號

詩與史實 許文玉 中山大學語言歷史學研究所週刊八集九十一期

詩學舉例 姚孟振 中國大學季刊一卷四號

詩說 倪羲抱 國學雜誌一卷三期

對於五言詩發生底時期的疑問 鈴木虎雄著 汪馥泉譯 語絲五卷三十三期

絕句溯源 鈴木虎雄著 汪馥泉譯 語絲五卷第二十八期

絕句探源 天功 語絲五卷四十期

古詩十九首考 徐中舒 中山大學語言歷史學研究所週刊六集六十五期(按此文轉載立達季刊)

古詩十九首在文學上的地位　徐禪心　中山大學語言歷史學研究所週刊六集六十五期

論漢魏以來迄隋唐古詩　陳鐘凡　國學叢刊二卷四期

曹子建青躬詩于彼冀方考　董衆　東北叢鐫第六期

詠懷詩箋　黄侃　東北叢鐫第三期

長恨歌及長恨歌傳的傳疑　俞平伯　小說月報二十卷二號

元初松陽女詩人張玉孃　何聯奎　國學月報彙刊第一集

談一談清代的詩　金受申　新晨報副刊十八年七月二十三日

論閩詩派　林壽圖　文藝雜誌第十期（榕陰談屑之一）

聞鷄軒詩話　啓湘　小說林第七期，第十一期

石遺室詩話　陳衍　庸言一，二，三，四，五，六，七，八，九，十，十一，十二，十四，十五，十六，十七，十八，十九，二十，二十一，二十二，二十三，二十四號（已有單行本）

今傳是樓詩話　逸塘　國聞週報四卷三十四至五十期，五卷一至十六期，六卷五至十二期，十四至三十五期，七卷三十四至三十五期，八卷二期

怡園詩話　沈彭齡　東北叢鐫第一，二，三，九期

一葦軒詩話　劉德成　東北大學週刊第五號

舊詩話　劉永濟　學衡第五十六期

芸窗隨筆　雲　大公報文學副刊第一期（論周邦彥之詩）

纖秋華室說詩　雅言一卷二，三期

詩話叢話　郭紹虞　小說月報二十卷一，二，三，四號

香豔詩話　晉玉　文藝雜誌第一，二，三，四，六，八期）

嬾窩雲筆記之十三，十四　顛公　文藝雜誌第二期　（一）沈歸愚自亂選詩義例，（二）自作詩文入選本之例。

（6）詞

詞籍考　趙遵嶽　中華圖書館協會會報五卷五，六期，六卷一期

詞史　江山劉毓盤著　東北大學週刊第一，二，七，八，三十一，三十四，三十六，三十七，三十八，四十，四十一，四十二，四十三，四十四，四十六期

詞曲史　王易　學衡第五十七期

詞的啟源　鄭振鐸　小說月報二十卷四號

詞源　鈴木虎雄著　汪馥泉譯　語絲五卷十六，十七期

詞學概論　劉德成　東北叢鐫第八期

關於詞格底長短句發達底原因　青木正兒著　汪馥泉譯　語絲五卷十九期

詞的原始與形式　姜亮夫　現代文學一卷一期

詞曲合併研究概論　任二北　清華週刊三十二卷八，九，十號

唐代詞壇的鳥瞰　吳其作　師大國學叢刊一卷一期

北宋詞人　鄭振鐸　小說月報二十卷十一號

北宋四大詞人評傳　胡雲翼　晨報七週紀念增刊

南宋詞人　鄭振鐸　小說月報二十卷十二號

宋詞搜逸　趙萬里　北平圖書館月刊二卷三，四合刊，三卷一號

馬子嚴古洲詞校輯　趙萬里　北大圖書部月刊一卷二期

二金人詞輯　趙萬里　北平圖書館月刊二卷三，四合刊

周清眞評傳　龍沐勛　南音第三期

清眞詞的藝術概觀　唐谿　南音第三期

歐陽修憶江南詞的考證及其演變　儲皖峯　吳淞月刊第四期

漱玉斷腸詞　晉玉　文藝雜誌第一期（香豔詩話之一）

劉伯温的詞　朱健和　國聞週報五卷十期

關於納蘭詞　趙景深　北新半月刊五十一，五十二期

跋賀雙卿的詩詞　胡適　吳淞月刊第四期

關於清代女詞人顧太清　儲皖峰　國學月報二卷十二號

人間詞話未刊稿及其他　王國維　小說月報十九卷三號

聽秋聲館詞話　丁紹儀　國學雜誌一卷五期

一葦軒詞話　劉德成　東北大學週刊第一期

讀詞星語　蕭滌非　清華週刊三十二卷二期

增訂詞律之商榷　任二北　東方雜誌二十六卷一號

（7）戲曲

論唐代佛曲　覺明　小說月報二十卷十號

對於敦煌發現佛曲的疑點　徐嘉瑞　國學月報第一集

雜劇的轉變　鄭振鐸　小說月報二十一卷一期

中國戲劇之特色與弱點　莊士敦著 得平譯　大公報戲劇第六期（係莊著中國戲劇第七章之譯文）

從元曲發達之原因說到現存的元曲　張壽林　晨報副刊十六年十二月份

元明雜劇傳奇與京戲本事的比較　賀昌羣　文學週報第四卷

宋元南戲考　錢南揚　燕京學報第七期

大曲研究　徐嘉瑞　南音第三期

南北小令　畢樹棠　認識週報第五期

元曲敍錄　賓芬　小說月報二十一卷一，二，三，四，五，六，七，八，九，十號

奢摩他室曲話　長洲吳梅　小說林第二，三，四，六，八，九期（已有單行本）

葉猗室曲話　姚華　庸言第六，七，九，十，十一，十二，十四，十六，十七，十八，十九，二十，二十一，二十二，二十三，二十四號

曲海一勺　姚華　庸言第五，八，十五號

中國傀儡戲考略　家瑞　大公報戲劇週刊第六十五號

明清戲劇的特色　顧敦鍒　燕京學報第二期

舊都戲劇之變遷　閣一　大公報戲劇週刊第五十七，五十八，五十九，六十，六十一·六十二期

傳奇的繁興　鄭振鐸　小說月報二十一卷四期（此文僅登上篇）

記永樂大典內之戲曲　趙萬里　北平圖書館月刊二卷三，四合刊

董西廂題識　葉鳳樓　文藝雜誌第十二期（叙述西廂之本事，及歷來之作者，考核甚詳。）

讀西廂記偶筆　楊澹廬　中華小說界第二年七期

崑山腔　何則賢　（藍水書塾筆記之一）文藝雜誌第十期

崑山腔唱法研究　南屏　音樂雜誌二卷二號

崑曲源流　音樂雜誌一卷八號（轉載大陸日報）

皮黃之價值　正伯　音樂雜誌一卷八號

皮黃之缺點　李榮壽　音樂雜誌二卷三，四號合刊

李純客先生筆記殘稿　李慈銘　文藝雜誌第三期（一）湯玉茗傳奇歷到元人，（二）詞曲名句。

懷舊廬叢錄　姚光　文藝雜誌第九期（內有香囊記玉簪記二條。）

小說叢談　顛公　文藝雜誌第七期（內有：（一）暘椒山傳奇有二，（二）趙秋谷之長生殿傳奇，（三）宋元各有琵琶記傳奇，（四）牡丹亭有所本。）

（8）小說

說部流別　劉弘度　東北大學季刊第二期

談中國小說　兪平伯　小說月報十九卷二號

白話小說起源考　方欣庵　中山大學語言歷史學研究所週刊五集五十二期

宋元話本之研究　黎錦熙　新晨報副刊十八年八月五日

宋朝說話人的家數問題　孫楷弟　學文第一期

小說平話起於宋代　顛公　文藝雜誌第一期（小說叢談之一）

論山海經的著作時代　陸侃如　新月月刊一卷五期

山海經在科學上之批判及作者之時代考 何觀洲 燕京學報第七期

山海經在科學上之批判及作者之時代考書後 鄭德坤 燕京學報第七期

山海經篇目考 蔣徑三 中山大學語言歷史學研究所週刊百期紀念號

山海經考證 陸侃如 中國公學大學部中國文學季刊一卷一期

山海經中的水名表 朱兆新 中國公學大學部中國文學季刊一卷一期

從山海經的神話中所得到的古史觀 胡欽甫 中國公學大學部中國文學季刊一卷一期

穆天子傳古文考 劉盼遂 學文第一期

穆天子傳研究 衞聚賢 中山大學語言歷史學研究所週刊百期紀念號

遊仙窟解題 謝六逸 文學週報八卷二號

關於遊仙窟 鄭振鐸 文學週報八卷二號

京本通俗小說考評 黎劭西 努力學報第一期

京本通俗小說與清平山堂 長澤規矩也著 東生譯 小說月報二十卷六號

讀清平山堂話本筆記 陳雲路 國語旬刊一卷十二期（國語文學史料研究）

中國俗文學三種的研究　青木正兒著　汪馥泉譯　北新半月刊三卷四號

三國志演義的演化　鄭振鐸　小說月報二十卷第十號

水滸傳新考　胡適　小說月報二十卷九號

水滸傳諸本　神山閏次著　張梓生譯　小說月報二十一卷五期

水滸傳的演化　鄭振鐸　小說月報二十卷第九號

水滸故事的演變　李玄伯　猛進第二十八·二十九期

論水滸傳七十回古本之有無　俞平伯　小說月報十九卷四號

方臘始末考　李玄伯　猛進第二十四，二十五期

水滸傳雙漸趕蘇卿故事攷　趙萬里　北平圖書館月刊三卷一號

小說叢談　顛公　文藝雜誌第二期（有：作水滸傳之人，宋江三十六人贊，粱山濼之盜，畢四之與宋江。）

水滸傳的續書　鄭振鐸　文學週報九卷三號

評西遊記與封神　汾　新晨報十八年一月一日增刊

讀吳恩承射陽文存　胡適　猛進第四期

攷證紅樓夢的新材料　胡適　新月月刊一卷一期

紅樓夢裏重要問題的討論及其藝術上批評　劉大杰　晨報七週紀念增刊

紅樓夢的地點問題　李玄伯　猛進第八期

紅樓夢年月摘疑　蔡錦遠　中國公學大學部中國文學季刊一卷一期

紅樓夢索隱提要　王夢阮　中華小說界第一年六期

小說叢談　顚公　文藝雜誌第一，五，六期（內有：紅樓夢影明珠事，紅樓夢爲纖緯之書；「上則本郎潛紀聞，下則本寄蝸殘贅。」紅樓夢刺和珅家庭之異說，西遊記補譏刺清初時事，納蘭容若詩與寶釵之關係，紅樓夢批本之批評，讀紅樓夢者之移情，紅樓夢爲政治小說，）

厲鶚續作紅樓夢之新發現　靄明　文學週報第四卷

談包公案　孫楷第　國語旬刊一卷八期（國語文學史料整理研究）

包案孫談贅語　魏建功　國語旬刊一卷八期

岳傳的演化　鄭振鐸　文學週報九卷一號

關於三寶太監下西洋的幾種材料　覺明　小說月報二十卷一號

與柳無忌書　華樹棠　清華週刊三十二卷三期（論玉嬌梨）

兒女英雄傳作者文康的家世　李玄伯　猛進第二十二期

中國的童話　法國法郎士著　趙少侯譯　新晨報副刊十七年八月九日，十日

中西民間故事的進化　趙景深　文學週報八卷二十一號

「萬花樓」　鄭振鐸　文學週報九卷四號

小說叢話　成之　中華小說界四年五，六期

小說雜評　春秋　雅言一卷一期

小說小話　蠻　小說林第一，二，三，四，六，八，九期

小說叢話　夢生　雅言一卷七期（論金瓶梅一書特詳）

小說叢談　顛公　文藝雜誌第一，二，四，五，六，七期（中有：豈有此理更豈有此理之穢褻，儒林外史，儒林外史之人物，儒林外史取材各書；陳少逸撰品花寶鑑，品花寶鑑之人物考；封神傳之來歷；玉嬌李與隔簾花影，金瓶梅指斥明嘉靖時事，金瓶梅之著作者，張竹坡批點金瓶梅；明寫本今古奇觀；此則云該書內分三集；（一）爲今古奇觀，（二）爲某書，（三）爲拍案驚奇。—英烈傳，英烈傳記陳友諒死事；西遊記爲明人吳承思所作之異說；西洋記小說之有所本；隋唐演義，花月痕；官場現形記之作者；海上花人名之考證，繁華夢

之著作者；九尾龜之著作者；平山冷燕；施公案；五虎平西。）

（9）專著

稽康集校記 葉渭清 北平圖書館月刊四卷二號，又四卷五號

文選篇題考誤 劉盼遂 國學論叢一卷四號

文選鈔文選音決 重學文第一期

宋槧文苑英華校記 羅振玉 北平圖書館月刊二卷五號

宋槧文苑英華辨證校記 段瓊林 女師大學術季刊第三期

書文心雕龍明詩篇後 李冰若 國學叢刊二卷四號

詩品補 陳延傑 中央大學半月刊一卷第九期

校補陽春白雪提要弁言校例 任二北 中山大學語言歷史學研究所週刊四集三十七期

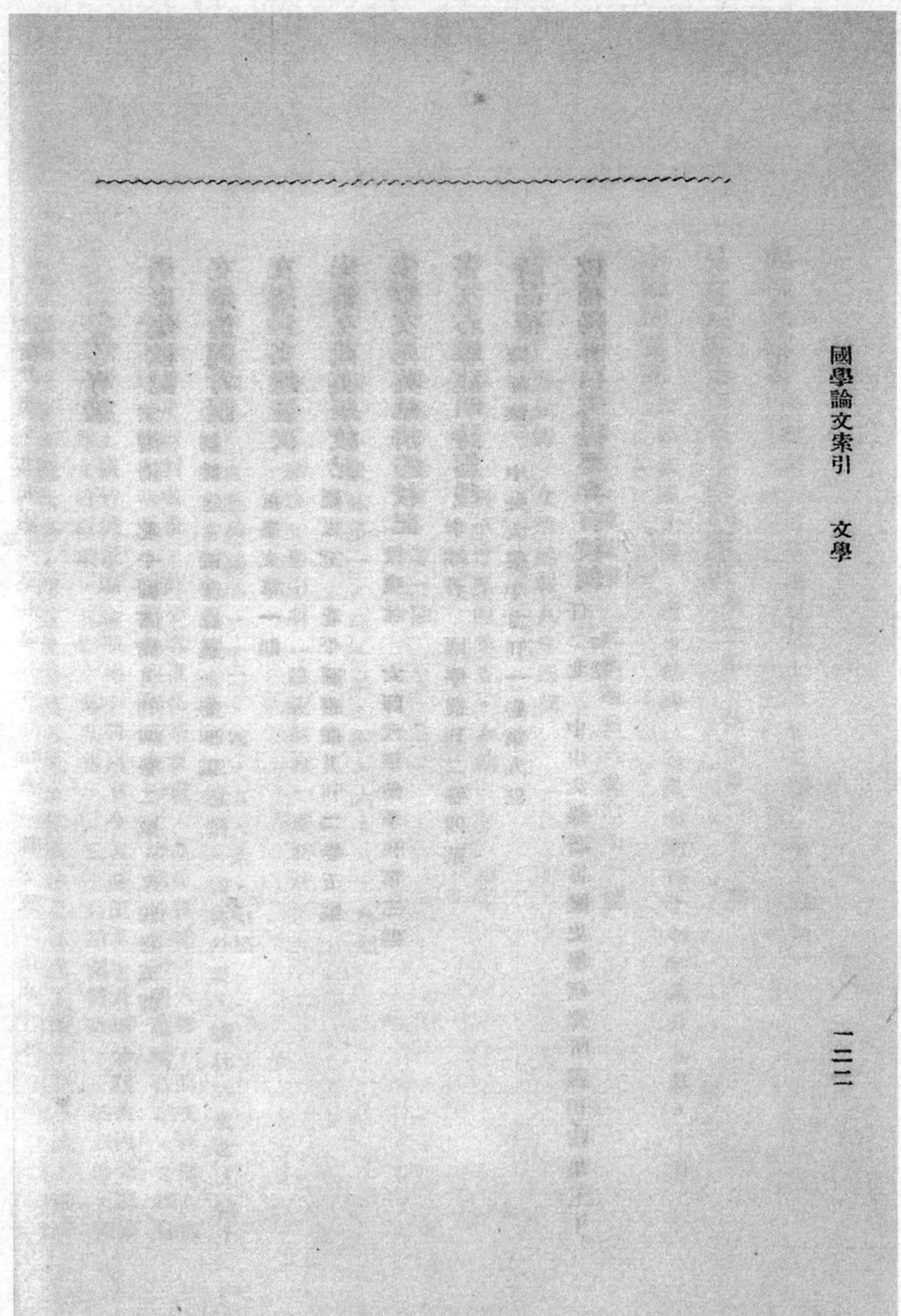

九　科學

(一)天文

古代中國天文學發達史　新城新藏著　知幾譯　南開週刊第三十七期

中國古代紀年之研究　新城新藏著　陳嘯仙譯　科學十三卷二期

東漢以前中國天文學史大綱　新城新藏著　陳嘯仙譯　中山大學語言歷史學研究所週刊八集九十四，五，六合刊

書經詩經之天文歷法　飯島忠夫撰　陳嘯仙譯　科學十三卷一期

中國天文學史之一重大問題—周髀算經之年代　劉朝陽　中山大學語言歷史研究所週刊第八集九十四，九十五，九十六合期

月霸論　趙曾濤　史學雜誌二卷二號

天算圖說　汪遠焜遺著　國學雜誌一卷三期

中國之氣候　蔡源明譯　地學雜誌十八年四期

日有食之　郭篤士　中山大學語言歷史學研究所週刊六集六十七，八合刊

二十八宿之起原說　新城新藏著　沈璿譯　學藝第九卷四，五號

中國氣候區域論　竺可楨　地理雜誌三卷二期

北平之氣候　黃厦千　地理雜誌三卷一期

青島温度之研究　蔣丙然　地理雜誌三卷四期

鷄籠山觀象臺故址與建氣象臺記　胡煥庸　地理雜誌二卷一期

西北邊陲之氣候一瞥　王勤堉　地理雜誌二卷三期

述刻本觀象玩占　趙鴻謙　中央大學國學圖書館年刊第二期　史學雜誌一卷二期

（2）曆法

支那曆法的起源及其傳説　櫻井秀　史苑二卷五號

金文曆朔疏證　吳其昌　燕京學報第六期

春秋長曆　新城新藏著　沈璿譯　學藝九卷六，七號

戰國秦漢之曆法　新城新藏著　沈璿譯　學藝九卷八號，又十卷二號，十卷四號

東漢以前時月日紀法之研究　錢寶琮　中山大學語言歷史學研究所週刊八集九十四，五，六合刊

曆法革命論　T. P.　東方雜誌二十六卷一號

究竟爲什麽改用陽曆　朱炳海　中央大學半月刊一卷二期

許伯政全史日至源流攷證　陳思　東北叢鐫第一，二，三期

許伯政譚澐兩書之比較　常福元　輔仁學誌二卷一期

穆天子傳西征年曆　顧實　東方雜誌二十七卷五號

孔子生日之國曆日期　常福元　輔仁學誌二卷一期

二十史朔閏表例言　陳垣　晨報七週紀念增刊

(3)算學

中算史之工作　李儼　科學十三卷第六期

整理中國算學材料之提議　劉朝陽　中山大學語言歷史學研究所週刊三集二十九期

籌算制度攷　李儼　燕京學報第六期

中國珠算之起源　呂炯　東方雜誌二十五卷十四號

中算家之級數論　李儼　科學十三卷九，十期

重差術源流及其流註　李儼　學藝七卷八號

弧矢啟秘圖解（續二期）　汪遠焜遺著　國學雜誌一卷三期

明清算家之割圓術研究　李儼　科學十二卷十二期，十三卷一，二期

中國近古期之算學　李儼　學藝九卷四，五號

中算家之Pascal三角形研究　李儼　學藝九卷九號

中算家之Pythgoras定理研究　李儼　學藝八卷二號

周髀算經考　錢寶琮　科學十四卷一期

夏侯陽算經考　錢寶琮　科學十四卷三期

孫子算經補註　李儼　北平圖書館月刊四卷四號

孫子算經考　錢寶琮　科學十四卷二期

九章算術補註　李儼　北平圖書館月刊二卷二號

九章及兩漢之數學　張蔭麟　燕京學報第二期

關於算學之中國故事　劉朝陽　中山大學語歷學研究所週刊六集六十六期

（4）醫學

釋素問九州九竅之文 汪東 雅言一卷十一期（亦載華國月刊一卷二號）

漢藥中之礦物 陸志鴻 學藝九卷六號

（5）其他

中國作酒化學史料 曹元宇 學藝八卷六號

十　政治法律

政理古微　林損　東北大學週刊第十四，十五，十六，十七，十八，十九，二十，二十一，二十二，二十三，二十四，二十五，二十六號（已有單行本）

殷商制度考　東世澂　中央大學半月刊二卷四期

南北朝時候中國的政治中心　梁佩貞　史學年報第一期

由歷史上觀察出來的三個『治國主義』和批評　周謙　東北大學紀念增刊

中國現在是否有恢復御史制度的必要　高一涵　晨報七週紀念增刊

丞相職權攷　鍾秀崎　東北大學週刊第七十五期

論所謂五等爵　傅斯年　中央研究院歷史語言研究所集刊第二本第一分

英美及中國文官任用制度之比較　方瑜　中央大學半月刊一卷十五，十六期（本文內容約分爲：（一）引言，（二）英美文官任用制度，（三）中國文官任用制度，（四）結論。）

西藏官制考略　鄒文海　國聞週報六卷五期

管子的政治思想　屈雄　中大季刊一卷四號

老子政治思想之批評　王之屏　東北大學週刊第六十六，六十七期

老子政治思想之研究　田　東北大學週刊第六十八，六十九，七十期

孔孟法治思想比較觀　王中立　東北大學週刊第二十五號

孟子理想農業國　劉淦之　清華週刊二十七卷九號

董仲舒的政治思想　周谷城　民鐸雜誌九卷三號

王莽之政治思想　袁兆清　東北大學週期第四十九號

王荆公政治思想之研究　田　東北大學週刊五十七，五十八號

王安石之政治思想　李家啓　中央大學半月刊一卷十期

王安石之政治經濟政策　頌平　清華週刊三十二卷五期

中國歷史上革命事業之陳迹　謝興堯　新晨報副刊十八年六月廿七日

唐虞夏商周刑法研究　曹樹鈞　東北大學週刊第十二號

漢文帝廢止肉刑與中國刑制之得失　王恆頤　中央大學半月刊二卷一期

古有憲法考　陳漢章　中央大學半月刊一卷六期

中國古代赦宥權　時昭瀛　武大社會科學季刊一卷二期

宋代的法律　楊鴻烈　吳淞月刊第一，二期

五刑論　王中立　東北大學週刊第六十四期

中國大赦考　徐式圭　學藝九卷二，三號

十一 經濟學 附貨幣

與某君論研究經濟史之方法 柳詒徵 史學雜誌一卷四期

中國古代財政研究 劉秉麟 武漢大學社會科學季刊一卷一期

商民族的經濟生活之推測 程憬 新月月刊一卷四期

管子財富主義的分析 李鎬 北大社會科學季刊五卷一，二合刊

管子的財政思想 姚步唐 中央大學半月刊一卷十期

孔孟之政治經濟說 立明 大中華二卷十，十一號

孔孟之政治經濟學說 傗汝嘉 厦門大學季刊一卷三期

墨子非樂的經濟觀 楊濬明 音樂雜誌一卷五，六合刊

桓寬鹽鐵論經濟學說解說 唐慶增 東方雜誌二十六卷十七號

孫鼎臣之經濟思想 唐慶增 東方雜誌二十五卷十二號

王船山之經濟思想研究 鄭行巽 民鐸雜誌十卷三，四號

西漢物價考 瞿兌之 燕京學報第五期

兩漢賦稅考　楊筠如　中山大學語言歷史學研究所週刊六集六十六期

江蘇各地千六百年間之米價　柳詒徵　史學雜誌二卷三，四合期

北宋米價考　陳裕菁　史學雜誌一卷三期

宋代之倉庫考　桑鎬　中央大學牛月刊一卷十六期

論中國史前之幣制　張鳳　中山大學語言歷史學研究所週刊十一集一二三，四期

中國紙幣小史　王滬波　大中華二卷十二號

中國古代票據考　陳燦　厦大季刊一卷二號

明代以前之金銀貨幣　侯厚培　清華學報五卷一號

十二 社會學 附民俗學

有史以前中國社會概論 白進彩 新晨報副刊十八年六月十七日，十八日，十九日，二十日，二十一日、二十二日

從殷虛遺文窺測上古風俗的一斑 邁五 南開週刊第十九期

商民族的氏族社會 程憬 中山大學語言歷史學研究所週刊四集三十九，四十，四十二期

戰國時代的風氣 呂超如 中大語歷學研究所週刊三集三十四期

從說文中發現之古代社會 程樹德 北大社會科學季刊五卷一，二合刊

從詩中考察當代的農民生活 一民 晨報副刊十六年九月份

詩書時代的社會變革與其思想上的反映 杜衎 東方雜誌二十六卷八，九，十一，十二號

老莊思想與小農社會 嵇文甫 女師大學術季刊第一期

戰國秦漢三國人口述略 曹松葉 中山大學語歷學研究所週刊十集一一九期

兩漢之胡風 次公 史學年報第一期

兩漢時代一夫多妻制之盛行 婁景斐 成大史學雜誌第二期

漢魏際之風尚與時代背景 桑鎬 中央大學半月刊一卷三期

逗遛於農村經濟時代的徐海各屬　吳壽彭　東方雜誌二十七卷六，七號

男子髮制考　管明　大中華二卷十二號

火葬考　柳詒徵　史學雜誌一卷三期

耒耜考　徐仲舒　中央研究院歷史語言研究所集刊第二本第一分

告緡錢　蔣應榮　中山大學語歷研究所週刊四集四十四，五合刊

日本稻葉君山牙儈史補正　陳漢章　中央大學半月刊一卷四期

中國之封建制度　快然　新晨報副刊十八年四月三，四，五日

中國市制概觀　顧敦鍒　東方雜誌二十六卷十七號

以日本平安京證唐代西京之規制　瞿兌之　史學年報第一期

明清間金陵之都市生活　張其昀　史學雜誌一卷一，二期

中國家譜學略史　潘光旦　東方雜誌二十六卷一號

古代嫁娶說　王明　雅言一卷十一期

妾的分析　周謙　東北大學週刊第八十四號（社會問題研究之一）

姓，婚姻，家庭的存廢問題 潘光旦 新月月刊二卷十一期

中華民族之女系時代 陳雲路 女師大學術季刊第二期

中國家族制度中子孫觀念之起源 吳其昌 女師大學術季刊第三期

中國家庭制度之將來 海冷 南開第二十六期

唐宋時代妓女考 王桐齡 史學年報第一期

中國宗法社會的將來 藩葳 北新半月刊二卷七號

禮教問題之研究 管候 雅言一卷六期

士大夫身分與宗教 陶希聖 春潮月刊一卷二期

從歌謠中研究中國的婚姻 李増濃 新晨報副刊（婦女）十八年二月廿四，三月十日，四月十四日

廣東古昔的風俗 清水 中山大學語歷研究所週刊四集四十期

翁源的古俗 清水 中山大學語歷學研究所週刊五集五十五期

姜姓的民族和姜太公的故事 楊筠如 中山大學語歷學研究所週刊七集八十一期

一首很長的獞人結婚儀式歌 石兆棠 中山大學語歷研究所週刊五集五十七，五十八合刊

姜女廟之朝鮮人紀錄　天行　新晨報副刊十八年八月二十一日

西南民族的婚俗　余永梁　中山大學語歷研究所週刊三集三十五，六合刊

苗疆風俗志　覺迷　國聞週報六卷十二期

苗族的土俗一束　何健民譯　中山大學語歷研究所週刊三集三十五，六合刊

東荒民俗聞見瑣錄　張超夫　地學雜誌第十七年第二期

苗族之種類與習俗　張數榮　清華週刊二十八卷九，十號

廣州蛋俗雜談　黃雲波　中大語歷研究所週刊三集三十五，六合刊

西康調查通訊　譚錫疇　李春昱　地學雜誌十八年二期

蒙古新疆人民之生活狀況　丁道衡　女師大學術季刊一卷四期

雲南昭通縣之一瞥　張連楙　中山大學語歷學研究所週刊七集七十六期

鬼怪　蓀荃　新晨報副刊十七年十一月十六，十七，二十四，三十日（一漢風俗考之一斷片一）

預兆　蓀荃　新晨報副刊十七年十月十六日（漢風俗之一斷片）

猺歌　石聲漢　中山大學語言歷史學研究所週刊四集四十六，七合刊

禮部文件：催生 江紹源 猛進第二十四期

關於桑的神話與傳說的點點滴滴 張壽林 晨報副刊十七年二月份

十二　教育學

中國教育史略　徐式圭　學藝八卷七，九，十號，九卷七，八號，又十卷三號，十卷五號

中國教育之歷史的使命　周谷城　東方雜誌二十一卷二號

從說文中觀察的孔門教育　李晉華　中山大學語言歷史學研究所週刊八十九，九十合刊

中國五大教育家　景陶　中華教育界十六卷八期

周秦之士風　葉時脩　中華教育界十六卷七期

南朝太學考　柳詒徵　史學雜誌一卷五，六期，二卷二期，三，四合期

宋代四明之學風　張其昀　史學雜誌一卷三期

宋元明清書院概況　曹松葉　中山大學語歷學研究所週刊十集一一一，一一二，一一三，一一四，一一五期

科舉制底的意義　陶希聖　春潮月刊一卷二期

明季杭州讀書社考　朱倓　國學季刊二卷二期

中國新教育制度行政小史　陳翊林　中華教育界十八卷三期

中國過去教育的批判　楊東蓴　北新三卷九號

由舊教育到新教育的歷史概觀　陳翊林　中華教育界十九卷九期

中國近代師範教育小史　舒新城　中華教育界十五卷十一期

中國留學小史　舒新城　中華教育界十五卷九期

我國過去史地教育不振之原因　論波　地學雜誌十八年二期

改造中國教育之根本方法　梁榮滔　中華教育界十五卷八期

中國教育的改造和建設　杜佐周　教育雜誌二十一卷二號

近代中國教育史問題　舒新城　中華教育界十七卷二期

中國學校制度之改革　舒新城　中華教育界十七卷五期

潭東雜誌　沈詳龍　文藝雜誌第九期　有：（龍門書院之興廢，融齋書院，應敏書院……等條）

名教與教育　衛中　民鐸雜誌十卷四號

十四　音樂

中國音樂略史　繆天瑞　音樂雜誌第一卷四，六期

中國音樂短史　王光祈　中華教育界十七卷六期

中國樂制發微　王光祈　中華教育界十七卷八期

古樂考略　馬瀛　庸言第二十三號，大中華一卷二十三號

音樂通論　高鳳棲　東北叢鐫第四期，七期（一）引言，（二）歷代樂論，（三）今樂現狀，（四）溯因，（五）原樂，（六）致用，（七）結論）

考工記磬的研究　瓠廬　音樂雜誌第一卷六期

漢唐間外國音樂的輸入　賀昌羣　小說月報二十卷一號

唐代歌舞之研究　王秋　晨報副刊十六年十月份

研究詞樂之意見　任二北　中山大學語歷學研究所週刊四集三十九期

古今中西音階概說　蕭友梅　樂藝一卷一號

中西音律之比較　楊昭恕　音樂雜誌一卷二號（北大出版）

歐美音階與中國音階之比較　邱仲廣　中央大學半月刊一卷七期

改進國樂的我見　鄭沭罄　音樂雜誌一卷一期

「中國派」和聲的幾個小試驗　趙元任　音樂雜誌一卷四期

中國樂藝概況　吳希之　樂藝一卷一號

律音彙考　邱之稑　船山學報第二，三，四期

中樂複音古證　張洽　音樂雜誌二卷三，四合刊

仲呂爲較徵說　徐卓　音樂雜誌一卷二號（北大）

論徐君卓仲爲變徵說之誤　趙培基　音樂雜誌二卷九，十合刊

學琴淺說　張友鶴　音樂雜誌一卷第一，二，三，四，五，六，八，九期

琴律六十調及八十四調　王露　音樂雜誌一卷二號（北大）

學琴要訣　劉斐烈　音樂雜誌二卷七號

論琴律三聲　楊昭恕　音樂雜誌二卷五，六合刊（北大）

琴律三準說　王露　音樂雜誌二卷五，六合刊，又第八號（北大）

琴操校補　邵瑞彭　音樂雜誌二卷一號　（北大）

歌舞引　劉天華　音樂雜誌一卷九號（琵琶獨奏正調）

琵琶譜　王心葵　音樂雜誌一卷一，二，三，四，五，六，八期，又二卷五，六合刊（北大）

琵琶審音發微　王露　音樂雜誌一卷四號　（北大）

述古琵制及調律　王露　音樂雜誌一卷三號　（北大）

簫譜　任兆麟　音樂雜誌一卷三期

譚氏簫話　譚邦翰　音樂雜誌一卷四號　（北大）

說笛　逸叟　音樂雜誌一卷二號　（北大）

說笛　李杭之　音樂雜誌二卷三，四合刊　（北大）

樂家錄　安培季尙　音樂雜誌一卷九號　（橫笛）

說洞簫　彭城郁　音樂雜誌二卷二號

笙的用法　李榮壽　音樂雜誌二卷二號　（北大）

篳篥　安培季尙　音樂雜誌一卷六期　（樂家錄卷之十一）

與程君朱溪函　胡𤬪廬　音樂雜誌一卷四期（論音樂）

代程君朱溪答胡君𤬪蘆函　劉天華　音樂雜誌一卷五期

中國戲劇曲譜　李榮壽　音樂雜誌二卷一號（北大）

評卿雲歌　王光祈　中華教育界十六卷十二期

中國古代音樂大家述記　朱榮壽　音樂雜誌一卷五，六合刊（北大）

琴學家九疑山人小傳　周季英　音樂雜誌一卷二號（北大）

霓裳羽衣舞的研究　𤬪廬　音樂雜誌一卷五期

皮黃曲譜　陳仲子　音樂雜誌一卷一期，二期，四期（北大）

『浪淘沙』作曲大意　華麗絲　樂藝一卷一期

平沙落雁　李榮壽　音樂雜誌一卷二號

陽關三疊　張鵬翹　音樂雜誌　一卷二號

十五 藝術

中國美術在現代藝術上的勝利 嬰行 東方雜誌二十七卷一號

中國美術建築之過去與未來 劉既漂 東方雜誌二十七卷二號

中國佛教藝術與印度藝術之關係 陳之佛 東方雜誌二十七卷一號

古代繪畫在歷史上的意義 張壽林 晨報副刊十六年八月份

中國的繪畫思想 豐子愷 東方雜誌二十七卷一號

明清之際中國美術所受西洋之影響 向達 東方雜誌二十七卷一號

中國畫之解剖 蔣錫曾 東方雜誌二十七卷一號

對於國畫派別的我見 淩文淵 清華週刊二十八卷七號

中國山水畫之派別 平山 清華週刊二十七卷九，十號

近代畫家概論 沈琊若 東方雜誌二十七卷一號

近數十年畫家耆評 黃賓虹 東方雜誌二十七卷一號

中國壁畫歷史的研究 鄭午昌 東方雜誌二十七卷一號

中國畫與新浪漫主義　沈祖德　新晨報副刊十八年二月六日

中國畫與西洋畫　豐子愷　一般　二卷二期

中國畫法之比較談　朱小峯　新晨報副刊十八年四月一，二日

東洋畫六法的論理的研究　豐子愷　東方雜誌二十七卷一號

樹石譜　小蝶　東方雜誌　二十七卷一號

董北苑畫法表徵　姚大榮　東方雜誌　二十七卷一號

藝林虎賁　姚華　論衡第一，二，三，四，五期

董文敏書眼　明董其昌　國學雜誌一卷五，六期（舊抄本）

隸草書的淵源及其變化　沙孟海　中山大學語歷學研究所週刊　十一集一二五至一二八期合刊

近三百年的書學　沙孟海　東方雜誌二十七卷二號

書法之研究　史彥祥　東北大學週刊第六十三號

論書斥包慎伯康長素　朱大可　東方雜誌二十七卷二號

稈棠論書雜著　黃鴻圖　東方雜誌二十七卷二號

口墨璅譚　梁帖廬　東方雜誌二十七卷一號

碑帖研究意見書　黃仲琴　中山大學語歷研究所週刊八集八十八期

評書帖　梁献　國學雜誌一卷三期　續二期

蘭亭屑譚　康遜窖　雅言一卷七期

候官何氏寶唐樓小李將軍書冊後記　魏應騏　中山大學語歷學研究所週刊八集八十八期

柳波舫隨筆　王守梧　東方雜誌二十七卷一號

潭東雜誌　沈詳龍　文藝雜誌第九期（內有：松江畫家，橫雲山人集稿本，張孟皋畫癖，郭友松奇才異能，封庸庵續繪雲間邗齊圖。）

百聯樓紀事　章鋆　東方雜誌二十七卷二號（紀其家藏楹帖，文爲韻語。）

宋榻九成宮僞帖　涵秋　文藝雜誌第十期（娛萱室隨筆之一）

說曾滌生論字　海虞老漁　國聞週報六卷三十六號

古瓷攷略　權伯華　東方雜誌二十七卷二號

中國瓷業之過去與未來　孫福熙　東方雜誌二十七卷二號

明清與康清之比較　茀庭　東方雜誌二十七卷二號
汝窰　晉工　東方雜誌二十七卷二號
調查龍泉靑瓷報告　陳萬里　中山大學語歷學研究所週刊　四集四十八期
刺繡源流述略　鄒竹屋　東方雜誌二十七卷二號
中國之建築　空了　大公報藝術週刊第十六至十七號
佛教對於中國建築之影響　劉敦楨　科學十三卷四期
元大都宮苑圖考　中國營造學社彙刊一卷二册
北平舊建築保存意見書　樂嘉藻　大公報藝術週刊　十四至十五期
英葉慈博士營造法式之評論　中國營造學社彙刊一卷一册（附漢譯）
英葉慈博士論中國建築內有涉及營造法式之批評　中國營造學社彙刊一卷一册（附漢譯）
葉慈博士據永樂大典本法式圖樣與仿宋刊本五校記　中國營造學社彙刊一卷二册（附漢譯）
伊東忠太博士講演支那之建築　中國營造學社彙刊一卷二册
建築中國式宮殿之則例　中國營造學社彙刊一卷二册（譯文）

有清一代弈學國手小論　蟄龍　雅言一卷六期

象棋以歐製爲近古說　心史　東方雜誌二十五卷十七號

圍棋談乘　蟄龍　雅言一卷八期

菊譜　國學雜誌一卷三期（續二期）

諜堪墨話　顧燮光　文藝雜誌九，十一期（有劉幼甫書法，葛子斐書法，趙似昇長生册，陳仲書參政所藏名畫，竹波軒梅册。）

玉梅花盦論篆　李瑞清　國學叢刊二卷四期

十六　宗教學

(1)通論

中國上古宗教史略緒言　梁勁　中大語歷學研究所週刊八集八十八期

上古宗教概觀　梁勁　中大語歷學研究所週刊八集八十九，九十合刊

(2)佛教

佛家思想的起源及其變遷　常惺　海潮音十一卷二期　哲學月刊二卷三，四期

佛學今日存在之價值與社會之需要　常惺　海潮音　十年八期

千八百年來中國社會之佛教觀　會覺講　海潮音　十年十二期

中國大乘佛教流布於世界之觀察　寄塵　海潮音　十年十二期

佛學源流及其新運動　太虛　海潮音十年一期

佛學對於現代人類的供獻　太虛　海潮音十年五期

佛學在今後人世之意義　太虛　海潮音十一年四期

西洋中國印度哲學的概觀　太虛　海潮音十一年二期

美國佛學界之中國佛教史觀　李亦超譯　海潮音八年四，五，八，十，十一，十二期
西域佛教之研究　日本羽溪了諦著　許敦谷譯　燕京學報第四期
研究佛學之目的及方法　太虛講　海潮音十年十二期
佛法之科學的說明　王小徐　海潮音十年八期
拜佛的意義應當怎樣來認識　常惺　海潮音十年四期
論佛學次第統編　太虛　海潮音二年十期
論佛教之分類　黃懺華　海潮音七年十二期
根本佛教　姚寶賢　民鐸雜誌十卷一號
佛學概論　常惺　海潮音八年十一，二期
佛學概論導言　王恩洋　內學第二輯
佛學概論各章導言　王恩洋　內學第三輯
什麼是佛學　太虛講　法舫記　海潮音十年九期
佛法之目的　邢定雲　東北叢鐫第三期

佛學抉擇論 善因 海潮音十年二期

評佛學抉擇論 太虛 海潮音十年七期

佛教的唯物論 談玄 海潮音十年十二期

大乘佛教之發展 許地山 哲學評論一卷一，二，三，四期

人生佛學說明 太虛 海潮音九年六期

佛的認識論 唐大圓 海潮音 九年九期

佛學的標準 蒙佛心 海潮音 八年十期

佛教之眞面 寗達蘊 海潮音 八年四，五期

佛學與學佛 常惺講 海潮音 八年十一，二期

美術與佛學 太虛 海潮音 十一年一期

佛法與宗教哲學 黃懺華 海潮音十年十二期

佛教不殺之原理 寗墨公 海潮音八年一期

佛陀以前文化及其哲學 談玄 海潮音 十一年三期

佛陀學綱　太虛　海潮音　九年九期，十期

佛陀學之宇宙觀與人生觀　太虛　海潮音十年七期

覺道略次第　大勇　海潮音　九年三期

清世宗關於佛學之諭旨　文献叢編　第三，四輯

支那內學院院訓釋上篇　歐陽漸　內學第三輯

禪學古史攷　胡適　新月月刊一卷六期

龍樹世親之教系及其學說　姚寶賢　民鐸雜誌九卷四號（按本文係節譯日本境野哲著印度佛教史綱。）

龍樹世親二菩薩的教系　日本境野哲原著　台灣林秋梧譯　海潮音　十年九期

龍樹法相學　歐陽漸　內學第二輯

釋摩訶衍論考　鄧高鏡　師大國學叢刊一卷一期

天台時教圖之研究　澹雲　海潮音十年七期

談法相與天台　談玄　海潮音十年八期

淨土宗之新建立　唐大圓　海潮音十年二期

說因明對宗喻之重要關係 羅剛 海潮音八年十期

因三相圖解 欒調甫 齊大月刊一卷一期

三論宗之宇宙觀 蔣維喬 海潮音 二年十期

再論大乘三宗 太虛 海潮音九年三期

南傳小乘部執 何載陽 內學第二輯

八識規矩頌奘註 太虛訂 海潮音八年九期

內典初詵 沈彭齡 東北叢鐫 第七期

燉煌出土古經錄失著之比丘尼戒本 繆鳳林 史學雜誌 第一卷二期

諸家戒本通論 呂澂 存厚 馮卓 劉定權 內學第三輯

佛經原本與翻譯 朱芳圃 東方雜誌 二十五卷十號

大乘起信論講要 常惺 海潮音 九年七，九，十期

起信論唯識釋質疑 王恩洋 內學第二輯

雜阿含經蘊誦略釋 聶耦庚 內學第二輯

八識釋名　沈彭齡　東北叢鐫第四期

八識規距頌釋補註　慧音　海潮音二年十一期

大種唯第八識所緣義討論　內學　第二輯

安慧三十唯識釋略抄　呂澂　內學第三輯

入論十四因過解　呂澂　內學第三輯

金剛般若波羅密經義脈　太虛講　海潮音二年十二期

金剛般若波羅密經新疏　諦閑　海潮音九年十一期，又十年一，二，三期

金剛經新疏　諦閑　海潮音九年十，十一期

西藏傳本攝大乘論　呂澂　內學第二輯

攝論大意　歐陽漸　內學第二輯

大佛頂首楞嚴經攝論　太虛　海潮音八年七，八，十期，又十一，十二期合刊

阿毘達磨汎論　呂澂　內學第二輯

維摩詰經講義　太虛　海潮音九年二，三，四，五，六，八，十一，十二期

大般若經叙　歐陽漸　海潮音九年八，九期

高麗義天續藏之涅槃實疏　錢稻孫　北大圖書部月刊一卷一期

大乘法苑唯識前章講錄　太虛　海潮音十一卷一，二，三，四期

觀無量壽佛經分科略解　王位功　海潮音九年四期

楞伽疏決　歐陽漸　內學第二輯

法相唯識學之由起　太虛講　海潮音七年七期

唯識三字經講錄　唐大圓講　海潮音九年六期

再論法相唯識　太虛　海潮音九年三期

唯識宗的人生觀　常惺法師講　寂聲記　哲學月刊二卷六期

唯識學與科學　法舫　海潮音十年四，十二期

唯識的科學方法　唐大圓　海潮音十年五期

唯識專修總持法　唐大圓　海潮音十年九期

顯道中篇　繆篆　厦大季刊一卷二號

境相章　熊十力　內學第二輯

經部義　內學第二輯

建設人間淨土論　太虛　海潮音　七年七期

中論因緣品何以注重破自生　會覺　海潮音九年三期

佛教無我與數論無我之差別　佚　海潮音八年十一，二合刊

宗依宗體之區別及其關係　海潮音八年十一，二合刊（因明學）

論掌眞論之眞性有爲空量　太虛　海潮音九年二期

從無我唯心的宇宙觀到平等自由的人生觀　太虛　海潮音十一年四期

淨化主義　太虛　海潮音八年七，八，九，十，期，又十一，二合刊

大乘義章書後　陳寅恪　中央研究院歷史語言研究所集刊第一本第二分

大乘佛化之眞精神　李圓淨　海潮音十年七期

談內學研究　歐陽漸　內學第二輯

說四度以上的事　太虛　海潮音八年十一，二合刊

達賴喇嘛於根敦珠巴以前之轉生　于道泉　北平圖書館館刊四卷五號

雲岡石窟寺之譯經與劉孝標　陳垣　燕京學報第七期

永瑢等奏華嚴經内武則天製序遵旨删去復查出大乘顯識等經武則天序文五道似應一律撤出銷毀摺　史料旬刊　第十四期

蓮社年月攷　游國恩　國學月報彙刊第一集

評佛家哲學通論　太虛　海潮音八年十一，二期合刊

(3)道教

論道教　畢無方　哲學月刊二卷一期

道家思想與道教　許地山　燕京學報第二期

儒道平論　黄季剛　雅言一卷二期

太平道緣起　次　新晨報副刊十七年九月二十六日

(4)回教

什麼是回教　許地山　清華週刊三十二卷二期

閩南之回教　黄仲琴　中大語歷學研究所週刊九集一〇一期

(5)基督教及其他

景教經典志玄安樂經考論　錢稻孫　清華週刊三十二卷十期

景教經典序聽迷詩所經考釋　羽田亨著　錢稻孫譯　北平圖書館月刊一卷六號

在華基督教之過去現在及將來　羅家杜　中央大學半月刊一卷九期

基督教禍華小史　惠芬　清華週刊三十三卷十號

中國基督徒分析　龔見　清華週刊三十三卷十號

中國天主教民數　常熟乘衡居士　文藝雜誌十一期（荷香館瑣言之一）

圖書目錄學

（A）圖書館學

中國圖書館事業的史的研究　馬宗榮　學藝十卷三號，五號

現代圖書館經營論　馬宗榮　學藝七卷八，九，十號

現代圖書館事務論　馬宗榮　學藝八卷四，五號

在文華公書林過去十九年之經驗　沈祖榮　文華圖科季刊一卷二期

（B）目錄學

（1）編目法

中國目錄學引論　容肇祖　中大圖書館週刊五卷四期

目錄學之界義　汪國垣　藝林　第一期

歷史的輔助科學與目錄學　鐵　新晨報副刊十八年六月十日

編制中文書目之管見　傅振倫　北大圖書部月刊二卷一，二期合刊

中文編目論略之論略　徐家麟　圖書館學季刊三卷一，二期合刊

唐以前之目錄　汪國垣　中央大學半月刊一卷六期

中國圖書分類的沿革　容肇祖　中大圖書館週刊四卷一，二，三，四，五期

目錄學家著述的分途　容肇祖　中大圖書館週刊四卷六期

中文圖書編目之我見　羅根澤　中大圖書館報七卷三期

中文編目條例草案　劉國鈞　圖書館學季刊三卷四期

京師圖編目略例　記者　文華圖科季刊二卷二期

圖書館華文書籍編目之討論　兌之　南開七十三期

中文編目中之一標題問題　黃星輝　圖書館學季刊三卷一，二合刊

中文編目中一個重要問題——標題　沈祖榮　圖書館學季刊三卷一，二合刊

著者號碼編制法　陳子彝　蘇州圖書館館刊第一期

本館編目法及其說明　董明道　安徽圖書館季刊一卷一期

中國圖書館分類問題之商榷　蔣復璁　圖書館學季刊三卷一，二期合刊

類例論　杜定友　圖書館學季刊二卷四期

圖書分類法之理論 毛坤 文華圖科季刊一卷四期

民衆圖圖書分類法 徐旭 中華圖書館協會會報五卷四期

哈佛大學中國圖書分類法凡例 裘開明 文華圖科季刊一卷三期

評王雲五的中外圖書統一分類法 金敏甫 圖書館學季刊三卷一，二期合刊

編目時所要用的幾種參攷書 毛坤 文華圖科季刊一卷四期

漢字排檢問題 黃國鼎 圖書館學季刊三卷一，二合刊

一個治標的部首法 陳光垚 圖書館學季刊 三卷四期

張鳳形數檢字法 張鳳 民鐸雜誌 九卷五號

檢字法之研究 吳鴻志 文華圖科季刊二卷一期

半周檢字制 周辨明 廈門大學季刊一卷三期

各家檢字新法述評 萬國鼎 圖書館學季刊二卷四期

雜誌索引之需要及編製大綱 劉純 中華圖書館協會會報四卷四期

中國圖書館學術文字索引 孔敏中 中華圖書館協會會報四卷三期

中國書籍索引之兩大傑作　无住　安徽圖書館季刊一卷二期

從索引法去談談排字法和檢字法　錢亞新　圖書館學季刊三卷一，二合刊

索引法概要　羅曉峯　文華圖科季刊二卷二期

編輯期刊中論文索引之意見　李文裿　中華圖書館協會會報五卷六期

雜誌和索引　錢亞新　文華圖科季刊一卷二期

索引和序列　萬國鼎　圖書館學季刊二卷三期

（2）目錄

書目志　容肇祖　中大圖書館週刊三卷三，四合刊，又第五期，又四卷一期

秦獻記　章太炎　雅言一卷六期

讀漢書藝文志拾遺　王重民　北平圖書館月刊三卷三號

補晉書藝文志　文廷式　船山學報第二，三，四期

清代著述攷　顧頡剛陳槃　中大圖書館週刊五卷一，二，三，五，六期，又七卷一期

清代著述攷　顧頡剛馬太玄　中大圖書館週刊三卷二，五期，四卷二，三，四期

晁氏寶文堂書目　明晁瑮　北平圖書館月刊三卷二，三，四，五期

徐氏家藏書目　明徐𤊹　北平圖書館月刊三卷六號，四卷一，二，三，四號

蜀中著作記　曹學佺　圖書館學季刊三卷一，二合刊，又第三期

貴陽陳氏書目　陳田　北平圖書館月刊三卷五號

楝亭書目　曹楝亭　北大圖書部月刊一卷一，二，三期

南獻遺徵箋　范希曾　中央大學國學圖書館年刊第一期

黃蕘圃題跋續記　丁初我　北平圖書館月刊三卷四號

日本訪書續記　楊守敬遺稿　王重民輯　圖書館學季刊二卷三期

越縵堂讀書記　李慈銘遺著　北平圖書館月刊一卷四，六號

箋經室所見宋元書題跋　文藝雜誌第一，二，三，四，五，六，七，八，九，十，十一，十二期　又蘇州圖書館館刊第一期

題跋四則　葉德輝遺著　圖學館學季刊二卷四期　(一)孝經大義跋，(二)王介祉詩跋，(三)默記跋，四默記跋。)

藏園羣書題記　傅增湘　圖書館學季刊二卷三期，又三卷一，二合刊；又國聞週報七卷三十五，三十六期

藏園羣書題記　傅增湘　國聞週報第七卷四十七，四十八，四十九期，又第八卷一期，三期

藏園羣書題跋　傅增湘　北平圖書館月刊二卷五號

藏園東游別錄　傅增湘　北平圖書館月刊四卷一號，又四卷二號（1.日本帝室圖書寮觀書記；2.日本內閣文庫觀書記。）

拾經樓羣籍題識　葉啓勳　圖書館學季刊二卷四期，又三卷一，二合刊，又三卷三期，四期

題跋八則　朱希祖　圖書館學季刊二卷三期（（一）跋譚復堂先生校本意林；（二）校本意林跋；（三）跋張鵬一司馬遷年譜；（四）舊抄本明熹宗實錄（五）再跋明熹宗實錄；（六）舊鈔本長安志跋；（七）舊鈔本長安志圖跋；（八）舊鈔本細陽禦寇記殘本跋）。

書目答問史部目補正　范希曾　史學雜誌一卷五，六期，中央大學國學圖書館年刊第二，第三年刊

武英殿聚珍板叢書目錄　陶湘　圖書館學季刊三卷一，二合刊

宛委別藏現存書目　袁同禮　北大圖書部月刊二卷一，二合刊

康南海所藏宋元明板書目　中大圖書館週刊五卷三，四期

館藏善本書提要　趙萬里　一卷四，五，六號，二卷一，二號

館藏善本書志　趙萬里（明別集類）北平圖書館月刊四卷一號，四號，五號

中國分地金石書目　沈勤廬　蘇州圖書館館刊第一期

晚明流寇史籍攷　謝國楨　北平圖書館月刊四卷一，二，三，四號

清初三藩史籍攷 謝國楨 北平圖書館月刊三卷六期

山西藏書攷 聶光甫 中華圖書館協會會報三卷六期

松軒書錄 趙鴻謙 中央大學國學圖書館年刊第二期，第三期

續書樓藏書記 倫明 輔仁學誌一卷二期

閩南地方誌經眼錄 薛澄清 中大圖書館週刊四卷六期，又五卷一，二，五，六期

館藏叢書舉要 卞鴻儒 遼寧圖書館館刊第一卷

館藏雜誌目錄 夏萬元 遼寧圖書館館刊第一卷

本館善本書題跋輯錄 中央大學國學圖書館年刊第一，二期，第三期

本館新編中國經籍書目 陸士龍 中大圖書館週刊七卷一，二期

本館新編中文書目目錄 編者 中大圖書館報七卷三期

本館入藏書目初編 胡翼謀 安徽圖書館季刊一卷一期

安徽省立圖書館藏書集目 无住 安徽圖書館季刊一卷二期（羣經類）

本館入藏圖書目錄 蘇州圖書館館刊第一，二號

本館舊有之善本書　編者　中大圖書館館報七卷四期

近兩年來出版之國學書籍簡目　頌生　中華圖書館協會會報四卷三期

近代曲學書籍一覽　編者　大公報文學副刊第四期

關於漢字漢音之日籍目錄　明朝　中大語歷學研究所週刊十一集一二五至一二八期合刊

外國人關于中國著作目錄一覽　李貫英　中大語歷研究所週刊三集三十期，又三十一期，四卷四十四，五合刊，又四十八期（（一）中國藝術大綱，（二）中國和中國人民，（三）中國的宗教，（四）法顯佛國遊記。）

皇清經解分析目錄　梁格　中大圖書館報七卷四期

易經集目　慰　中華圖書館協會會報第四卷三期，五卷一，二期合刊

詩經參攷書提要　陸侃如　國學月報彙刊一集

孝經集目　頌生　中華圖書館協會會報四卷二期

說文書目輯略　李克弘　中大圖書館週刊四卷一，二期

楚辭書目　張冠英　中大圖書館週刊七卷二期

古詩書目錄提要　許文玉　中大語歷學研究所週刊九集一〇六期

宋詩書目 郭篤士 中大圖書館週刊四卷三，四期

古小學書輯佚表 劉盼遂 北大圖書部月刊二卷一，二合刊

從漢書藝文志依惰唐以下諸志分類法抄出關於史部圖籍 朱魯賢 中央大學半月刊二卷四期

中國上古史參考書目舉要 夏廷棫 中山大學語言歷史學研究所週刊九集一〇三期

日本人研究中國地理學之近狀 桑鎬譯 地理雜誌三卷三期

本館新編地理書目 蘇永涵 中大圖書館報七卷五期

本校所藏中國地方誌簡目 李一非 中大圖書館週刊四卷五，六期，五卷一，二，六期

入藏地理類書目 北平圖書館月刊三卷二號

館藏東北地志錄 卞鴻儒 遼寧省立圖書館館刊一卷

館藏歷代名人年譜集目 汪誾 中央大學國學圖書館年刊第二期

館藏歷代名人年譜集目補 汪誾 江蘇國學圖書館第三年刊

舊籍中關於方言之著作 陳鈍 夏廷棫 中大語歷學研究所週刊八集八十五，六，七合刊

再補裴編中國算學書目 劉朝陽 中大語歷學研究所週刊六集六十一期

中國算學書目彙編質疑　湯天棟　學藝八卷七號

近代中算著述記　李儼　圖書館學季刊二卷四期

本館新編中文曆史書目　蘇永涵　中大圖書館週刊七卷一，二期

中國音樂書舉要　袁同禮　中華圖書館協會會報三卷四期，又音樂雜誌一卷一，二期

中國美術書舉要　周連寬　文華圖書科季刊一卷二期，二卷二期

本館新編醫藥書目　劉朝陽　何之　中大圖書館週刊五卷二，四，五，六期

關於苗族書籍的書目　楊志成　余永梁　中大語歷學研究所週刊三集三十五，六合刊

明人著與日本有關史籍提要　繆鳳林　中央大學國學圖書館年刊第二期

館藏寫本明實錄提要　卞鴻儒　遼寧圖書館館刊第一卷

五代史書目　夏廷棫　中大語歷學研究所週刊十集一二〇期

日本刊行滿蒙叢書叙錄　卞鴻儒　遼寧圖書館館刊第一卷

大連滿鐵圖書館所藏中國小說戲曲目錄　馬廉　圖書館學季刊二卷四期

舊本三國志演義板本的調查　馬廉　中大圖書館報七卷五期，北平圖書館月刊二卷五號

徐光啟著述考略 徐景賢 新月月刊一卷八期

李清著述考 王重民 圖書館學季刊三卷三期

彭茗齋先生著述考 謝國楨 北平圖書館月刊三卷一號

漁洋山人著書考 倫明 燕京學報第五期

管志道之著述 鍾鍾山 夏廷棫 中大語歷學研究所週刊七集七十八期

會稽章學誠的著述 顧頡剛 陳槃 中大圖書館報七卷三期

高郵王氏父子著述考 劉盼遂 北平圖書館月刊四卷一號

咸陽劉光蕡著述考 顧頡剛 陳槃 中大圖書館報七卷六號

天算大家海寧李善蘭的著述 顧頡剛 陳槃 中大圖書館報七卷四期

瑞安孫詒讓著述考 顧頡剛陳槃 中大圖書館報七卷五期

劉申叔著述目錄 趙萬里 北平圖書館月刊一卷六號

續叢書舉要 王謇 蘇州圖書館館刊第一，二號

重訂曲海總目 清黃文暘 北平圖書館月刊四卷二號

本館雙十節展覽會書目　趙萬里　北平圖書館館刊四卷五期

本所藏檔案細目　中山大學語歷研究所週刊六集六十二，三，四期合刊

關於編纂古器物和風俗物的目錄我見　薛澄清　中大語歷學研究所週刊八集九十二，三合刊

中國政府出版期刊調查表　冷衷　中華圖書館協會會報六卷一期

教育部圖調查表　教育部社會教育司　文華圖科季刊二卷二期

採集傜山風俗物品目錄　黃季莊　中大語歷學研究所週刊四集四十六，七合刊

吳中藏書先哲考略　蔣鏡寰　蘇州圖書館館刊第二號

澄碧樓善知識記　張靖　雅言一卷八期（有：張氏遺書，龍川遺書，雲山讀書記。）

（3）板刻

唐代刊書考　向達　中央大學圖書館年刊第一期

四庫未收書版本考　黃頤燒　蘇州圖書館館刊第二號

宋版書作僞之辨別　顚公　文藝雜誌第三期（懶窩筆記之一）

南監史談　柳詒徵　江蘇國學圖書館第三年刊，史學雜誌二卷三，四合期

麻沙本　頡公　文藝雜誌第一期（孏窩筆記之一）

孏窩筆記　頡公　文藝雜誌第二，六期（內有：活字板，南熏殿爐坑內書板，刻詩文集之始，刊刻叢書之優努，震澤王氏之史記，汲古閣等條）

毛氏汲古閣刻書緣起　秉衡居士　文藝雜誌第八期

正誼堂書籍小紀　樊守執　中華圖書館協會會報六卷一期

（4）雜考

刀筆考　王重民　圖書館學季三卷一，二合刊　努力學報第一期

筆的考證　周幹庭　齊大月刊第一卷二期

中國書籍裝訂之變遷　李文裿　圖書館學季刊三卷四期

中國印刷術沿革史略　賀聖鼐　東方雜誌二十五卷十八號

中國印刷術發明述略　張蔭麟譯　學衡第五十八期

中國印刷術之發明及其傳入歐洲考　卡脫著　向達譯　北平圖書館月刊二卷二號

國學書局本末　柳詒徵　江蘇國學圖書館第三年刊

中國造紙術輸入歐洲考　姚士鰲　輔仁學誌一卷一期

永樂大典考　孫壯　北平圖書館月刊二卷三，四合刊

永樂大典現存卷數續目　同　中華圖書館協會會報三卷一期

永樂大典現存卷目表　袁同禮　北平圖書館月刊二卷三，四合刊

永樂大典內輯出之佚書目　趙萬里　北平圖書館月刊二卷三，四合刊

永樂大典殘本　常熟秉衡居士　文藝雜誌第十期

館藏永樂大典提要　趙萬里　北平圖書館月刊二卷三，四合刊

永樂大典流入外洋　汪康年　文藝雜誌第九期（雅言錄之一）

續修四庫全書芻議　倫明　中華圖書館協會會報三卷一期

四庫提要辯正　余嘉錫　圖書館學季刊二卷四期

景印四庫全書原本提要緣起　中華圖書館協會會報三卷三期

選印文溯閣四庫全書議　董衆　東北叢鐫第六期

四庫總目索引與四庫撰人錄　鞠增鈺　輔仁學誌一卷一期

論檔案的售出 蔣彝潛 北新半月刊二卷一期

清檔瑣記 張逢辰 中央大學國學圖書館年刊第二期（附清檔工作之報告）

清軍機處檔案一覽表 劉儒林 中華圖書館協會會報三卷六期

中國雜誌發展小史 錢亞新 文華圖書館科季刊二卷一期

叢書的研究 耿靖民 文華圖科季刊一卷一期

册府元龜 顧燮光 （褋堪墨話之一）文藝雜誌第十期

書本始於漢 顛公 文藝雜誌第一期（ 窩筆記之一）

紀京城書肆之沿革 顛公 文藝雜誌第一期（嬾窩筆記之一）

懷舊樓叢錄 姚光 文藝雜誌第八期（金山錢氏藏書之富，汲古閣刻本六十種曲，黃妃塔刻石經拓本，梨洲遺書，顧倚之遺書。）

雅言錄 汪康年 文藝雜誌十二期（有：唐人寫經，倪濤六藝之一原抄本，毛錢王遺稿，明史別行之稿，海內秘帙。）

嬾窩筆記 顛公 文藝雜誌第六期（閨人校書彙紀，閨閣收藏古籍彙紀）

(5)校勘記

藏園羣書校記　傅增湘　北平圖書館月刊一卷五，六號，二卷二，三，四號：三卷一，二，三，五號，四卷五號。

漢石經魯詩小雅二石讀校記　方國瑜　師大國學叢刊一卷一期

史記殘卷校　衞聚賢　中大語歷學研究所週刊五集五十三，四合刊

陶際堯批校本新五代史記，夏廷棫　中大語歷學研究所週刊七集七十五，七十六，七十七，八十，八十一，八十二，八十三，八十四；又八集八十八，八十九，九十，九十一，九十二，九十三期

校宋紹興刊唐六典殘本跋　傅增湘　清華週刊二十四卷四期

元槧宋史校記　葉渭清　北平圖書館月刊三卷二，三，四、五，六號，又四卷四號

唐才子傳簡端記　陳鱣遺著　北平圖書館月刊二卷一號

仿宋重刊營造法式校記　中國營造學社彙刊一卷一期

玉燭寶典斠記　楊守敬遺著　圖書館學季刊三卷三期

讀高氏子略小識　王重民　圖書館學季刊三卷三期

史略校勘劄記　楊守敬遺著　王重民輯　圖書館學季刊二卷四期

讀慧皎高僧傳札記　湯用彤　中央大學半月刊一卷八期，史學雜誌二卷三，四期

四庫總目韻編勘誤　邢志廉　輔仁學誌二卷一期

宋槧宣和奉使高麗圖經校記　段瓊林　女師大學術季刊第二期

世說新語校箋　劉盼遂　國學論叢一卷四期

睫巢集校錄　金毓黻　東北叢鐫第二期

校訂花外集跋　孫人和　師大國學叢刊一卷一期

王彙友錯傳校錄訂補　夏清貽　東北叢鐫第六期

澠水燕談錄佚文輯補　趙萬里　北平圖書館月刊三卷一號

本所藏本周秦名字解故校錄　夏廷棫　中大語歷學研究所週刊十集一一九期

積微居讀書記　楊樹達　北平圖書館月刊二卷一，二，六號

寧瑑齋讀書志　孫人和　北平圖書館月刊三卷六期

小方壺齋輿地叢鈔點校要略　陳漢章　史學雜誌二卷二期

興寧羅氏族譜校讀後記　羅元一　史學雜誌二卷三，四合期

一段小校勘　建功　猛進第二十二期

（6）序跋

燉煌掇餘錄序　陳寅恪　中央研究院歷史語言研究所集刊第一本第二分

影印宋槧單行本尙書正義解題　內藤虎次郎著　錢稻孫譯　北平圖書館館刊四卷四號

書章炳麟六詩說後　李笠　中大語歷學研究所週刊六集六十一期

春秋穀梁傳序　柯劭忞　學衡第六十四期

文始敘例　大炎　雅言一卷二期

章草考序　錢玄同　師大國學叢刊一卷一期

跋董作賓新獲卜辭寫本　鄧爾雅　中大語歷學研究所週刊七集七十五期

商周字例自敘　戴家祥　中大語歷學研究所週刊七集八十二期

釋名新略例　楊樹達　晨報七週紀念增刊

詩經音釋例言　林之棠　國學月報彙刊一集

聲學五書敘　曾運乾　東北大學週刊第九號　十一號

廣韻譜序 王永豐 東北大學週刊八十四號

音韻學通論題辭 章炳麟 吳淞月刊第四期

曾浩然轉語釋補序 高步瀛 女師大學術季刊第一期

漢代方音考序 林語堂 厦門大學季刊一卷三期

客方言自序 羅翽雲 中大語歷學研究所週刊八集八十五，六，七合刊

廣州話本字自序 詹憲慈 中大語歷學研究所週刊八集八十五，六，七合刊

說文轉注考叙 姜忠奎 學衡六十期

說文或體字考叙例 董璠 女師大學術季刊第二期

文字形聲誼參衍略例 高晉生 東北大週刊第七十四，七十五，七十六期

中國文字學叙論 李笠 中大語歷學研究所週刊七集八十三，四期

影印百納本二十四史序 張元濟 史學雜誌二卷二期國聞週報七卷十九號

古史研究自序 衞聚賢 中大語歷學研究所週刊四集三十九期

古史研究二集自序 衞聚賢 中大語歷學研究所週刊十集一一七期

評衛聚賢古史研究　素癡　大公報文學副刊五十二期

評衛聚賢古史研究　朱芳圃　中大語歷學研究所週刊五集五十九，六十合刊

飯島忠夫支那古代史論評述　劉朝陽　中大語歷學研究所週刊八集九十四，五，六合刊

三輔黃圖跋　琇瑩　中大圖書館週刊三卷三，四合刊

蒙韃備錄跋　王國維　晨報七週紀念增刊

讀中西史料匯編　大詔　地學雜誌十八年二期

介紹蒲壽庚考　佛陀耶舍　史學雜誌二卷一期

經略復國要編跋　柳詒徵　史學雜誌二卷一期

跋幸存錄　朱希祖　輔仁學誌一卷一期

寫本明實錄提要　卞鴻儒　東北叢鐫第三期

清內閣所收明天啟崇禎檔案清摺跋　朱希祖　國學季刊二卷二期

莊史案輯論跋　夏廷棫　中大語歷學研究所週刊三集二十九期

增補章實齋年譜序　何炳松　民鐸雜誌九卷五號

胡著章實齋年譜贅辭　一士　國聞週報六卷三十七期
評楊鴻烈大思想家袁枚評傳　素癡　大公報文學副刊第四十三期
中國分省新地圖序　顧燮光　文藝雜誌第十期
京師坊巷志序　李詳　文藝雜誌第七期
紀元通譜序　顧頡剛　中大語歷學研究所週刊七集八十期
船山師友紀序　陳三立　船山學報第四期
素幾廬師友錄自序　林損　東北大學週刊十三號
中國承繼法概論序　謝冠生　中央大學半月刊一卷四期
益陽游氏族譜序　曹佐熙　船山學報第四期
梁墓考序　衛聚賢　中大語歷學研究所週刊十集一一八期
皇朝文獻通考提要　杜定友　中大圖書館週刊七卷一期
古籍解題　余嘉錫　師大國學叢刊一卷一期
目錄要籍解題　余嘉錫　北平圖書館月刊四卷二期

別錄闡微　羅根澤　圖書館學季刊三卷三期

補晉書藝文志書後　王重民　北平圖書館月刊一卷三號

評清史稿藝文志　范希曾　史學雜誌一卷三期

評四庫總目史部目錄類及子部雜家類　張秀民　文華圖科季刊二卷一期

聚樂堂藝文目錄考　余嘉錫　圖書館學季刊二卷三期

重編孫氏玉海樓書目序　陳準　圖書館學季刊二卷三期

宋蘄昭德先生郡齋讀書志跋　張元濟　圖書館學季刊三卷三期

絳雲樓書目跋　王重民　北平圖書館月刊三卷五期

書古書目四種後　王重民　圖書館學季刊三卷四期

書儀古堂題跋後　余嘉錫　北平圖書館月刊二卷六號

關於中國圖書大辭典之意見　毛坤　中華圖書館協會會報三卷四期

評叢書書目彙編　蠡舟　大公報文學副刊第十六期

評楊立誠四庫目略　燕華　大公報文學副刊七十六期

陶南村手寫古刻叢鈔跋 葉恭綽 北平圖書館月刊四卷四號

宋版解題目錄序 太虛 海潮音十一卷四期

江陰叢書序 王先謙 文藝雜誌第十期

論商務印書館出版之四部叢刻 藝舟 大公報文學副刊第十二期

修文殿御覽攷 孫人和 中大季刊一卷四號

影寫醫籍考紀事 闕鐸 北平圖書館月刊二卷六號

眞誥跋 張爾田 史學雜誌二卷三，四合期

評金石書目四種 容庚 北平圖書館月刊二卷二號

評容庚寶蘊樓彝器圖錄 素癡 大公報文學副刊第六十九期

評寶蘊樓彝器圖錄 商承祚 中山大學語歷學研究所週刊百期紀念號

答商承祚先生評寶蘊樓彝器圖錄 容庚 中大語歷學研究所週刊十一集一二一期

評歙氏集古錄第一集 容庚 燕京學報第五期

評夢坡室獲古叢編 藝舟 大公報文副十七期

安陽金石目例言　范壽銘　文藝雜誌第十一期

安陽金石目跋　顧燮元　文藝雜誌第八期

安陽金石目序　吳士鑑　文藝雜誌第九期

集拓新出漢魏石經殘字序　馬衡　新晨報文化特刊十七年一月二日

跋漢石存目彙本　黃仲琴　中大圖書館週刊五卷三期

莊子集註序　太虛　海潮音十年十二期

定本墨子閒詁補正自序　陳柱　學衡五十六期

胡寄塵先生墨子學辨序　太虛　海潮音十年七期

墨子辨序　衛聚賢　中大語歷學研究所週刊九集九十七期

跋唐人寫鶡冠子上卷卷子　傅增湘　北平圖書館月刊三卷六號

評金受申公孫龍子釋　靜觀　大公報文學副刊一〇八期

呂氏春秋斠補自序　劉師培　國學叢刊二卷四號

呂氏春秋高注校義自序　劉師培　國學叢刊二卷四號

呂氏春秋高注校義後序 劉師培 國學叢刊二卷四號

淮南子札記序 陳準 圖書館學季刊三卷三期

汪榮寶法言疏証序 曹元忠 雅言一卷三期

汪榮寶法言疏證序二 楊維驤 雅言一卷三期

明鈔本老學庵筆記跋 傅增湘 北平圖書館月刊三卷五號

陳元靚歲時廣記跋 趙萬里 北平圖書館月刊二卷二號

荷牐叢談校後記 馬太玄 中大圖書館週刊三卷五期

改本俞正燮癸巳類稿紀 夏廷棫 中大語歷學研究所週刊七集七十九期

家藏春在堂日記記概 俞平伯 北平圖書館月刊二卷五號

敦煌本維摩詰經文殊師利問疾品演義跋 陳寅恪 中央研究院歷史語言研究所集刊第二本第一分

敦煌本十誦比丘尼波羅提木叉跋 陳寅恪 北平圖書館月刊二卷五號

須達起精舍因緣曲跋 陳寅恪 國學論叢一卷四號

大乘義章書後 陳寅恪 中央研究所歷史語言研究所集刊第一本第二分

南禪大藏跋文萬錄　辻森要修（轉載）　北平圖書館月刊三卷六號又四卷一，二，四號

寫金剛般若經序　鄒幾極　海潮音三年一期

佛教講演錄序　太虛　海潮音三年一期

佛學大辭典序　丁福保　海潮音二年十二期

因明學講要叙　唐大圓　海潮音七年十二期

讀宋槧五臣注文選記　顧廷龍　中大語歷學研究所週刊九集一〇二期

阮步兵詠懷詩注自序　黃節　學衡第五十七期

阮步兵詠懷詩注序　諸宗元　學衡五十七期

校宋蜀本元微之文集十卷跋　傅增湘　北平圖書館館刊四卷四號

答葉君啟勳論朱刻權文公集　傅增湘　圖書館學季刊二卷三期

復傅沅叔年伯論權文公集書　葉啟勳　圖書館學季刊三卷三期

校宋本南軒先生集跋　傅增湘　北平圖書館月刊一卷四號

詠懷堂詩跋　柳詒徵　學衡六十四期

記時賢本事曲子集 梁啓超 北平圖書館月刊二卷一號
抄本丁鶴年詩集跋 傅增湘 北平圖書館館刊四卷五期
十願齋全集跋 朱希祖 北大圖書部月刊一卷二期
再跋十願齋全集 朱希祖 北大圖書部月刊一卷二期
成化本明初三家集跋 傅增湘 北平圖書館館刊四卷五期
徧行堂集殘本跋 容肇祖 中大語歷學研究所週刊六集七十二期
塔影園集跋 謝國楨 北平圖書館月刊二卷五號
跋陳眉公列國志傳 孫楷弟 北平圖書館館刊四卷五號
靜春詞跋 梁啓超 北平圖書館月刊一卷五號
明刻續古名家雜劇殘本跋 余嘉錫 大公文副六十三期
介紹影印元刻古今雜劇三十種 陳光垚 北新二卷二十二號
小隱餘音跋 任二北 中大語歷學研究所週刊四集三十八期
南山集偶抄序 方苞 文藝雜誌第六期

南山集偶抄序　朱書　文藝雜誌第六期

桐鳳集序　王闓運　雅言一卷九期

顧貞獻先生素心簃集跋　高燮　文藝雜誌第十一期

素心簃外編跋　高燮　文藝雜誌十一期

記蘭畹集　梁啓超　北平圖書館月刊二卷一號

題湘綺樓評點詩補箋本後　劉棫　東北大學週刊十三號

內自訟齋文集原抄本目錄　夏廷棫　中大圖書館週刊五卷三，四期

校讀文章一貫後記　張煦　清華學報六卷一期

榕陰談屑跋　丁震　文藝雜誌十一期

樾雨集自序　曹元忠　文藝雜誌第五期（集李義山文）

金薇香陶廬後憶序　孫德謙　文藝雜誌第十二期

三家詩比輯自序　王容子　雅言一卷三期

人境廬詩草自序　黃遵憲　學衡六十期

三願堂遺墨跋　柳詒徵　史學雜誌二卷二期
三願堂日記跋　柳詒徵　史學雜誌二卷二期
陶風樓藏名賢手稿跋　柳詒徵　史學雜誌二卷二期
皇明經世文篇跋　朱希祖　北大圖書部月刊一卷一期
弔汪容父文序　黃季剛　雅言一卷七期
紹興節詩集序　章廷驥　語絲五卷十六期
鐵龕詩存自序　王岷源　東北大學週刊第十三號
漁洋詩論摘集叙例　羅慕華　新晨報副刊十七年十月十二日
白屋吳生詩稿自叙　吳芳吉　大公文副五十六期
孔宅詩序　章梫　文藝雜誌第十期
隨緣詩草序　顧家相　文藝雜誌十二期
適龕詩存叙　宗子威　東北大學週刊第五十三號
雙銅書屋詩賸序　王典章　學術五十六期

曾剛父詩集叙　梁啓超　學衡五十九期

西安圍城詩錄叙　吳宓　學衡五十九期

黃晦聞詩集序　張爾田　學衡六十四期

榕陰談屑叙　陳衍　文藝雜誌十一期

端虛室賸稿序　李詳　文藝雜誌第九期

㧑謙室叢著序　張汝舟　中央大學半月刊一卷九期

唐宋傳奇集序例　魯迅　北新五十一，二合刊

中國文學史序目　陸侃如　國學月報二卷十二號

明枕泉先生文選箋證自序　胡紹煐　安徽圖書館季刊一卷二期

楊先生不得已跋　馬太玄　中大圖書館週刊四卷一期

樵歌新跋　林語堂　語絲五卷四十一期

讀衣莪校點本樵歌黎跋　陳雲路　國語旬刊一卷九期

評胡氏詞選　吳復虞　南音第三期

評呂碧城女士信芳集　孤雲　大公文副第九十一，九十二期

評顧隨無病詞味辛詞　餘生　大公文副七十三期

山歌選序　鍾敬文　北新第五十三期

龍王的女兒序　趙景深　文學週報八卷二十三號

中國近世歌謠敘錄　知白　大公文副六十八，六十九期（是一篇關於近世歌謠集的總目）

白郎的中國童話集　趙景深　文週八卷七號

亞當氏的中國童話集　趙景深　文學週報八卷三號

長興學記校印後記　夏廷棫　中大語歷學研究所週刊十集一二〇期

評胡適的戴震哲學　太虛　海潮音九年二期

讀「經今古文學」和「古史辨」　王伯祥　一般一卷一期

評胡適之中國哲學史大綱　梁啓超　哲學第七期

評王桐齡新著東洋史　繆鳳林　史學雜誌一卷五期

評小說月報中國文學研究號　鏡　大公文副七，八期

評汪靜之李杜研究　彥威　大公文副第四十九期

評三宅俊成中國風俗史略　素癡　大公文副十五期

評梁乙眞清代婦女文學史　燕羅　大公文副二十四期

評雪林女士李義山戀愛事跡考　素癡　大公文副五十期

評顧實中國文學史大綱　澤陵　大公文副八十三期

評胡適之白話文學史　張大東　國聞週報六卷二十二期

讀胡適之白話文學史　楊次道　一般六卷三期

評胡適白話文學史　素癡　大公文副四十八期

中國近代文學之變遷　齋　大公文副九十期

謝愼修文法序　高變　文藝雜誌十一期

先河錄序　劉成炘　成大史學雜誌第二期

倫理學敘言　謝無量　雅言一卷四期

淸儒學術討論集序　陳柱尊　中大語歷學研究所週刊四集三十九期

清代掠美集說發題　王重民　中華圖書館協會會報五卷六期

湖山類稿補遺　王國維遺著　北平圖書館月刊二卷三，四合刊

籌海圖編與經略復國要編　繆鳳林　史學雜誌一卷四期

雅言集　汪康年　文藝雜誌第九期．十一期（薛叔耘續瀛寰志略稿本，張石洲延昌地形志稿本，張仲雅垂綏錄，俞理初積精編，皇朝藩部要略稿本，紀文達四庫全書提要稿本，乾隆所輯舊五代史底稿。）

李師林萬山綱目　顧燮光　文藝雜誌十一期（襟堪墨話之一）

浙江兩藏書家　秉衡居士　文藝雜誌第五期（荷香館瑣言之一）

嬾窩筆記　顧公　文藝雜誌第一，二，三期（阮刻十三經校勘記，范氏天一閣之藏書，閣百詩改札記爲剳之誤。）

雅言錄　汪康年　文藝雜誌第九，十期（粵東盧氏藏書，抱芳閣舊書，粵省新店之舊書，私家著述之珍秘，蔣香生藏書，竹簡齋二十記史之謬誤。）

毅庵類稿　曹佐熙　船山學報第三期（內多序跋之類。）

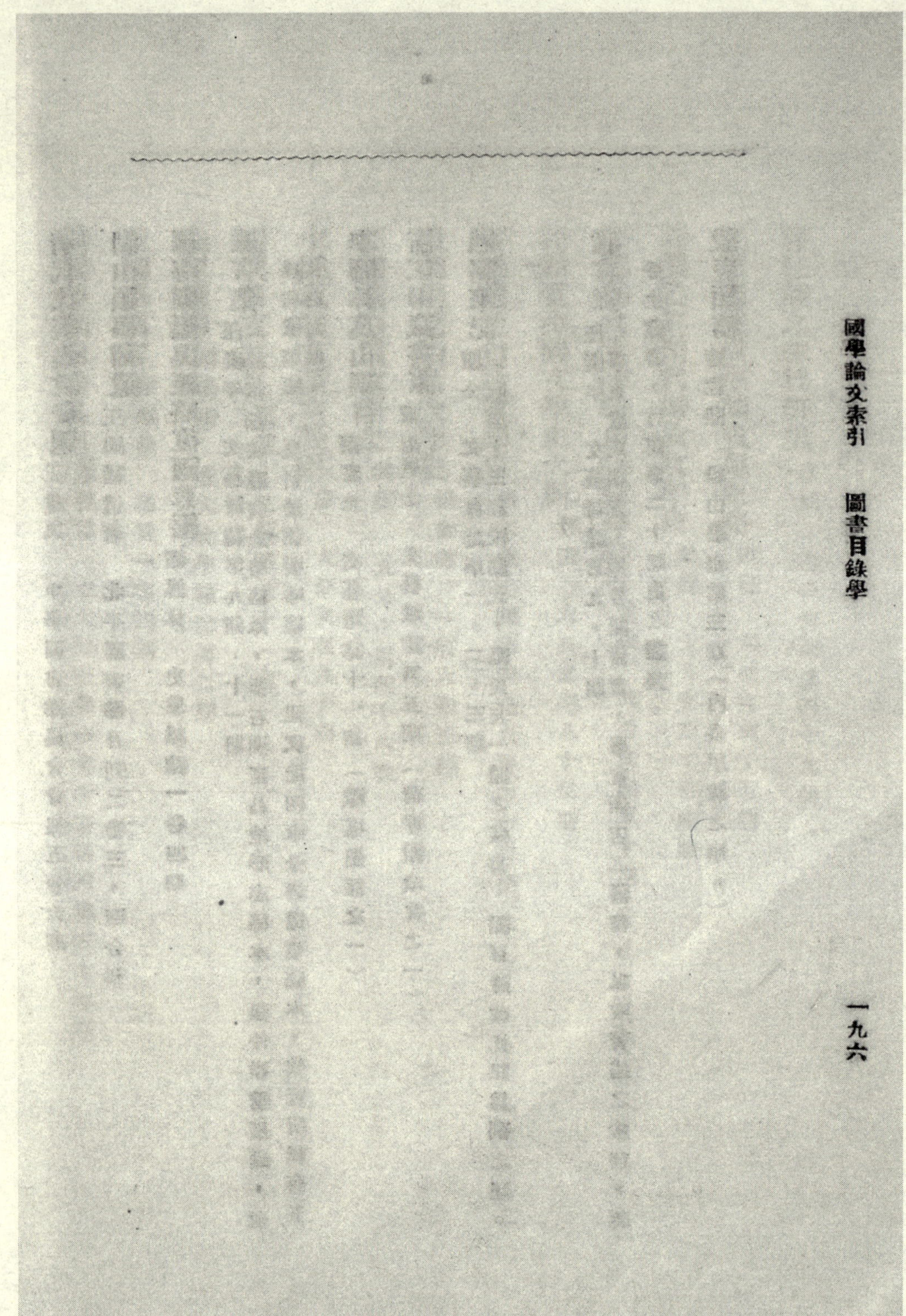

國學論文索引續編後記

十九年九月間，余始服務於北平圖書館，任續輯國學論文索引事，採集雜誌報章八十餘種，得論文與前編略相等，因都爲一册，付諸手民。所收除少數係民國初年出版者外，餘均最近出版之新刊物有關於國學者，至鉅茲續爲結一總賬，學者手此一編，三二年內鴻篇巨製，又可按圖索驥矣。

本編編輯方法，大體就前編之規模而賡續之，而亦間有更改，如語言文字類中之說文切韻廣韻，均不另立專目，悉包括於專著之下，金石類中因材料關係，特闢印章一門……。前編未收全之刊物，本編雖有所彌補，仍未搜全，又年來因時局關係，交通阻隔，定購雜誌每不能按期收到，多有掛漏，統俟三編補苴焉。

徐緒昌　十九年十一月十七日於北平南海。

勘誤表

頁	行	字	誤	正
七	十二	十二	圍	國
二五	四	三	乂	乂
四六	五	三	觀	斟
五五	五	十五	樗	楞
五六	六	五	披	抜
五七	七	三	俟	俟
五七	八	四	俟	俟
六二	八	三	士	土
六九	六	五	叚	段
六九	七	六	略	況
八七	二	十	論	鈔
八七	三	六	抄	論
八九	四	十三	確	權
九七	十	五	常	桐
一二五	十三	八	流	疏
一四四	七	四	較	變

國學論文索引出版廣告

君欲流覽近三十年來關於國學之論文乎？

君亦曾思近三十年國學論文之繁富重要而不可不一流覽乎？

君亦一思欲流覽近三十年之國學論文之茫無適從乎？

君若購得

國學論文索引一編，則散在數萬冊雜誌內之三千餘篇國學論文，可因性質以求類，因類以求篇，因篇以求雜誌之卷數號數，因卷數號數以求之雜誌，無不得也。無此書以前，數萬冊之雜誌，幾成廢物；自有此書以後，持此鑰匙則數萬冊之雜誌，人人可得利用也。此書爲北平圖書館編目科所編彙，二年之久，搜羅關於國學之雜誌八十二種，得論文三千餘篇，亦云富矣。茲由中華圖書館協會印行，作爲叢書第二種，定價大洋一元，書印無多，購者從速。

總發行處北平文津街國立北平圖書館